U0516529

羅振玉　羅福頤　類次

殷虚書契五種

下册

中華書局

殷虚書契續編卷三

上虞 羅 振玉 類次

集古遺文第一

殷虚書契續編卷三

殷虚書契續編卷三

二

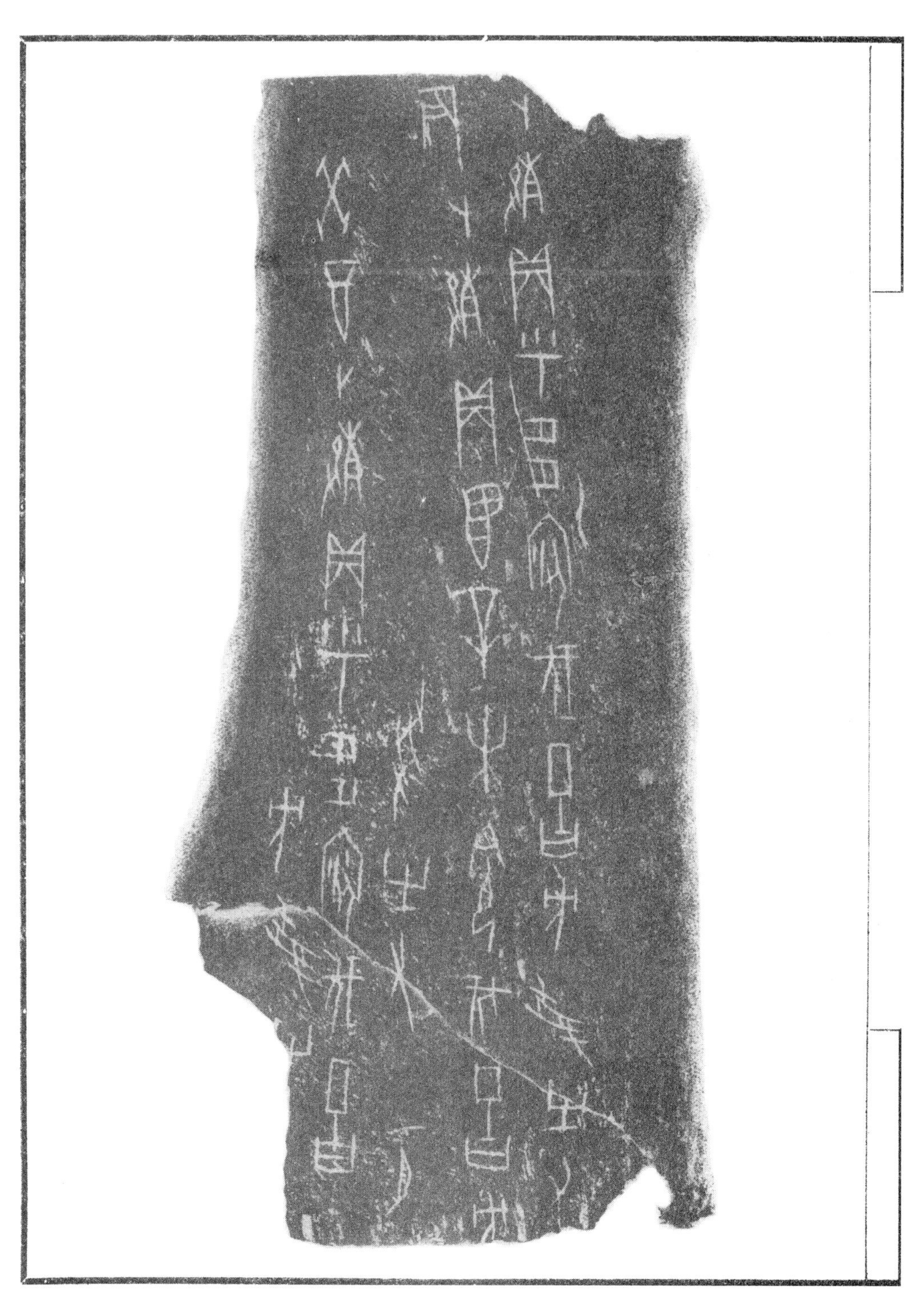

殷虛書契續編卷三

三

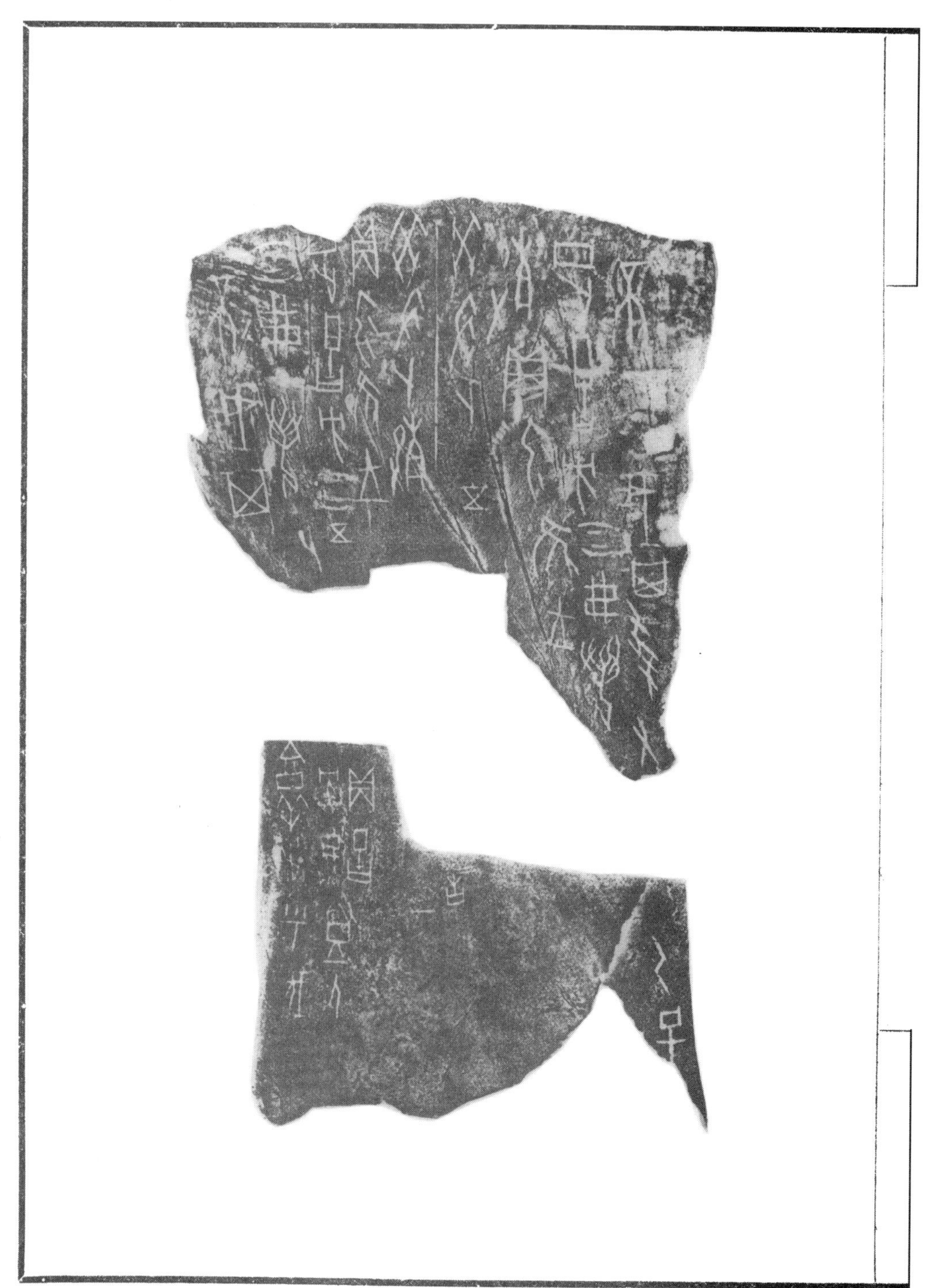

殷虛書契續編卷三

殷虛書契續編卷三

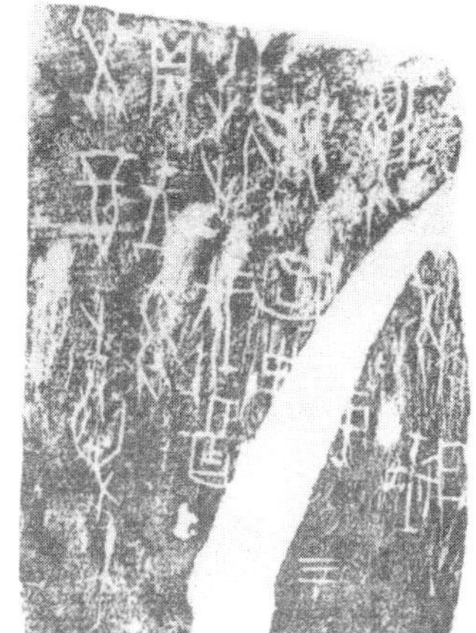

五

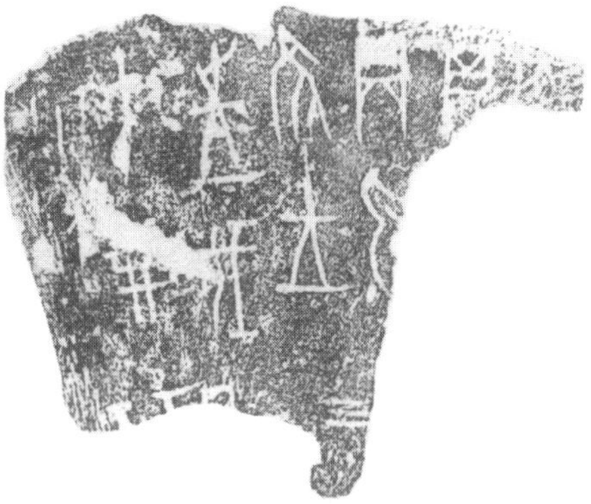

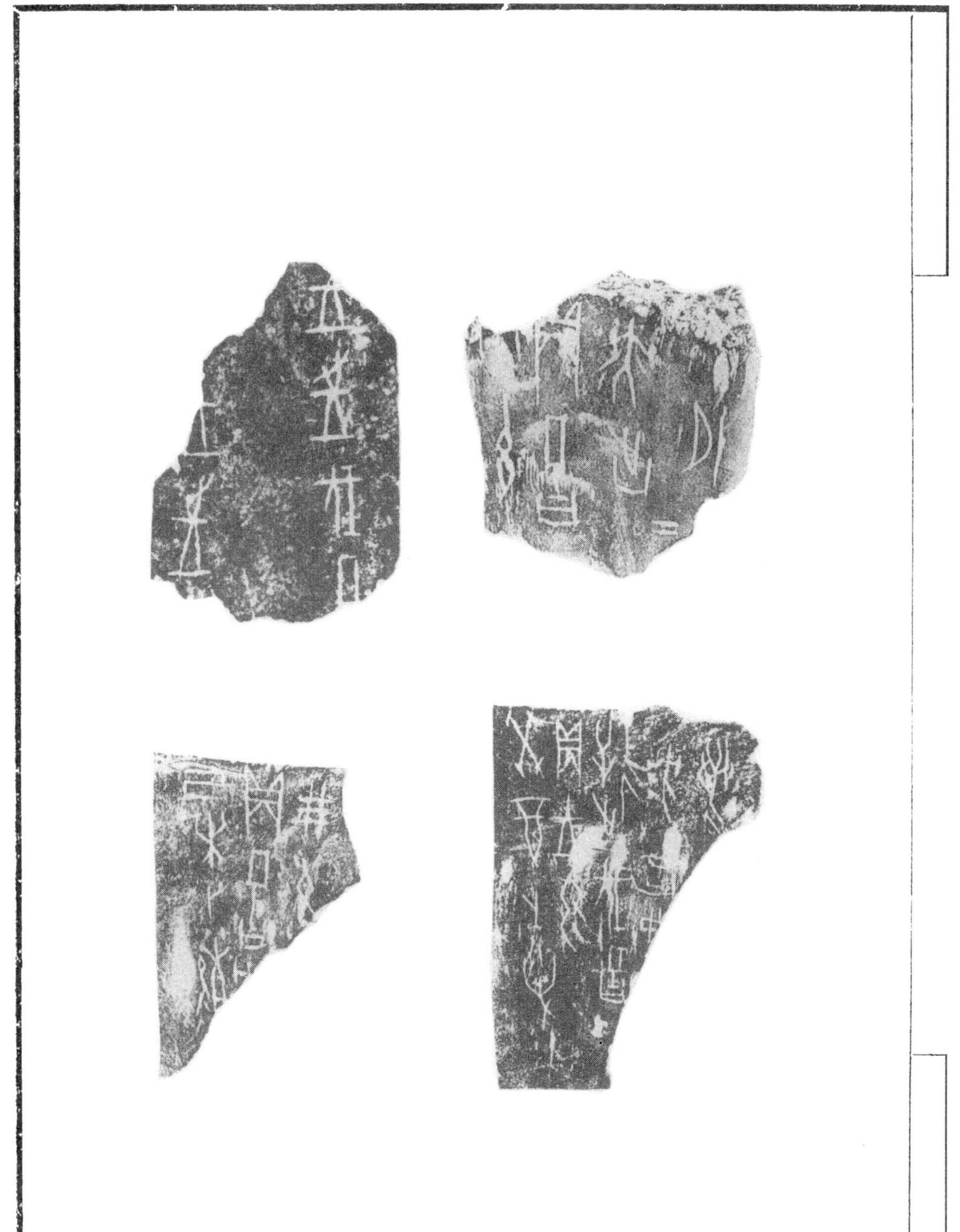

殷虚書契續編卷三

七

殷虛書契續編卷三

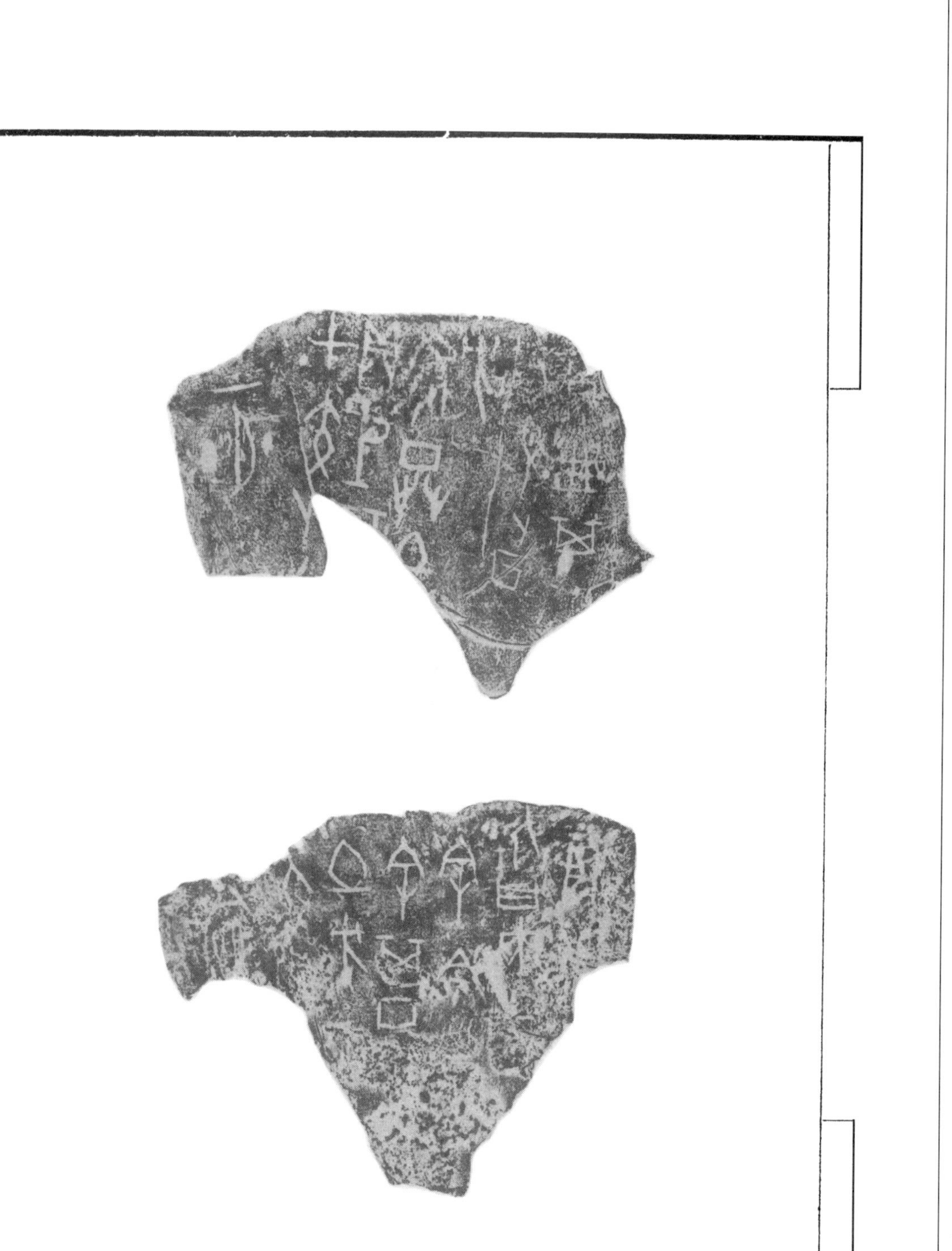

殷虛書契續編卷三

十

殷虚書契續編卷三

十二

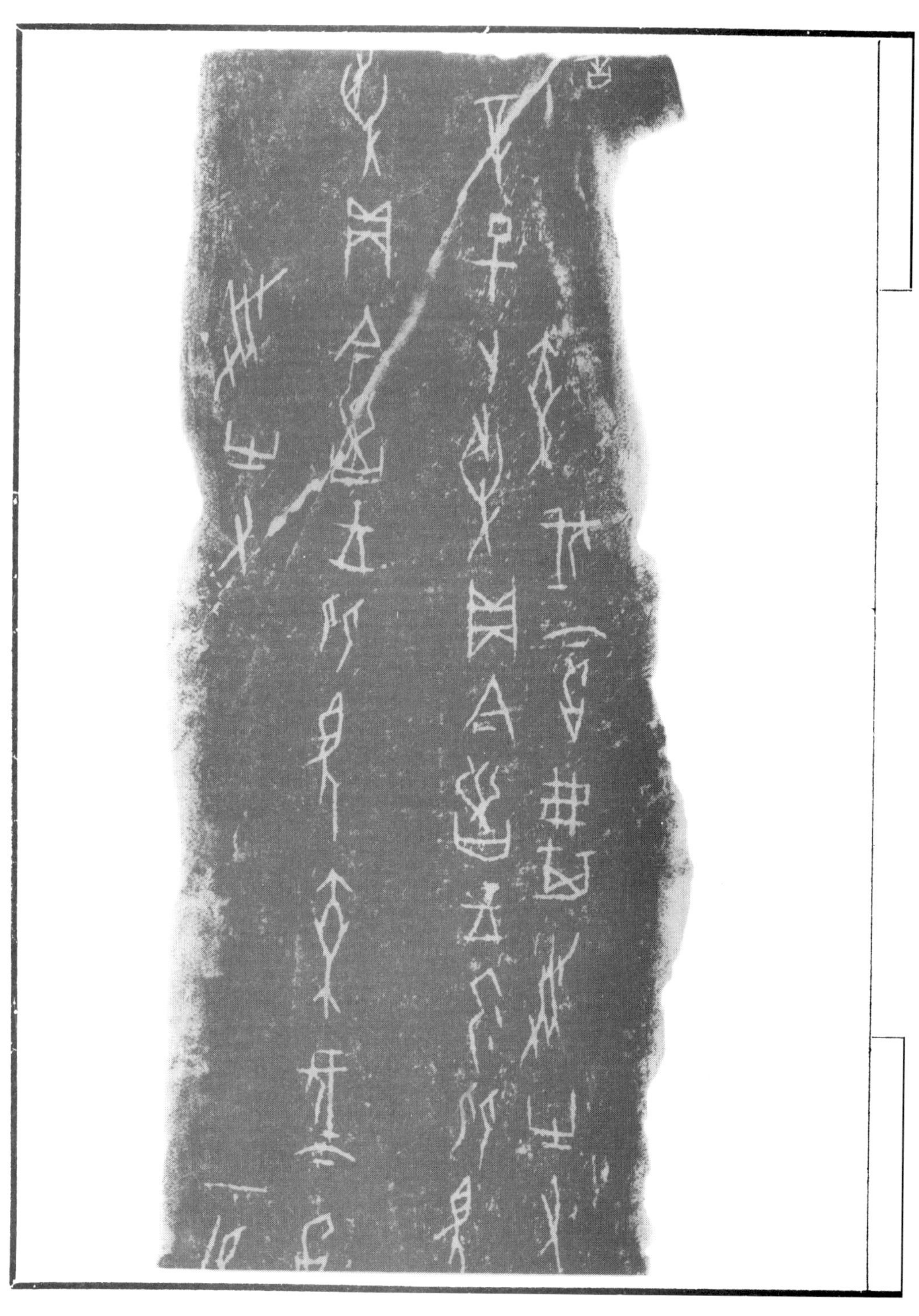

殷虚書契續編卷三

十二

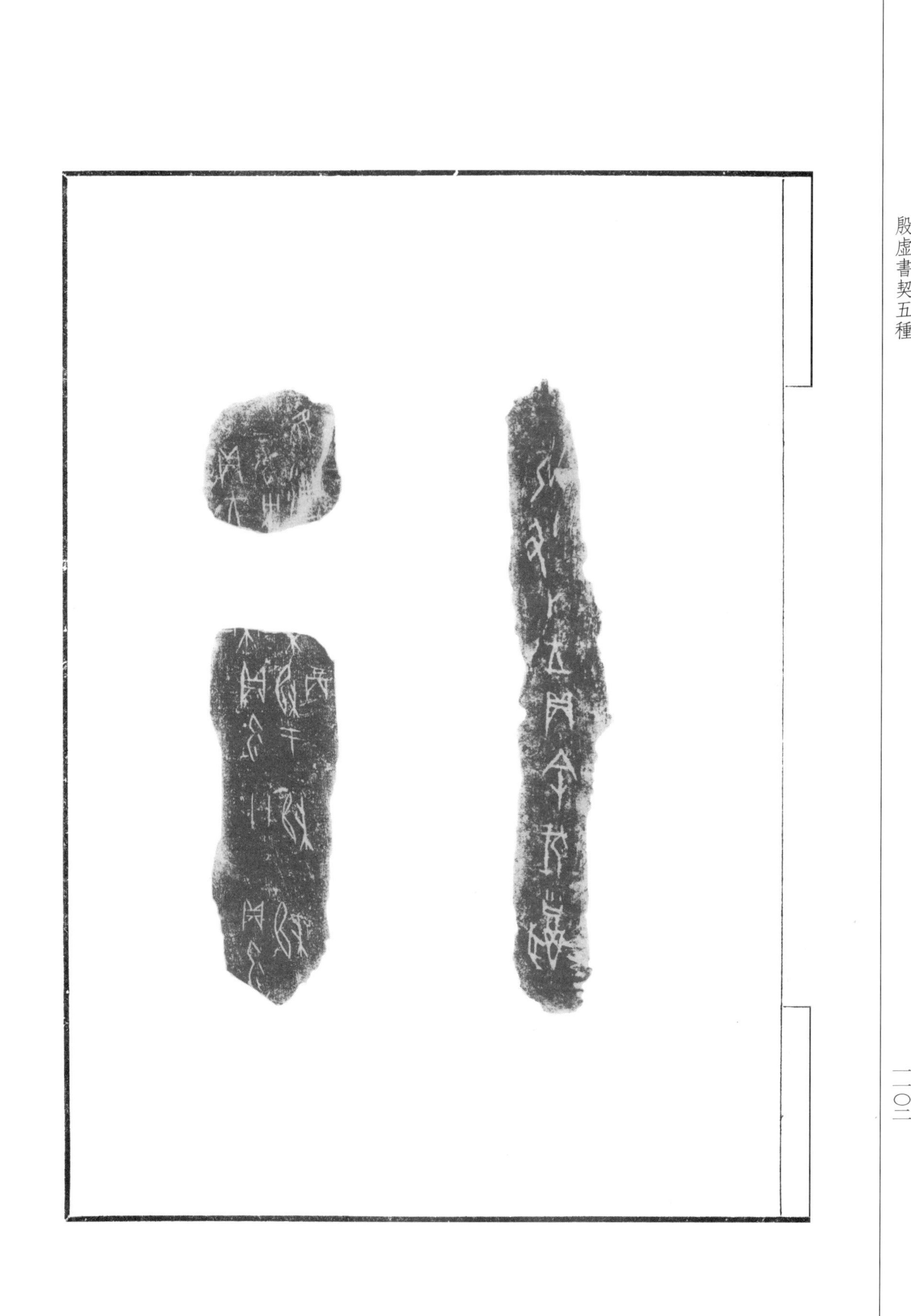

殷虛書契續編卷三

十四

殷虛書契續編卷三

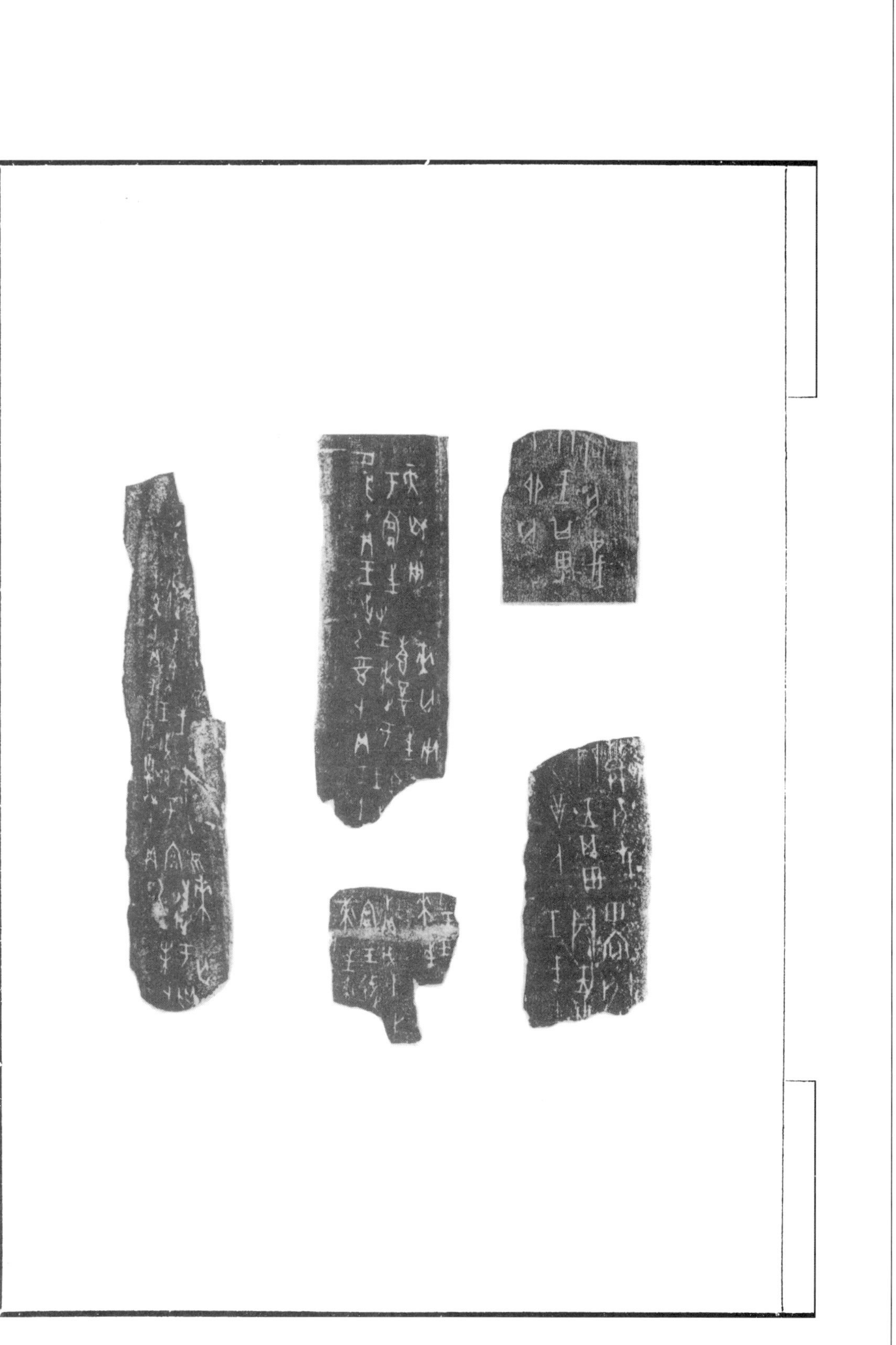

殷虚書契續編卷三

十六

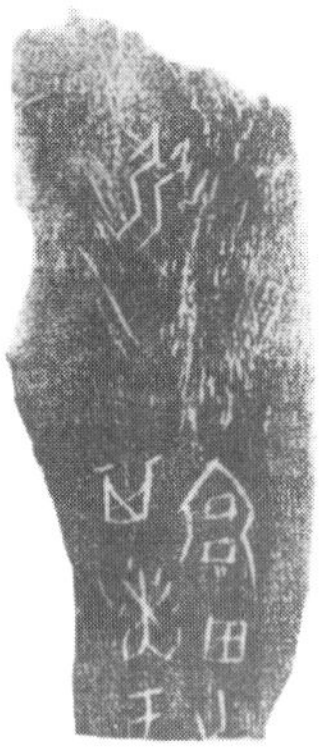

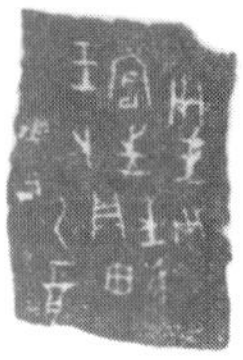

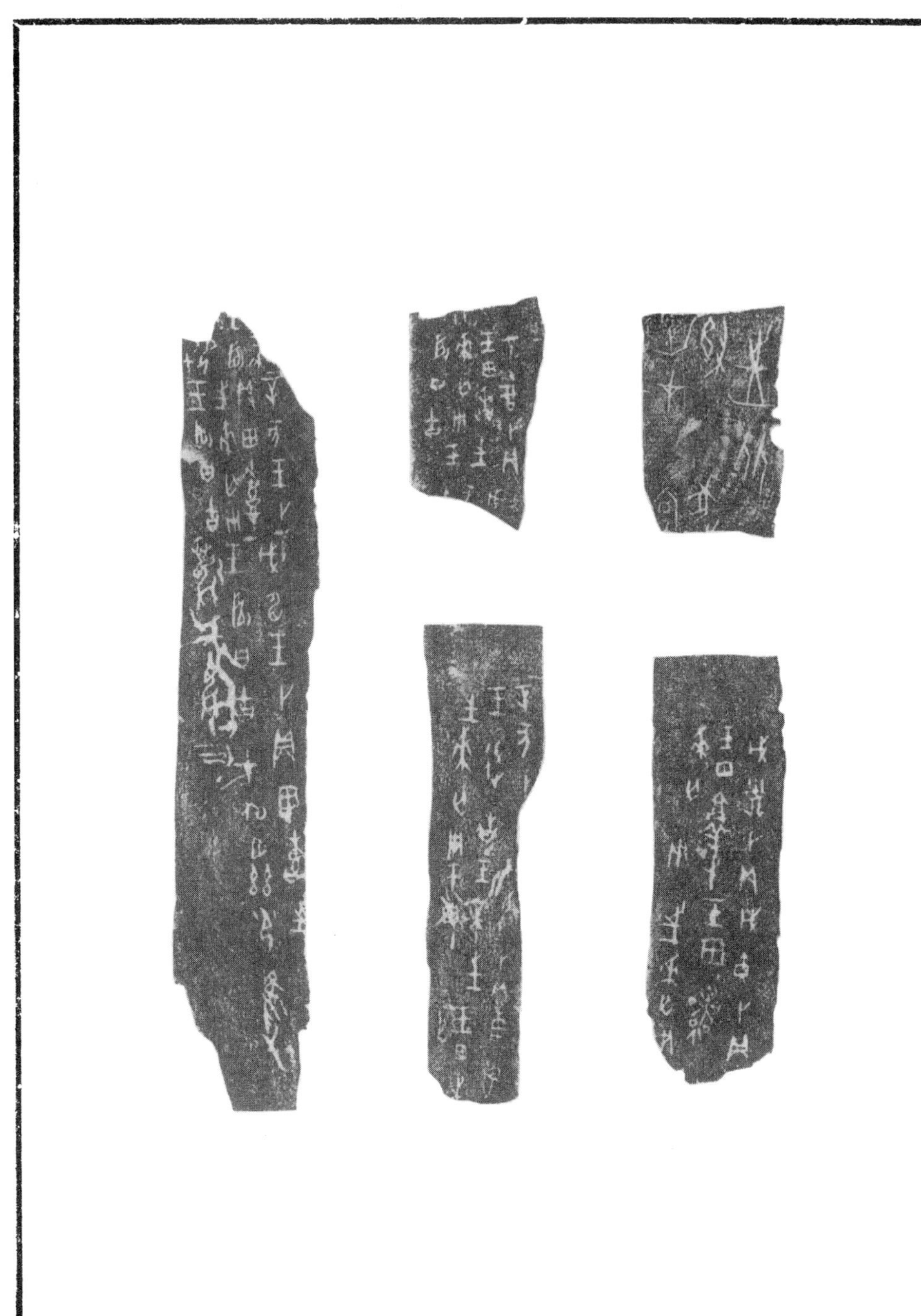

殷虚書契續編卷三

十七

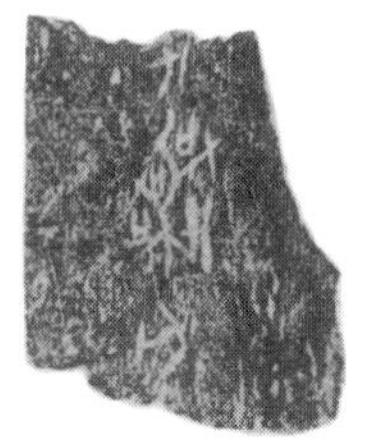

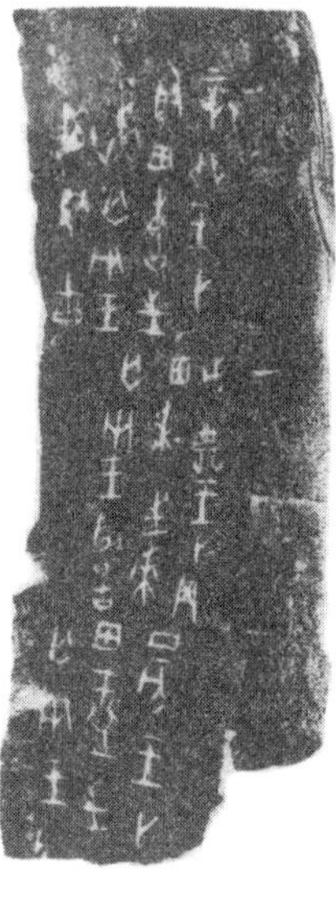

殷虚書契續編卷三

十九

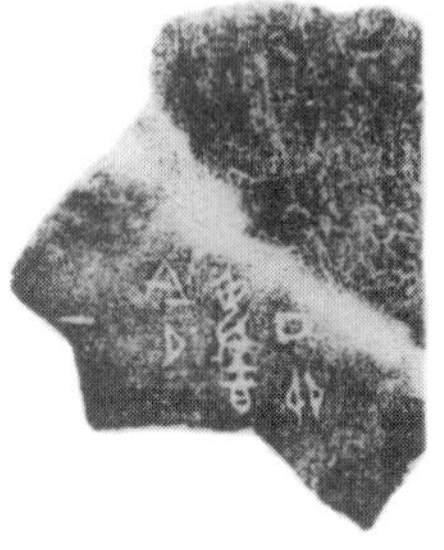

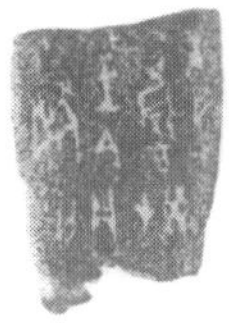

殷虛書契續編卷三

二十一

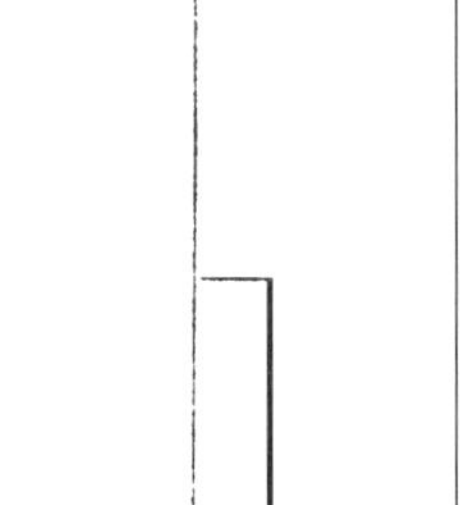

殷虛書契續編卷三

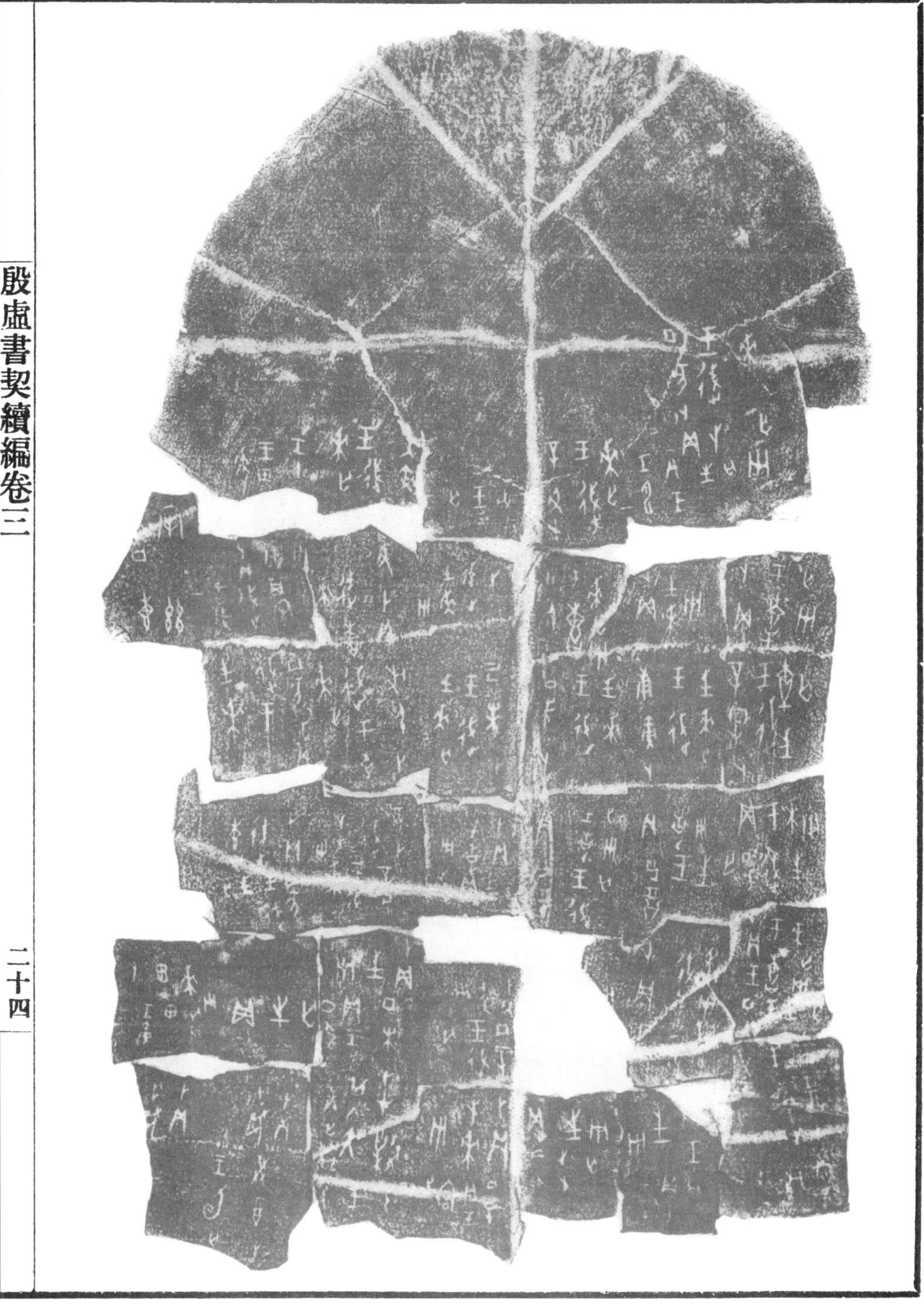

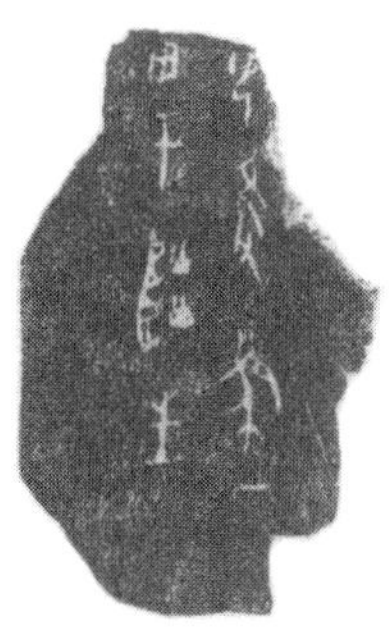

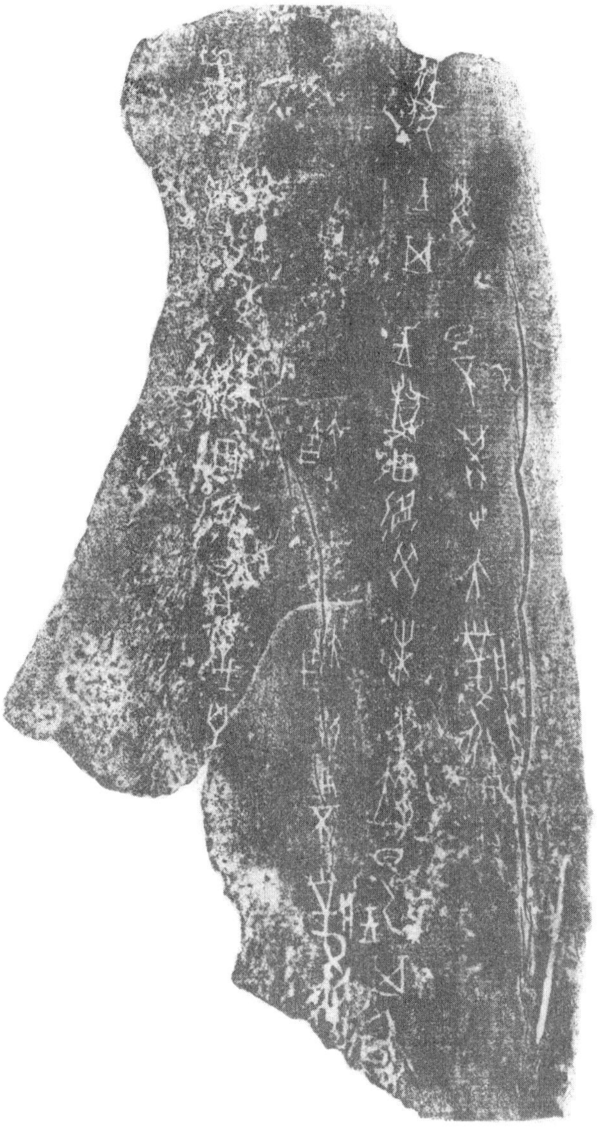

殷虚書契續編卷三

二十五

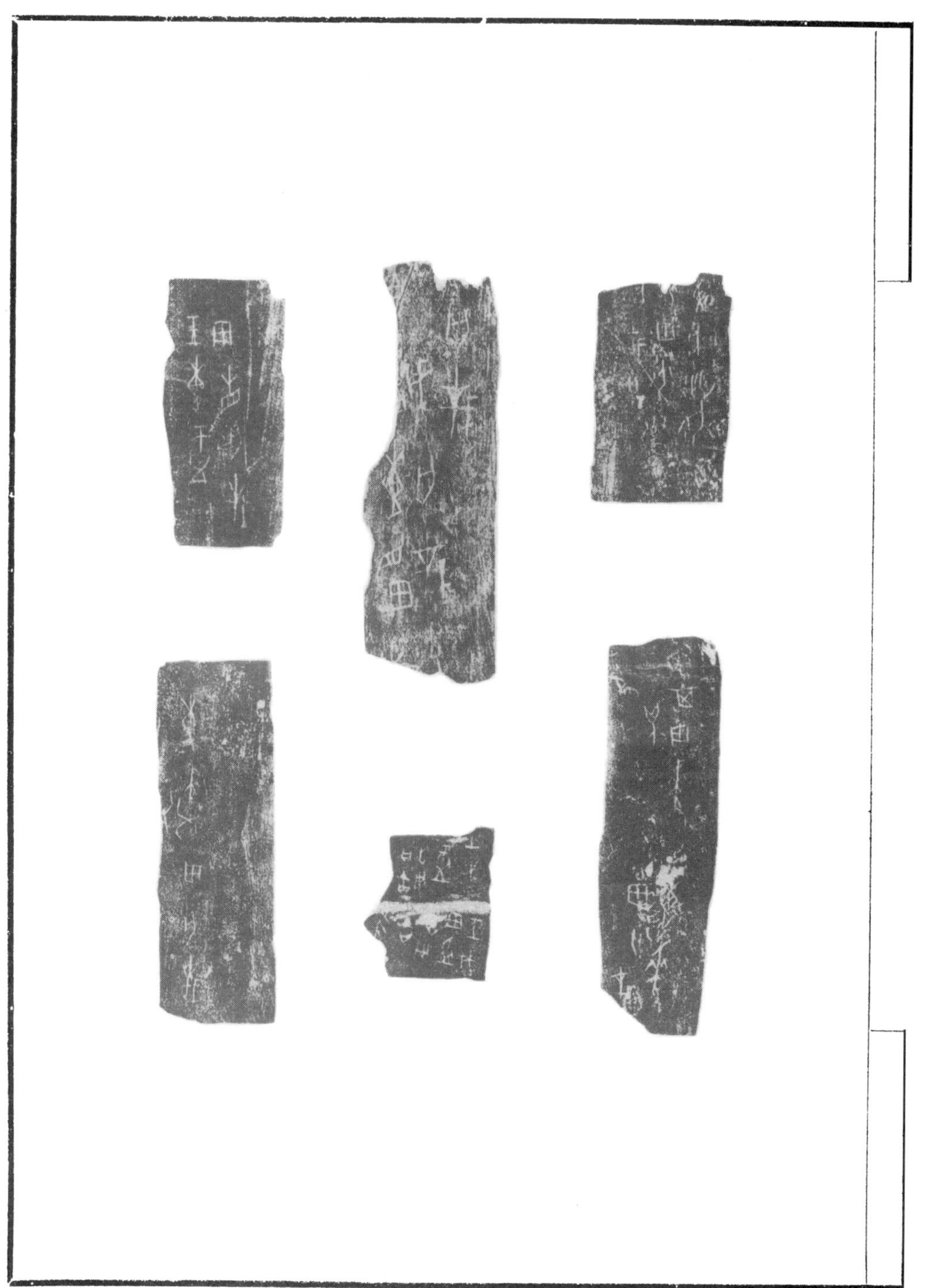

殷虚書契續編卷三

二十六

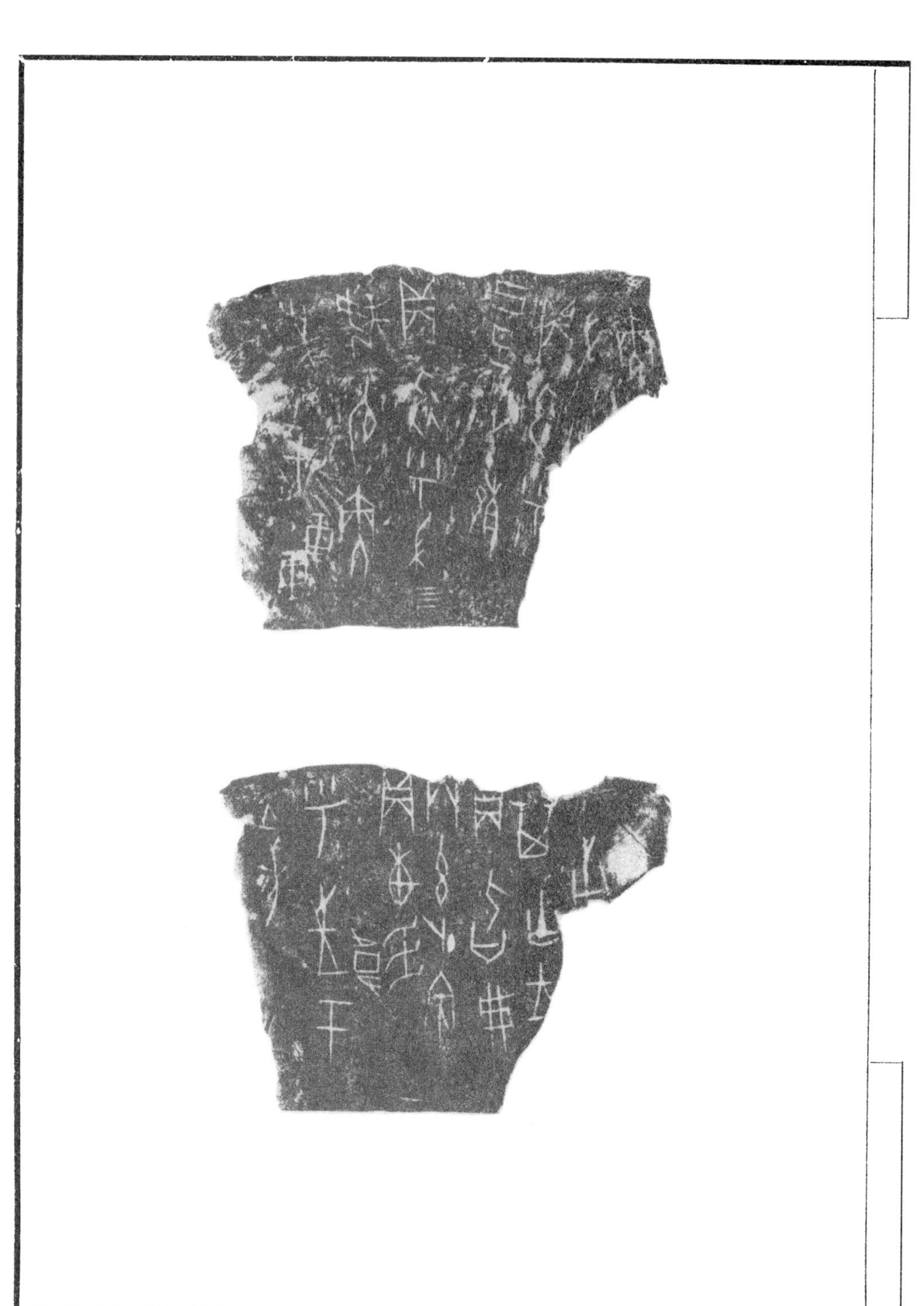

殷虚書契續編卷三

二十七

殷虛書契續編卷三

殷虛書契續編卷三

二十九

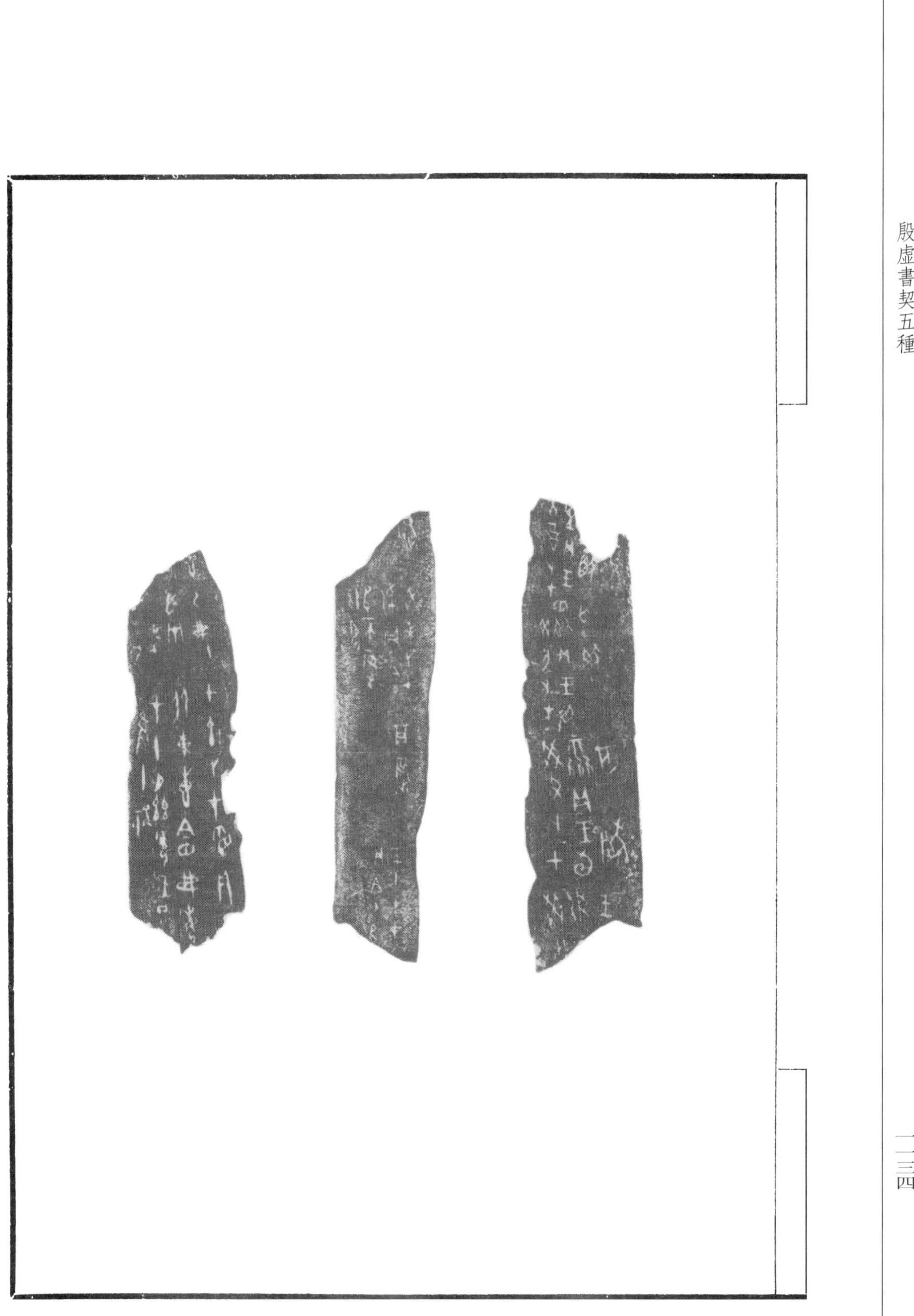

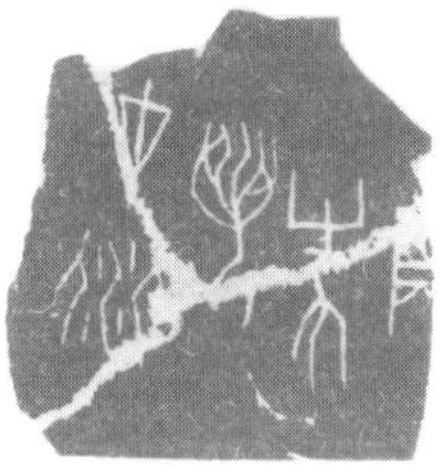

殷虛書契續編卷三

三十

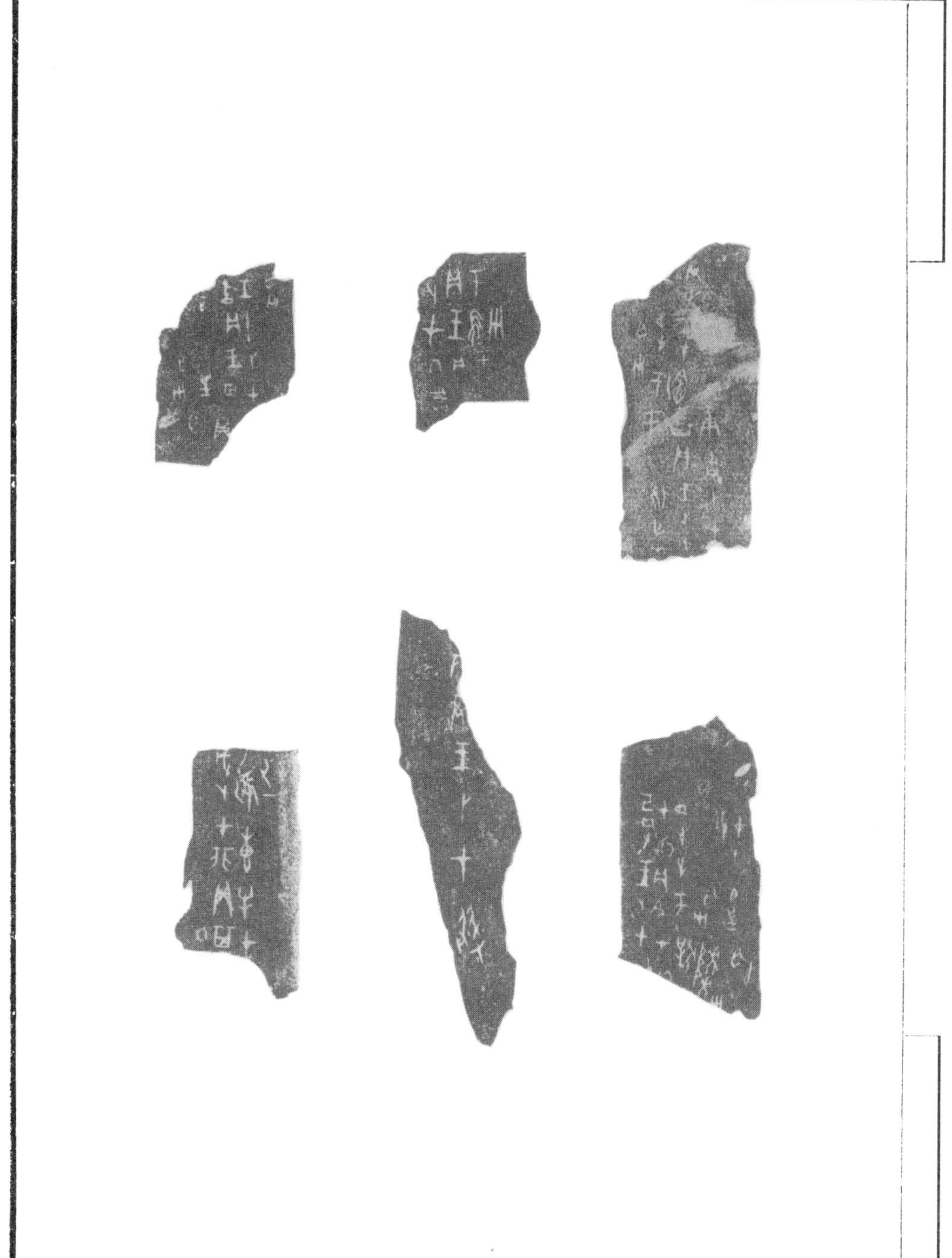

殷虛書契續編卷三

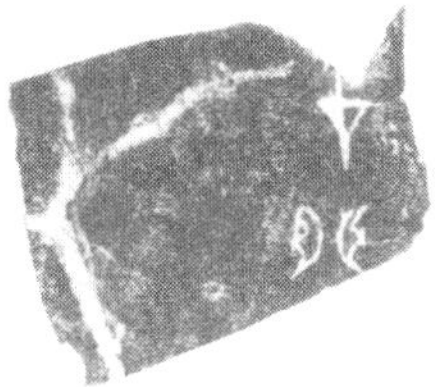

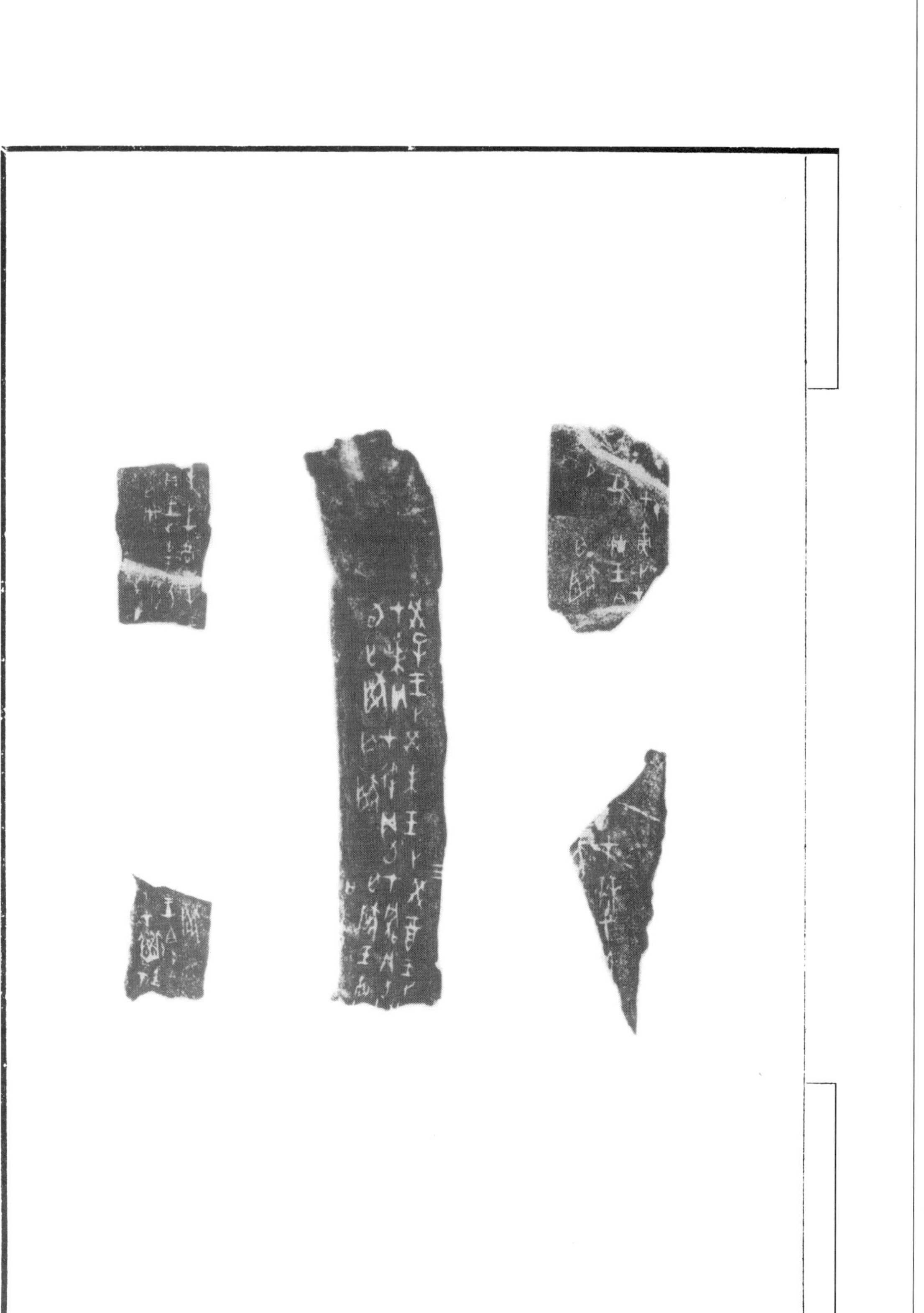

殷虛書契續編卷三

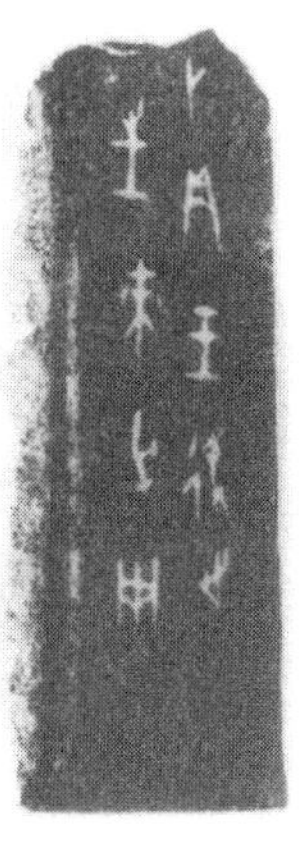

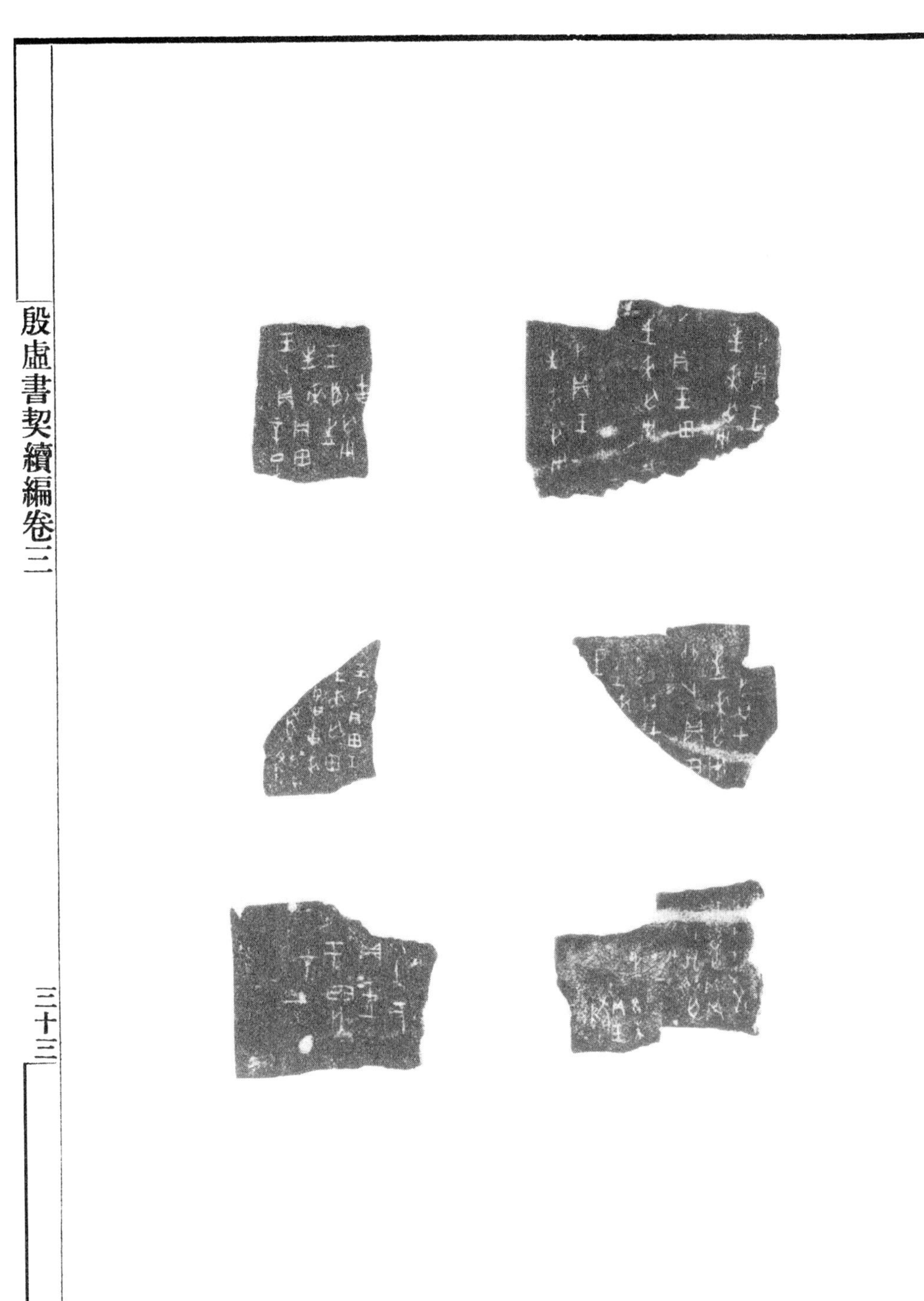

殷虚書契續編卷三

三十三

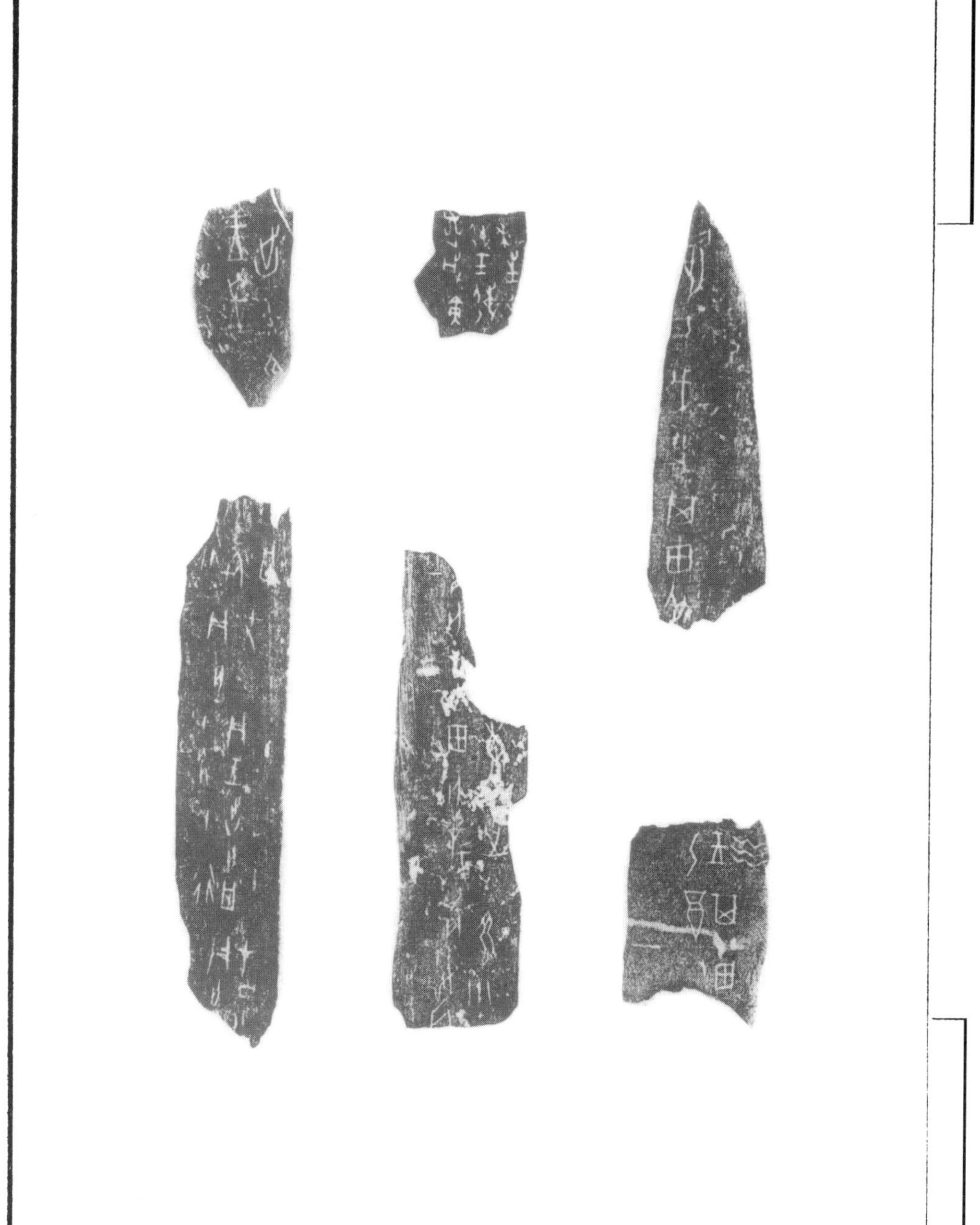

殷虛書契續編卷三

三十四

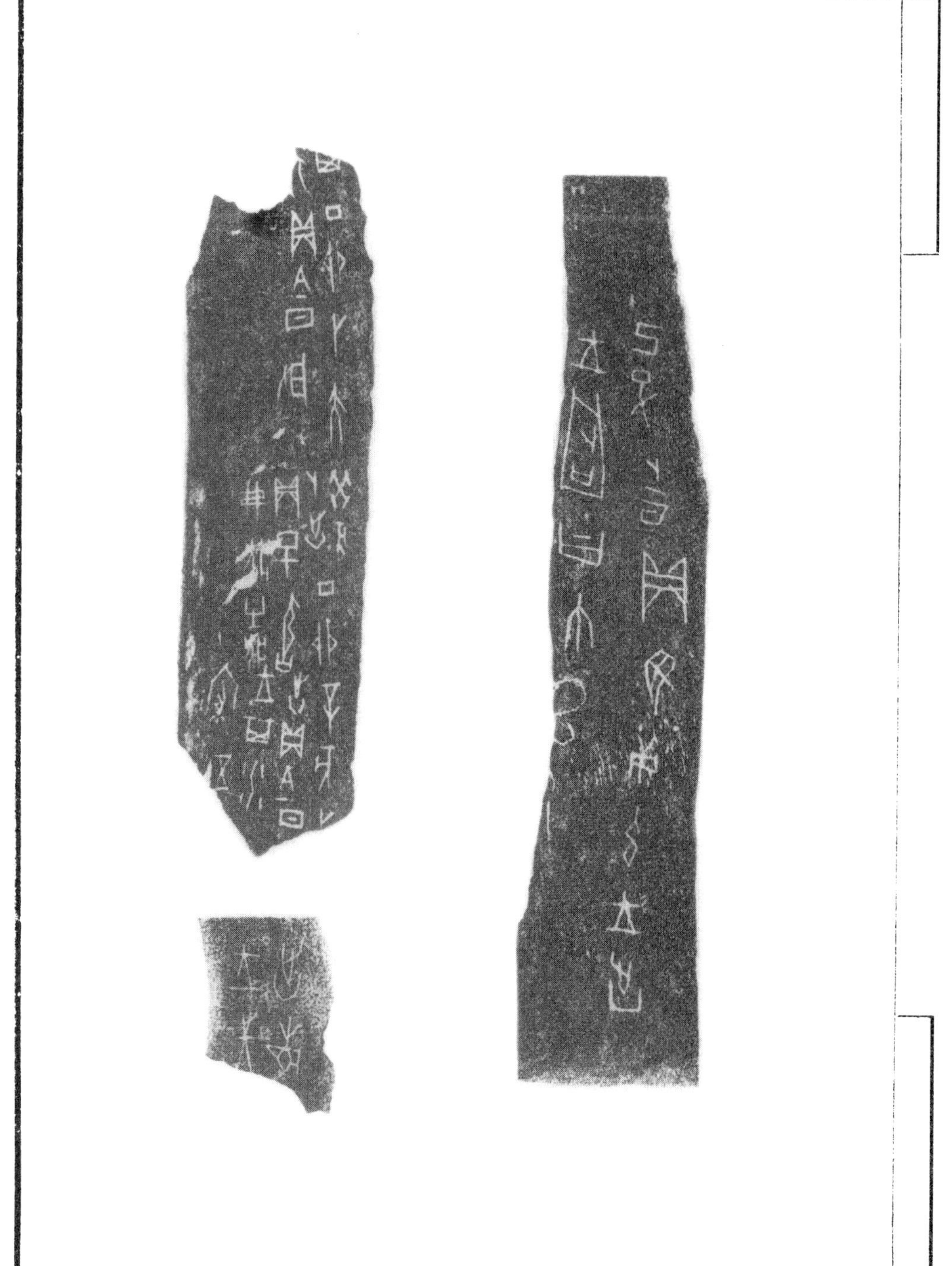

殷虛書契續編卷三

三十五

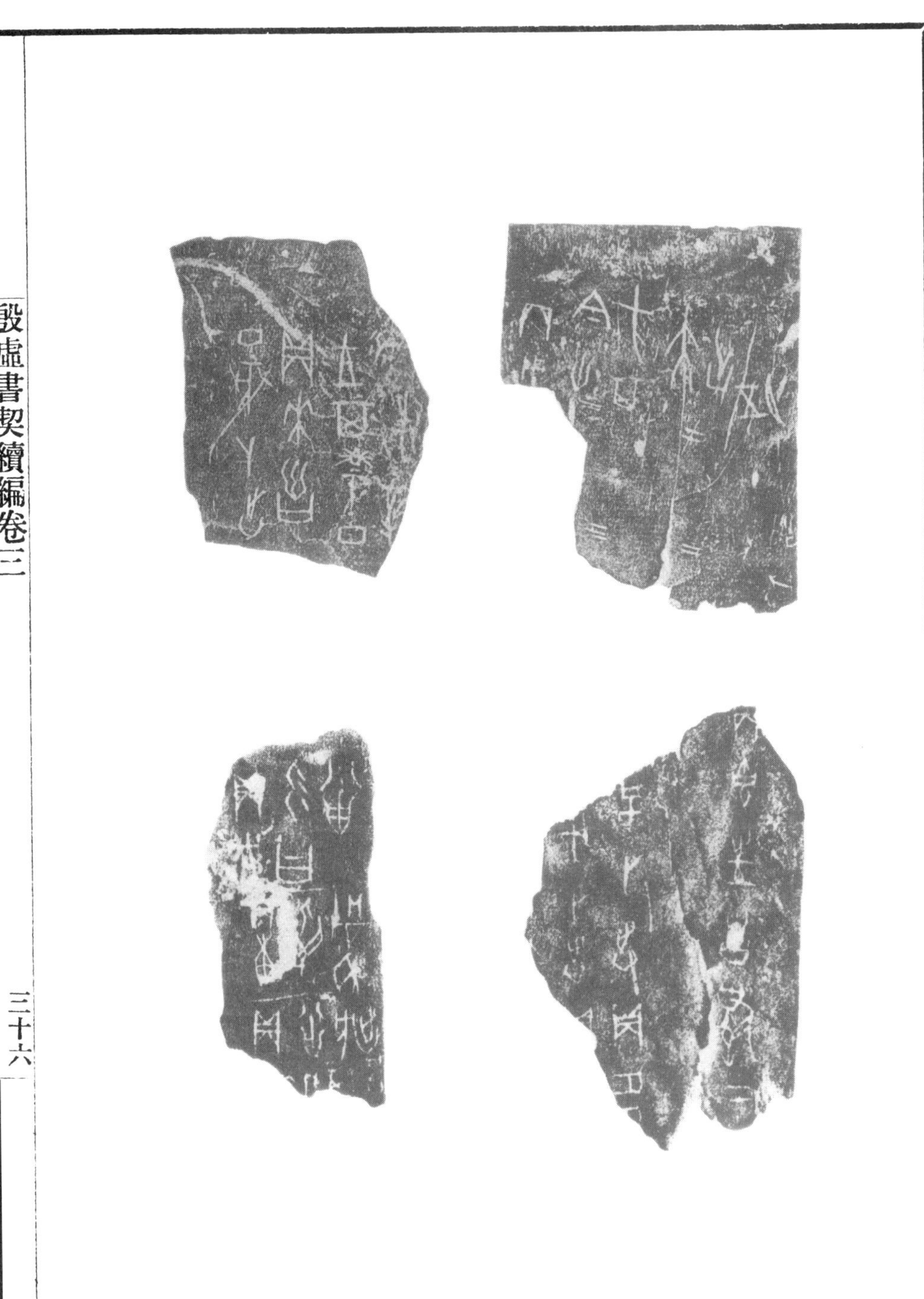

殷虚書契續編卷三

三十七

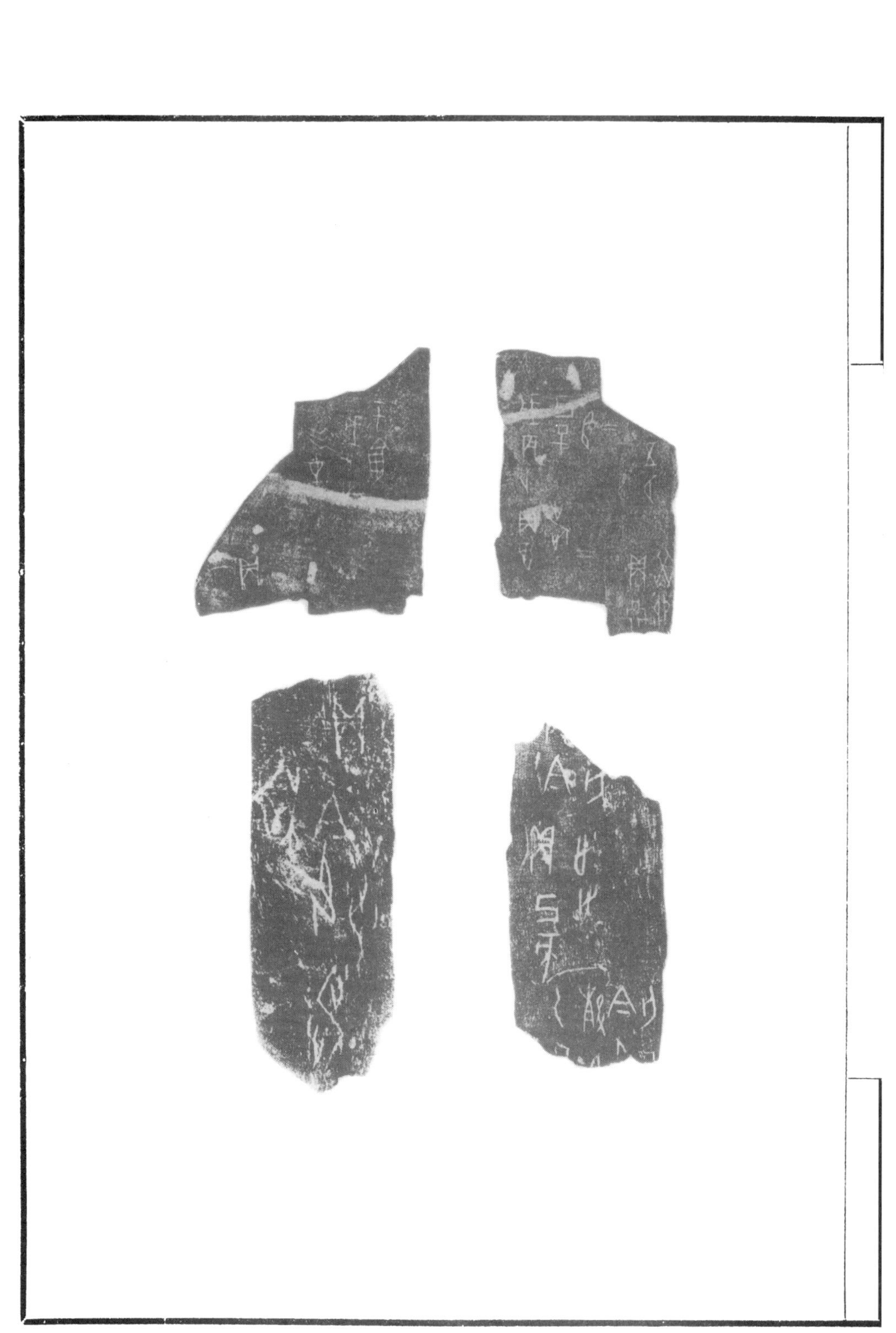

殷虛書契續編卷三

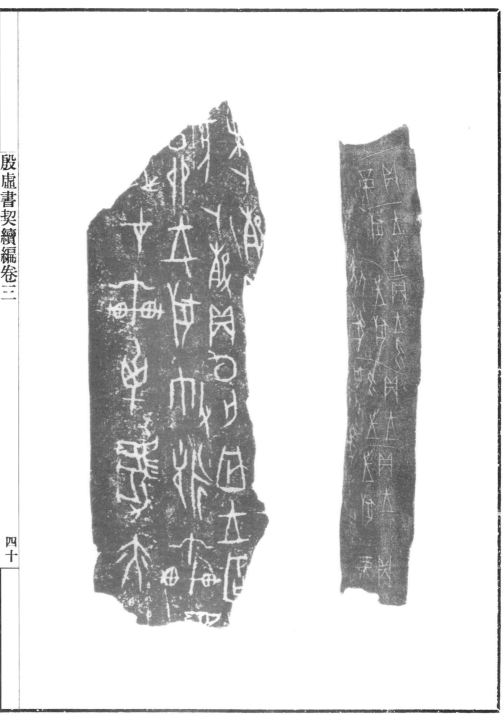

殷虛書契續編卷三

四十二

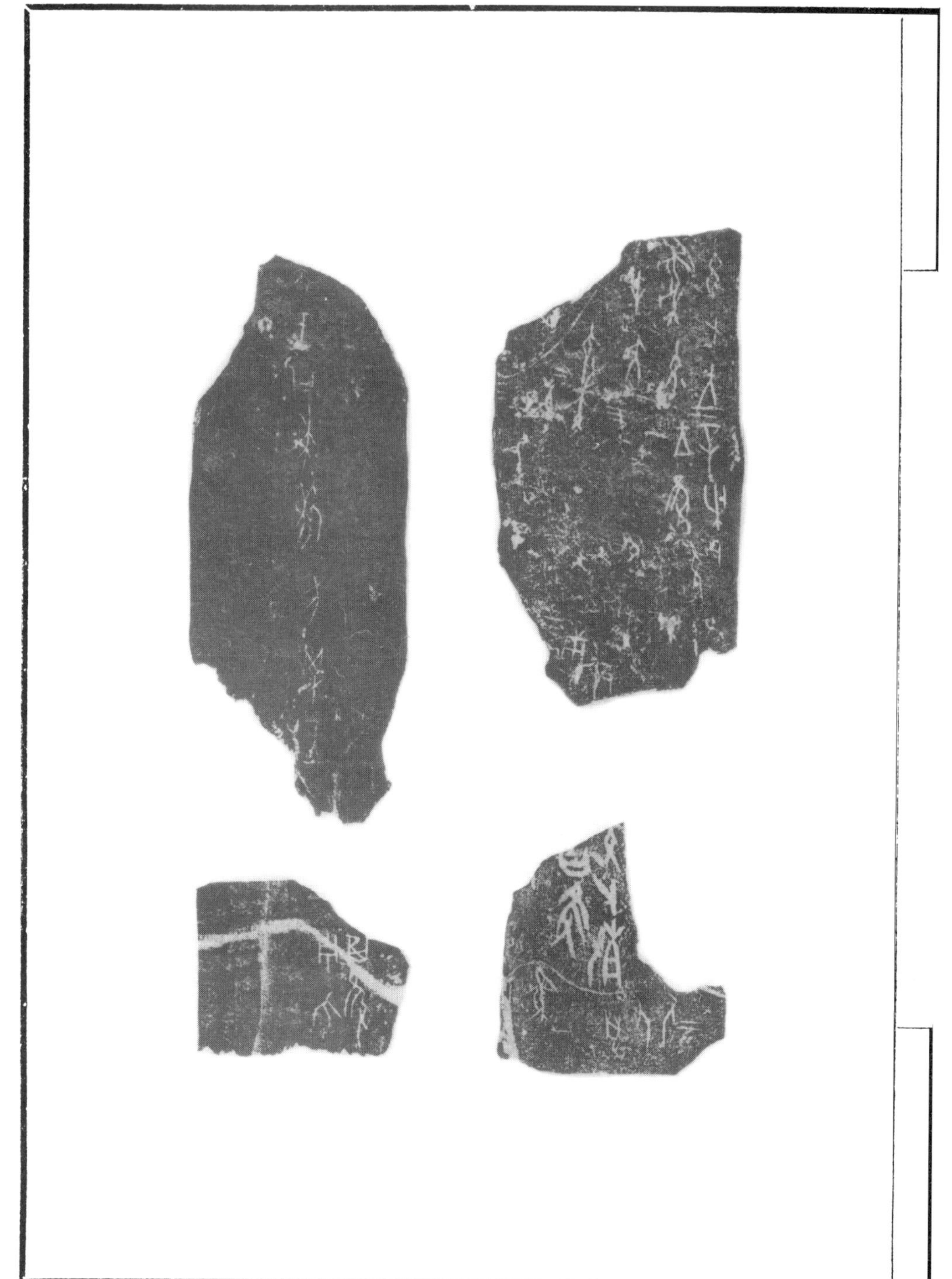

殷虚書契續編卷三

四十三

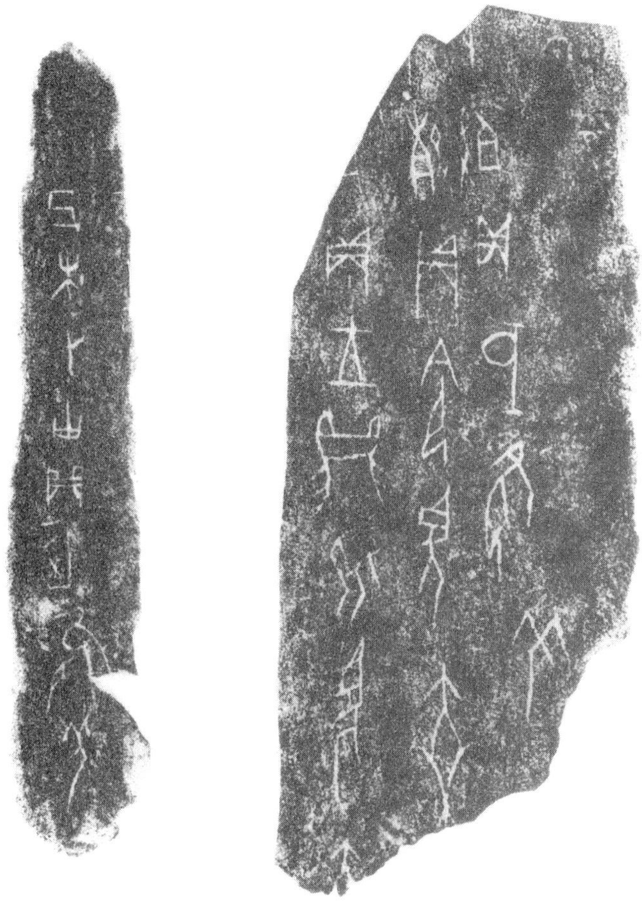

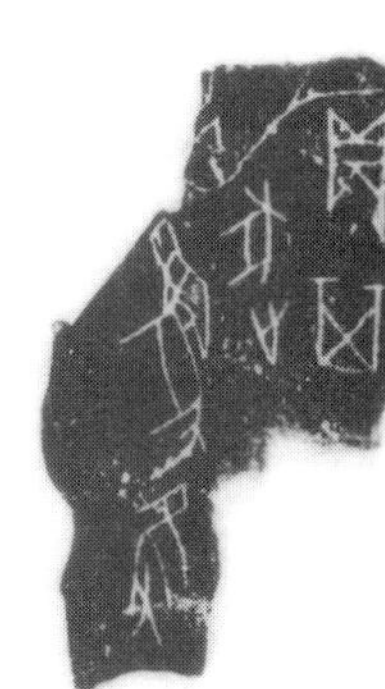

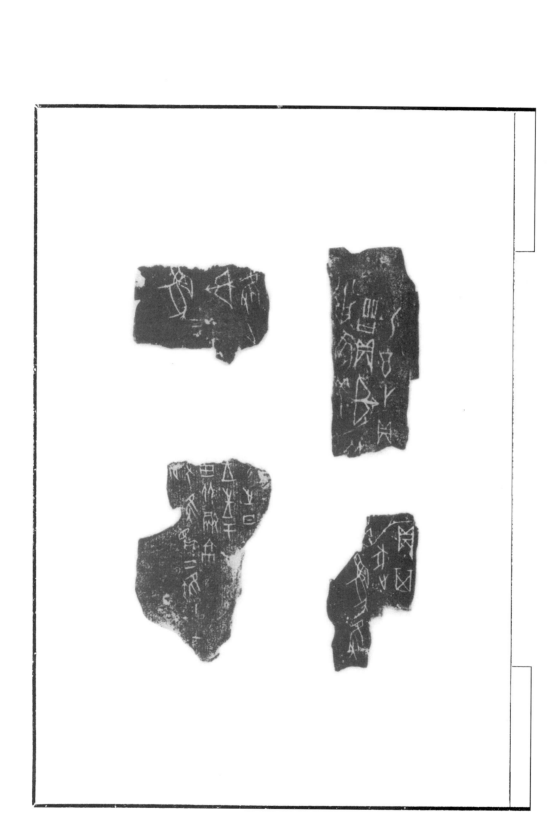

殷虚書契續編卷三

四十四

殷虚書契續編卷三

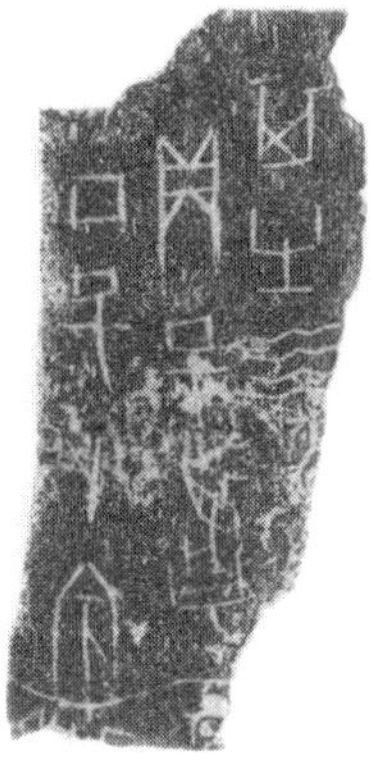

四十五

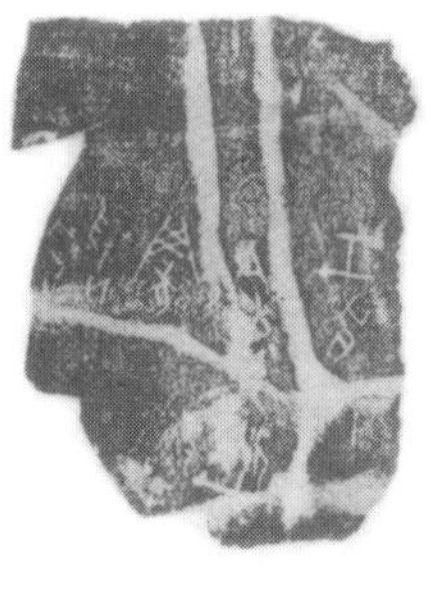

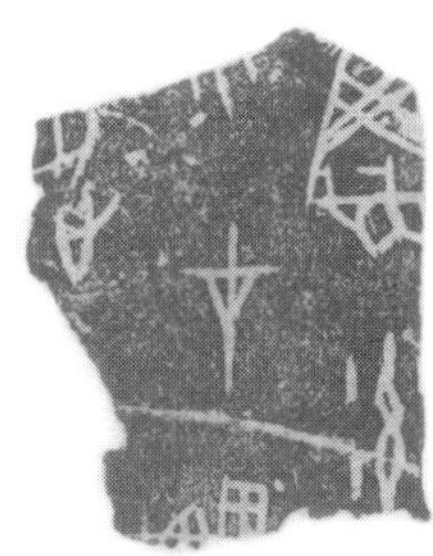

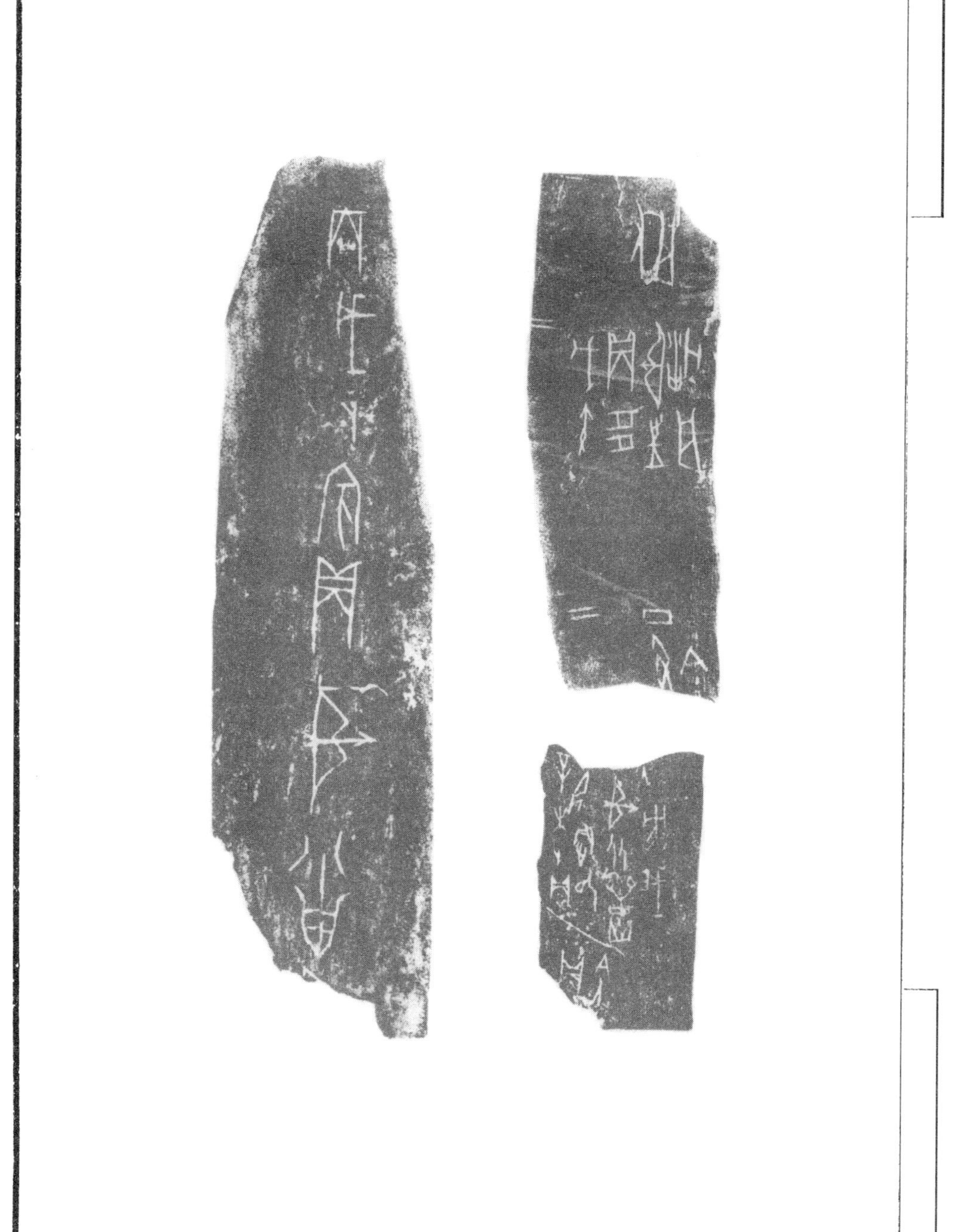

殷虛書契續編卷三

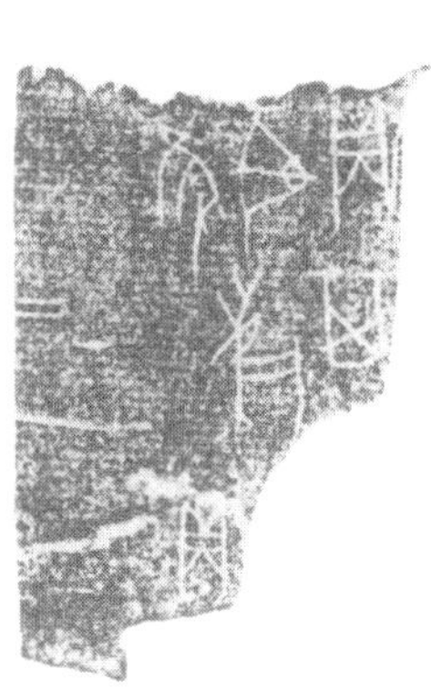

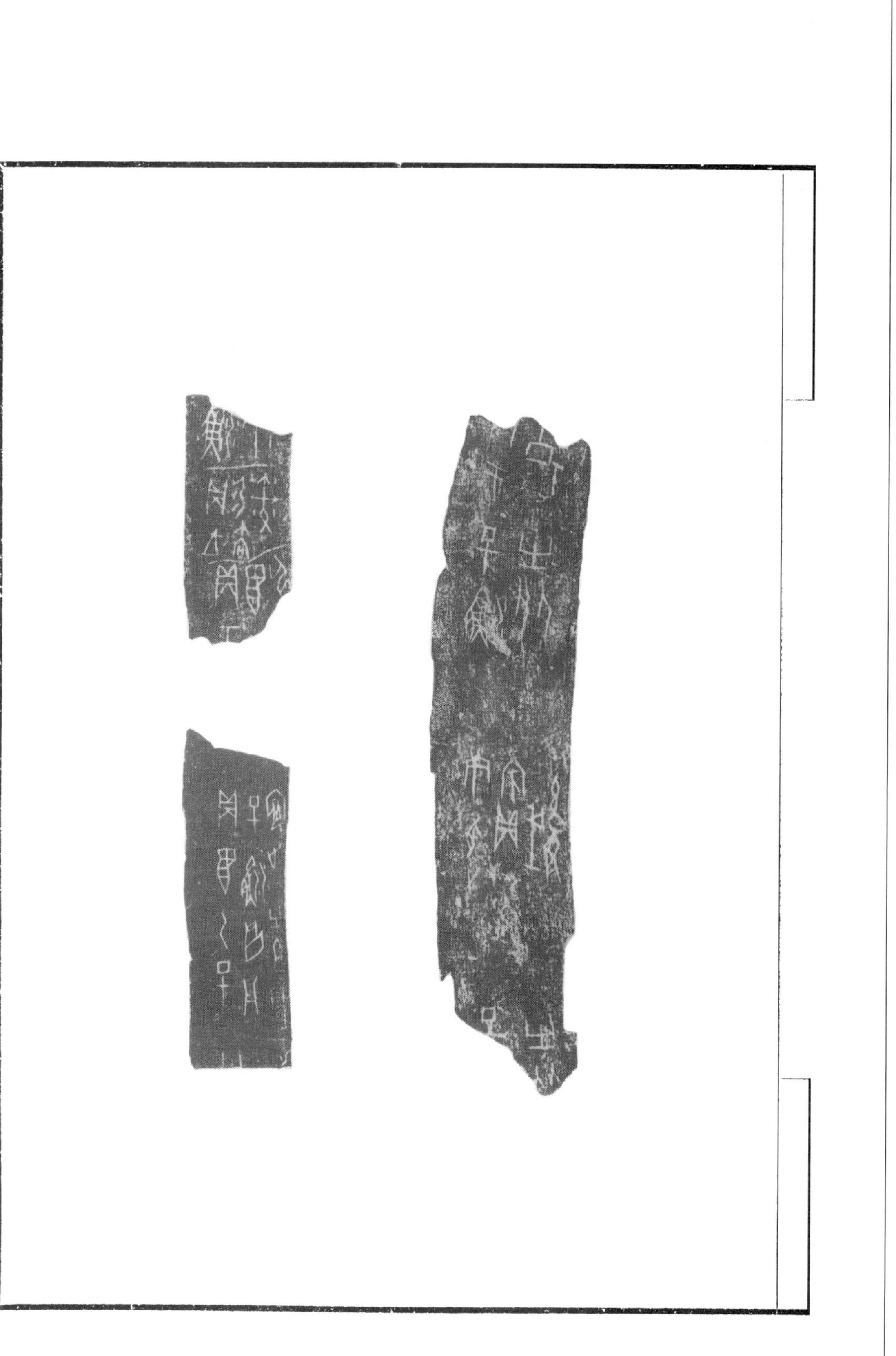

殷虚書契續編卷三 四十八

殷虛書契續編卷三

殷虚書契續編卷四

集古遺文第一

上虞　羅　振玉　類次

殷虚書契續編卷四

二

殷虚書契續編卷四

三

殷虛書契續編卷四

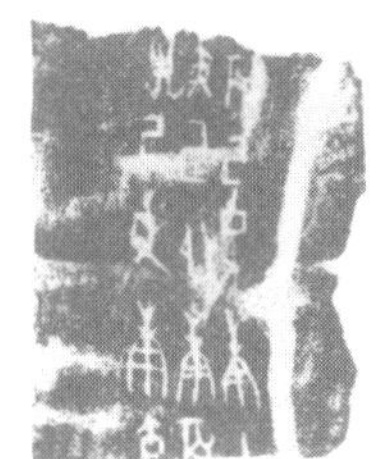

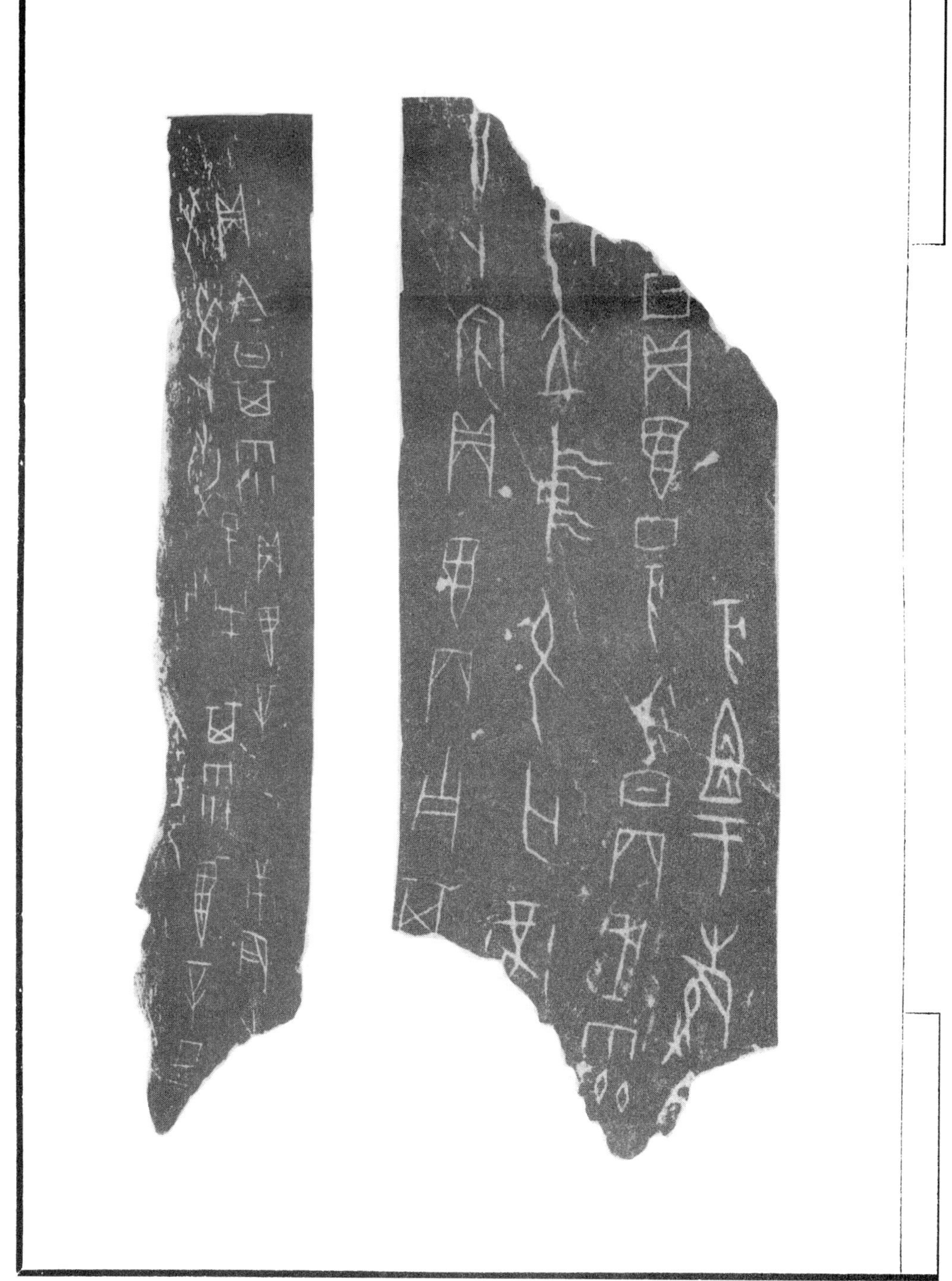

殷虛書契續編卷四

六

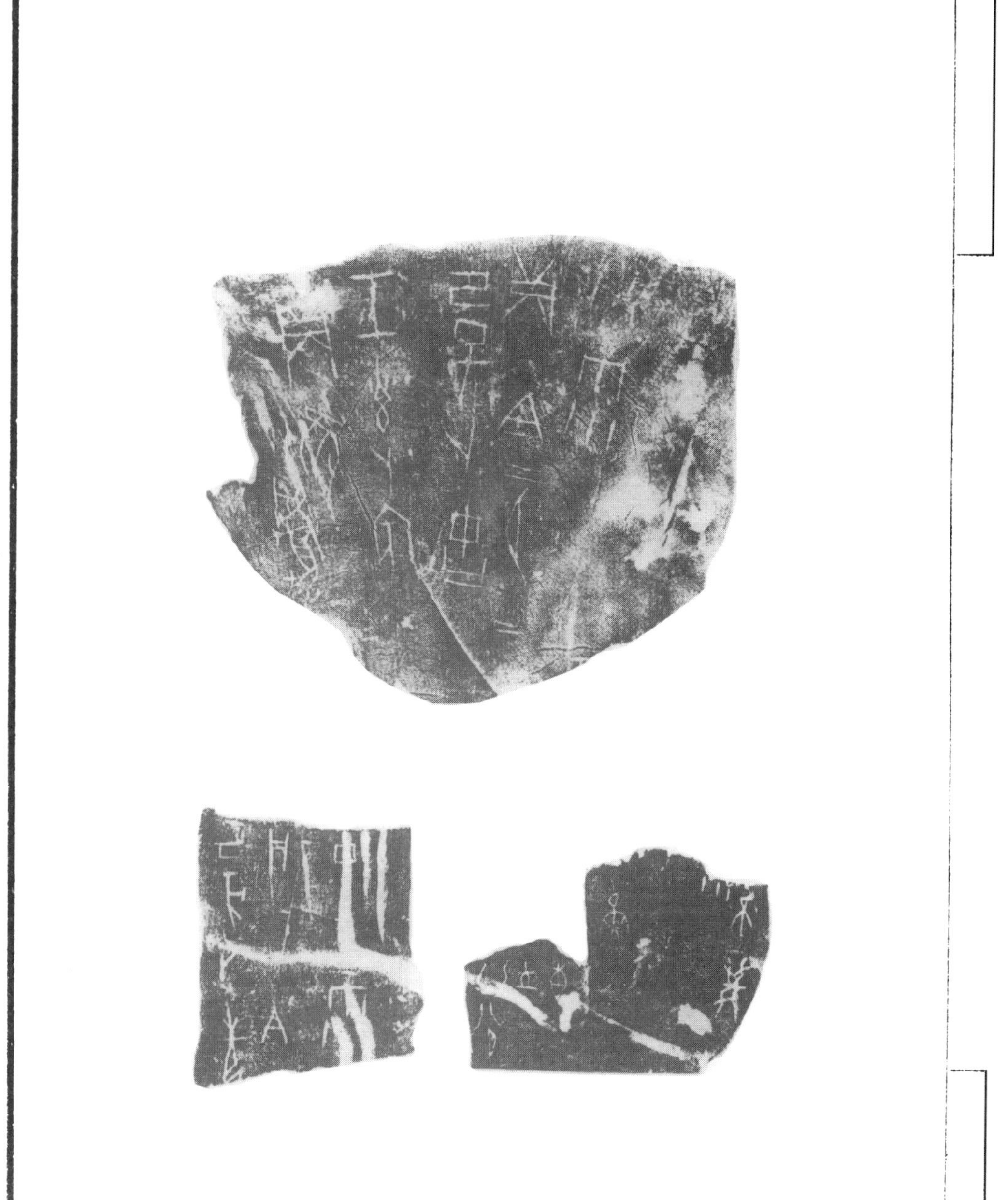

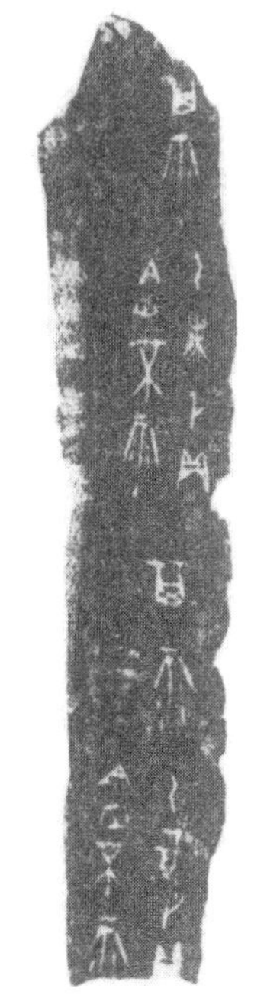

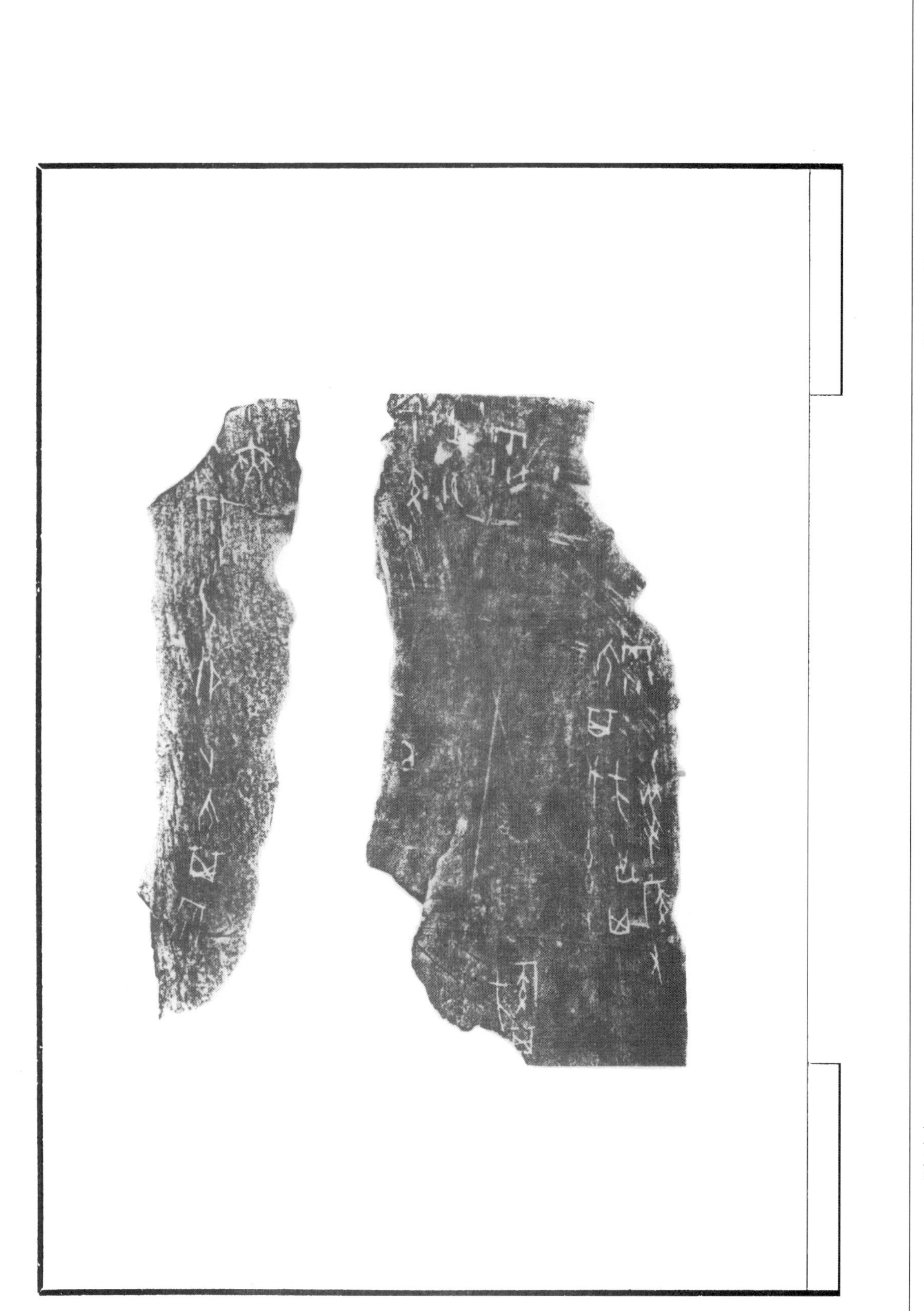

殷虚書契續編卷四

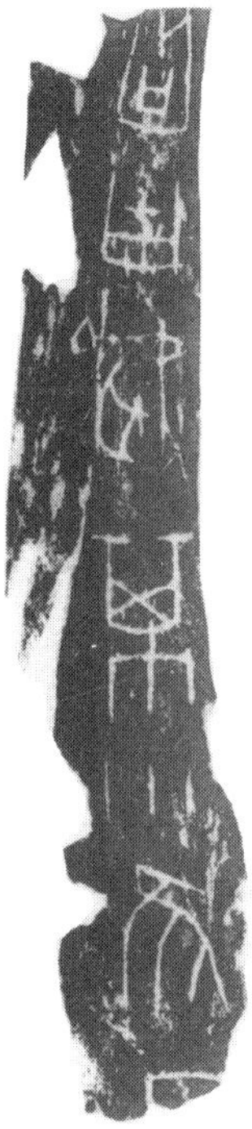

十

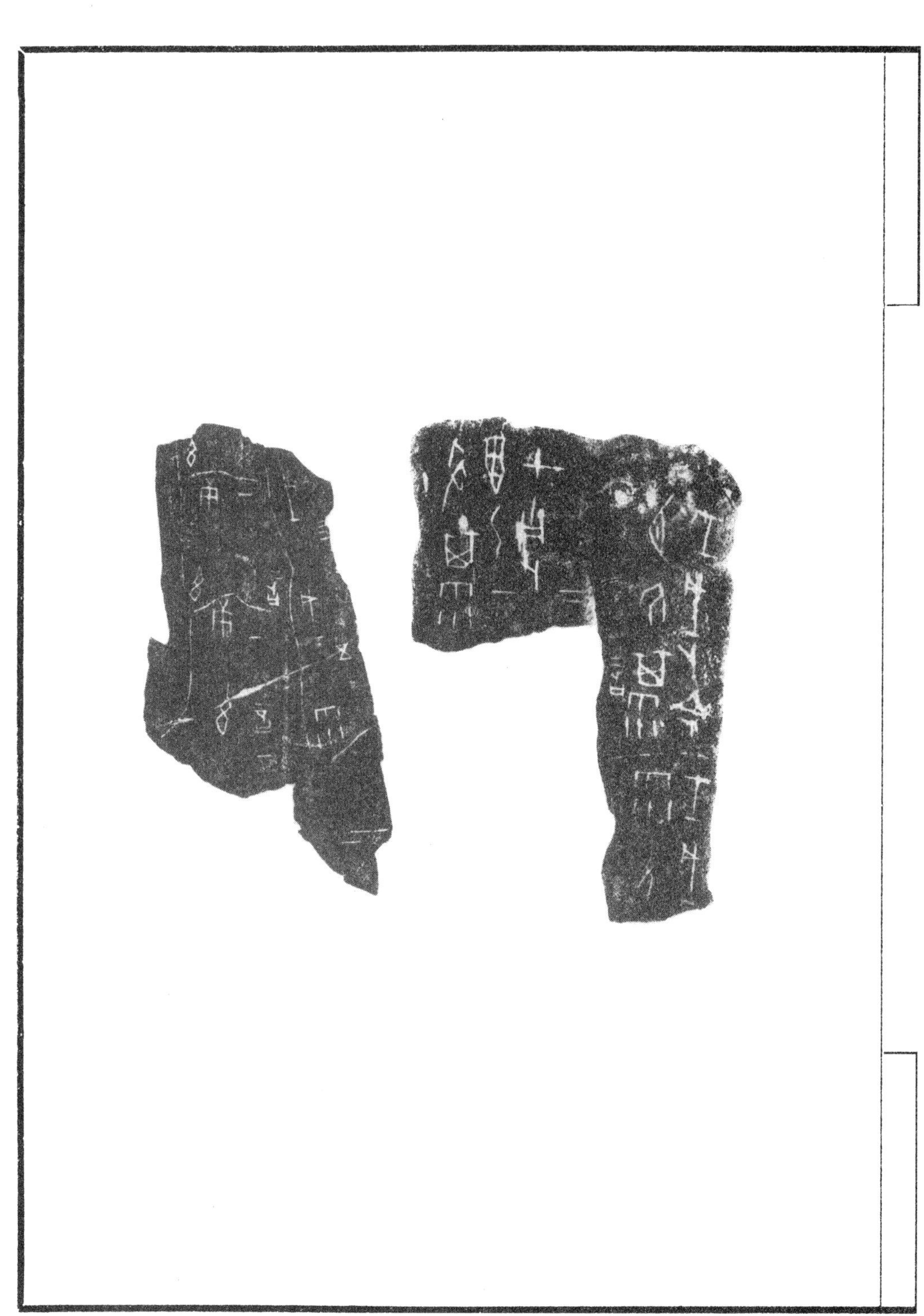

殷虛書契續編卷四

殷虛書契續編卷四

殷虚書契續編卷四

十三

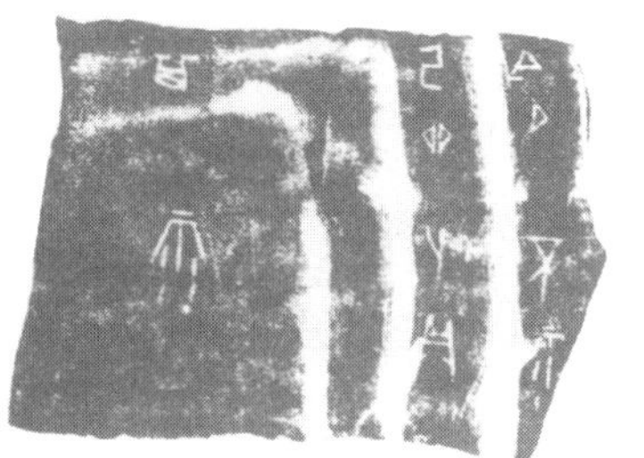

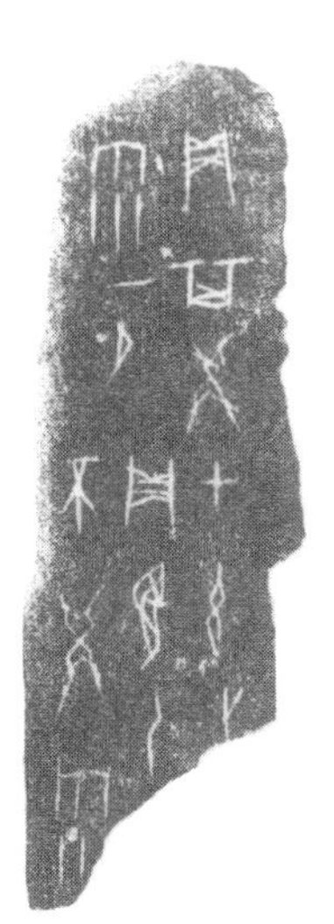

殷虛書契續編卷四

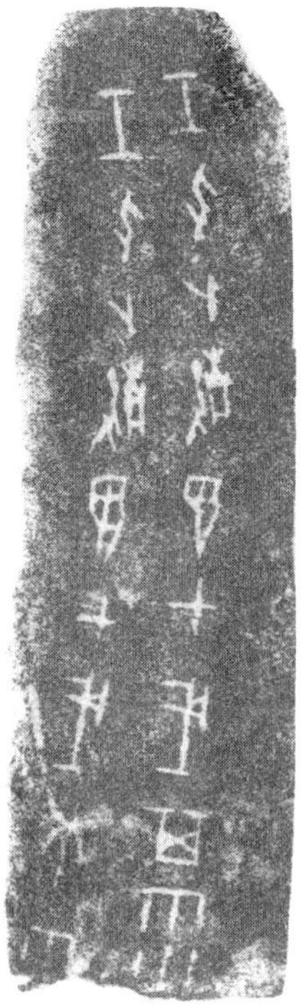

殷虛書契續編卷四

十七

殷虛書契續編卷四

十八

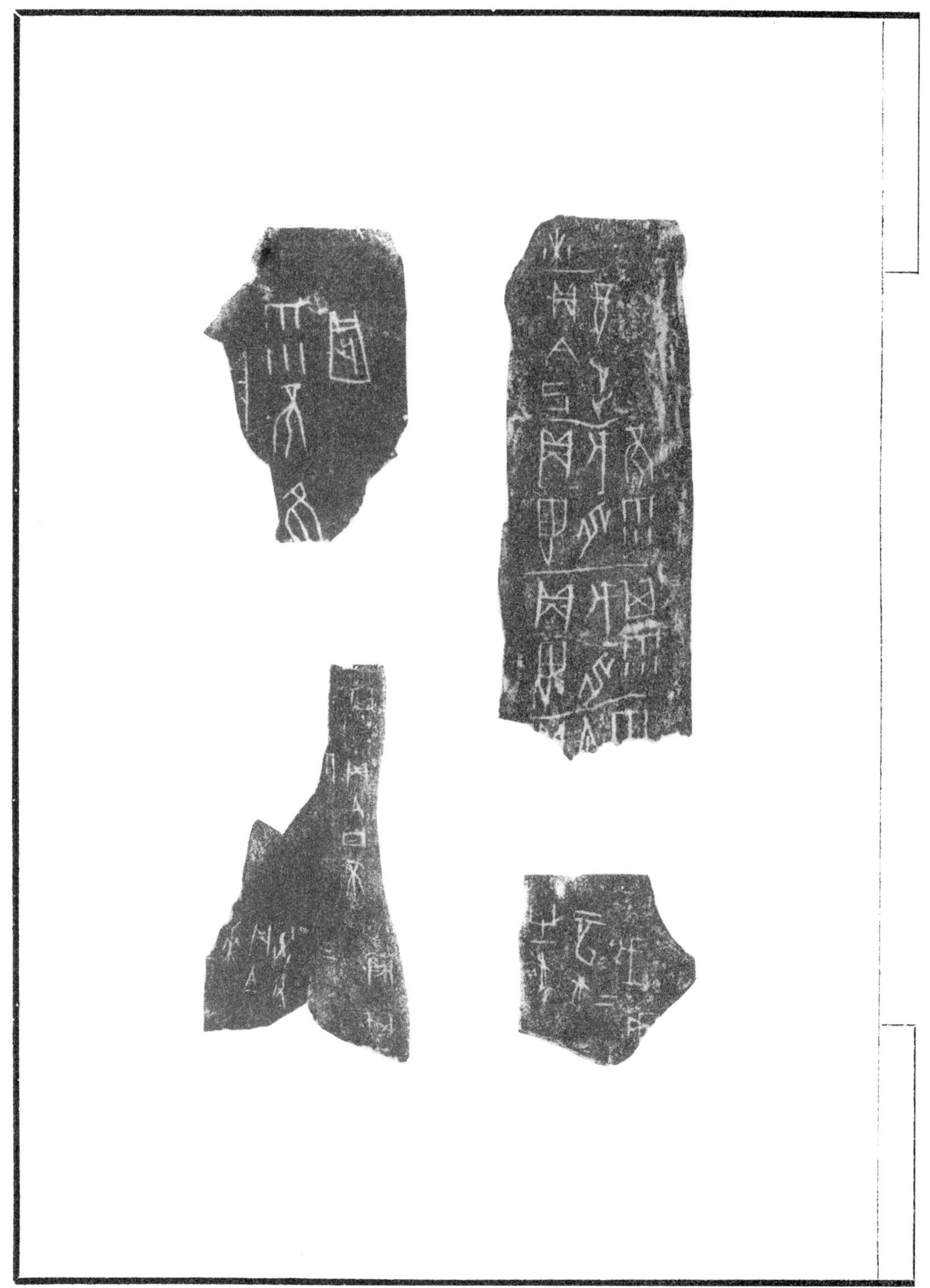

殷虛書契續編卷四

十九

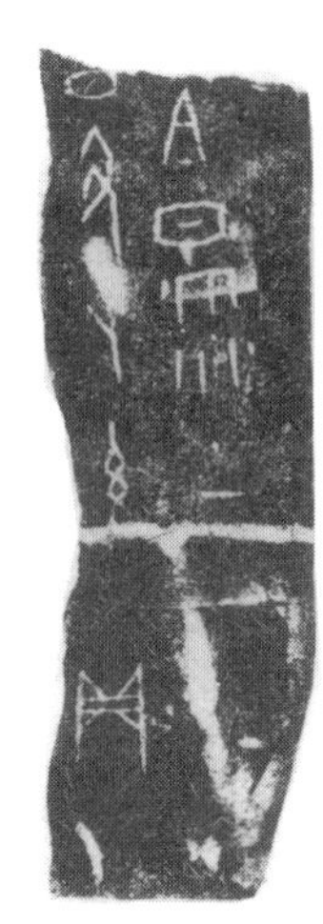

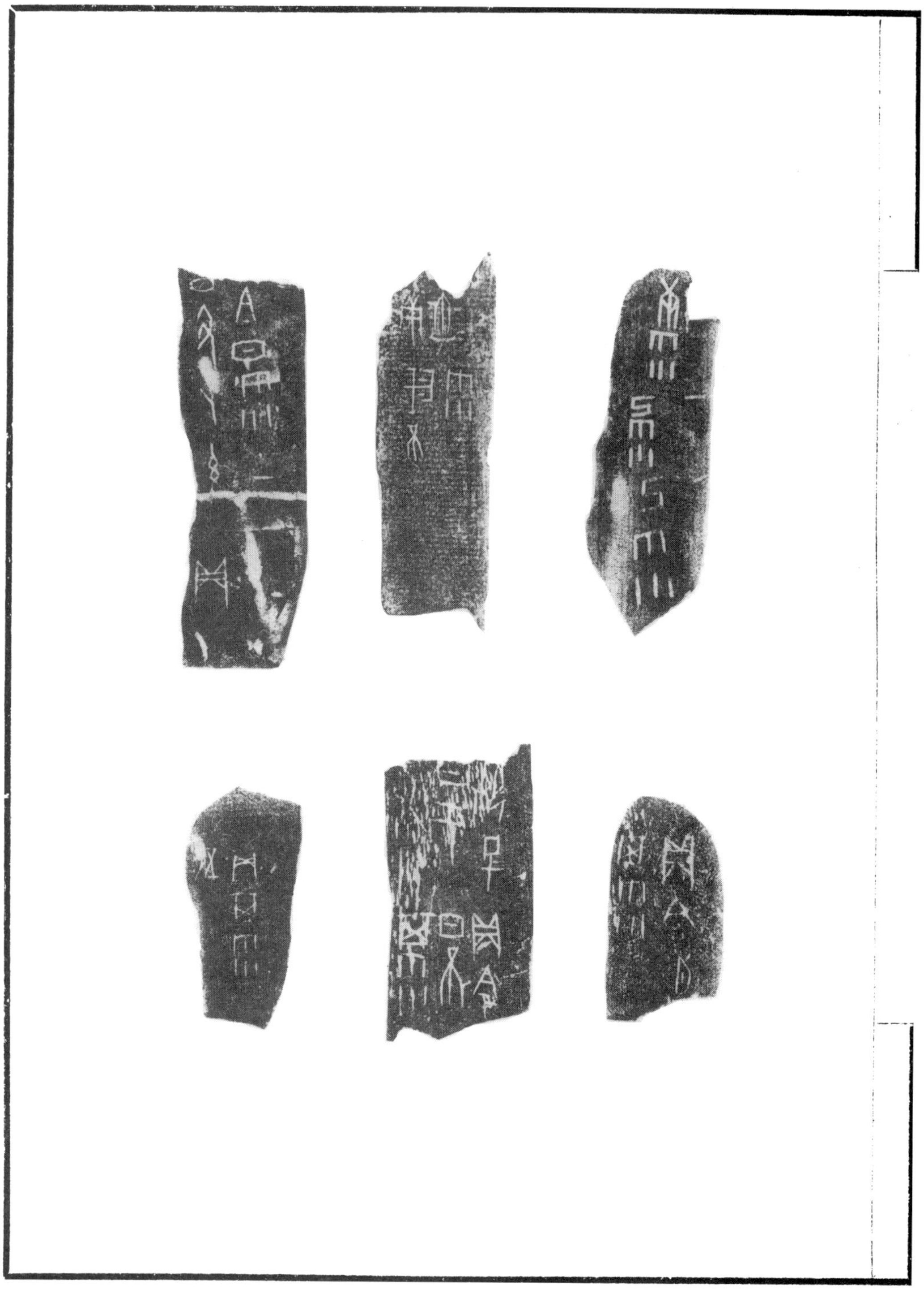

殷虚書契續編卷四

二十

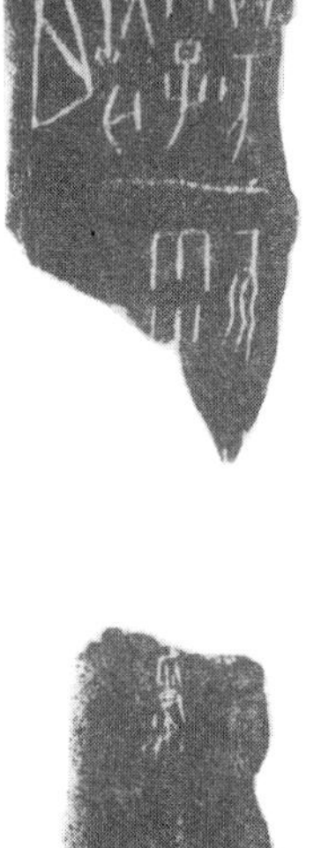

殷虚書契續編卷四

二十二

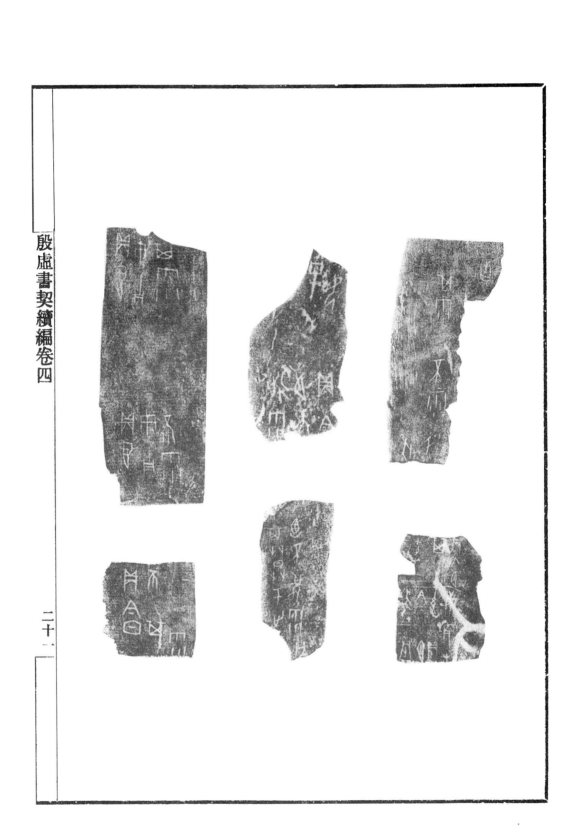

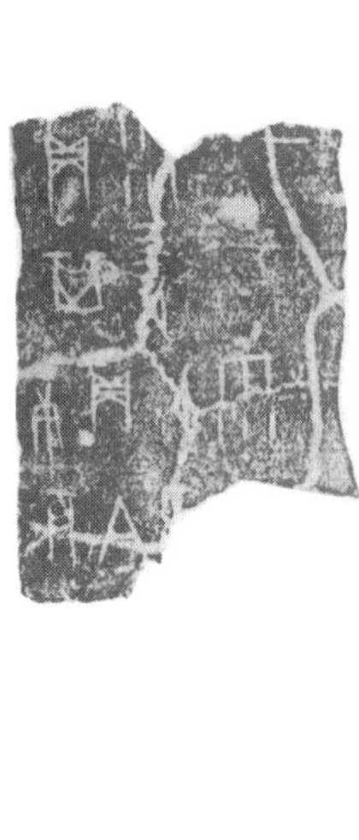

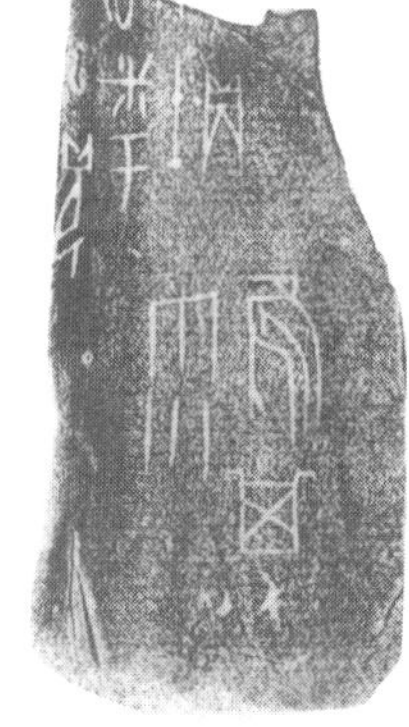

殷虚書契續編卷四

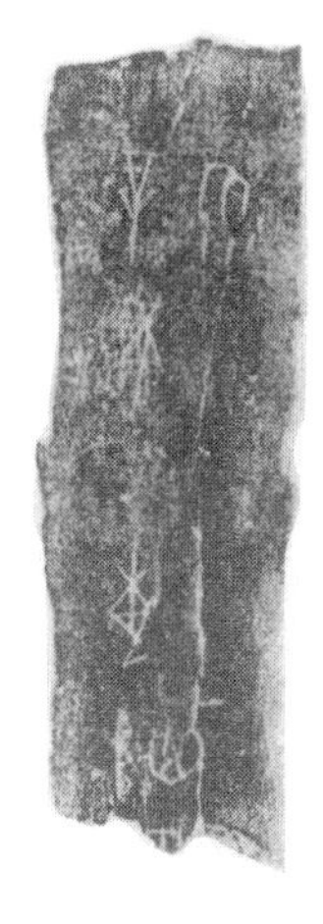
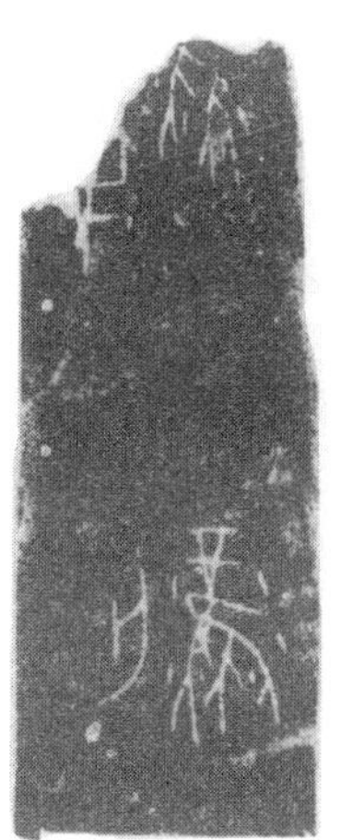

殷虛書契續編卷四

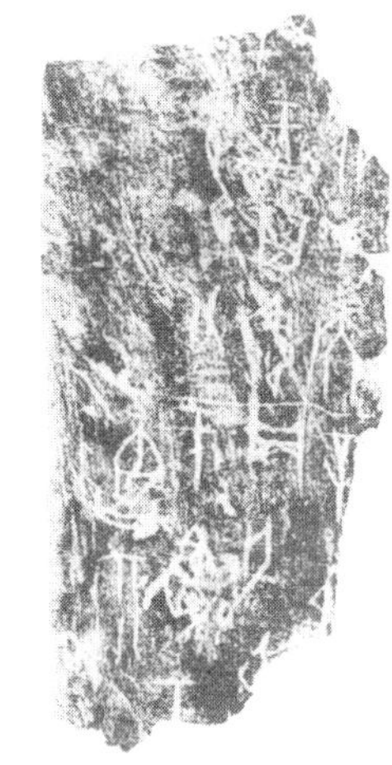

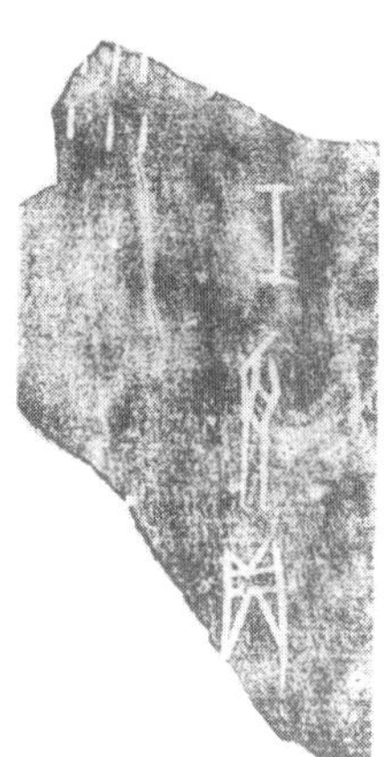

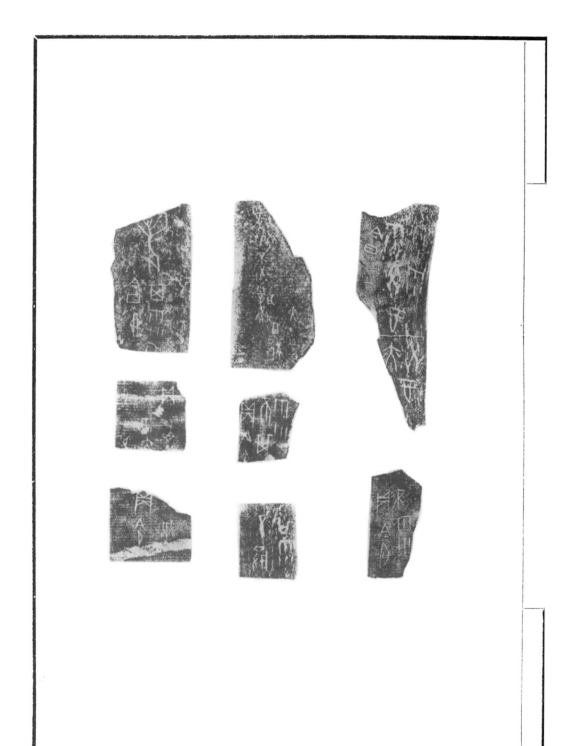

殷虚書契續編卷四

二十四

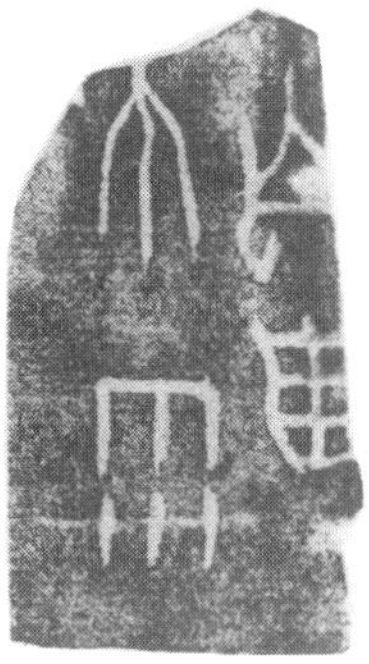

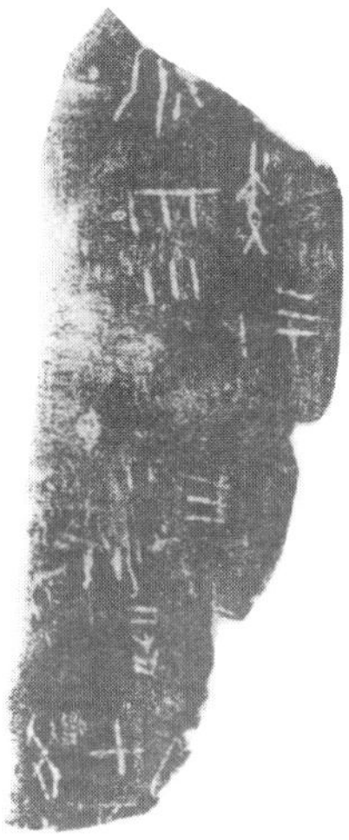

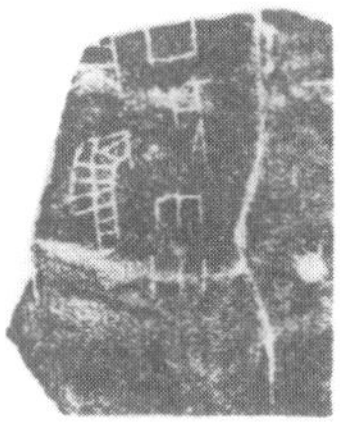

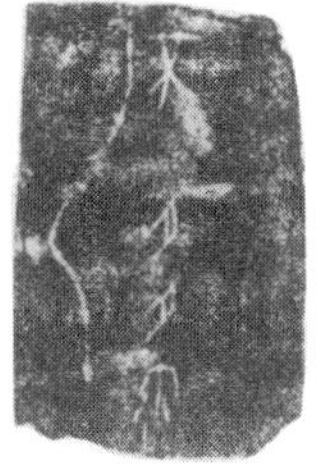

殷虚書契續編卷四

二十五

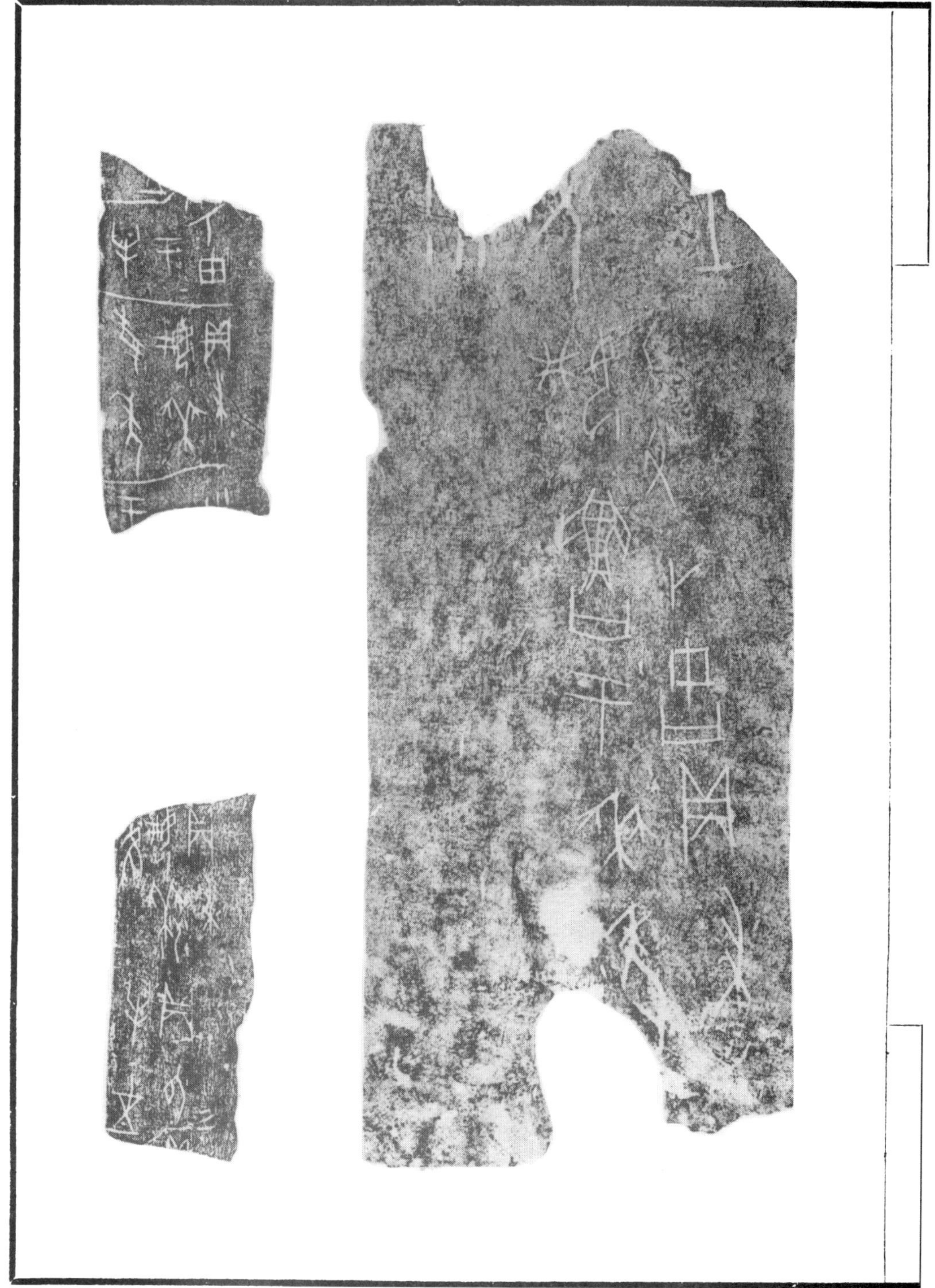

殷虛書契續編卷四

二十六

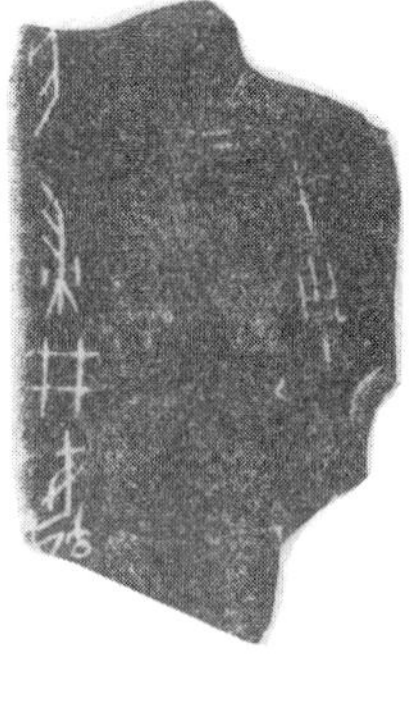

殷虛書契續編卷四

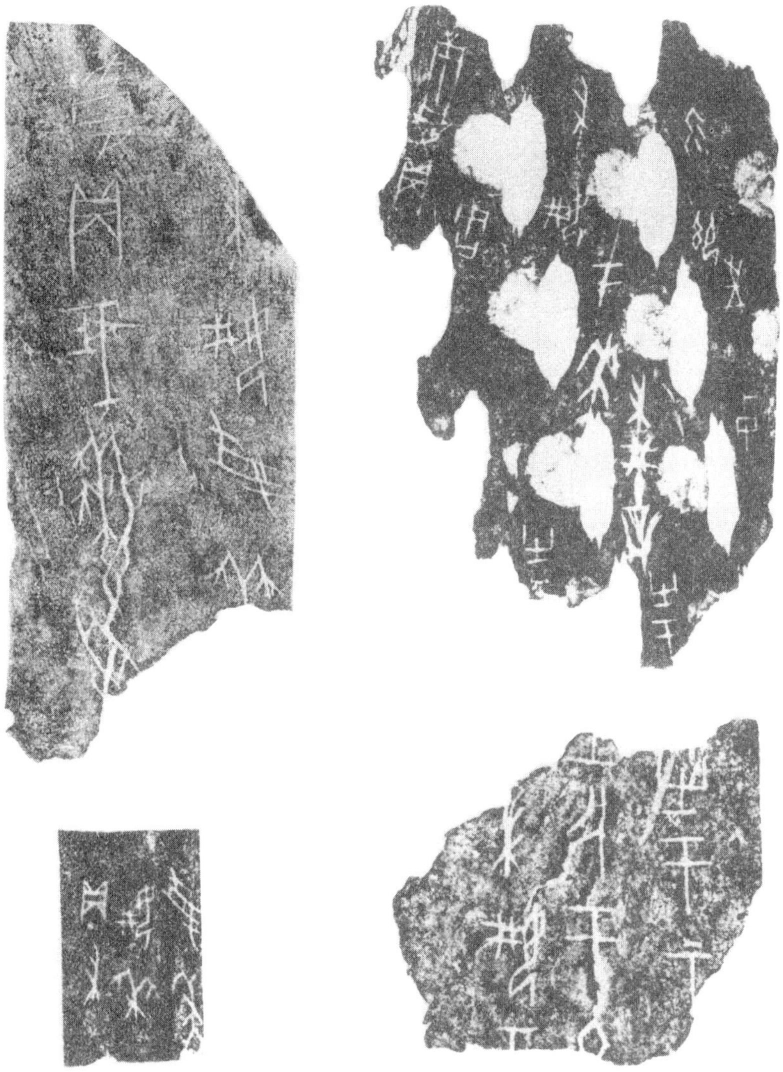

二十七

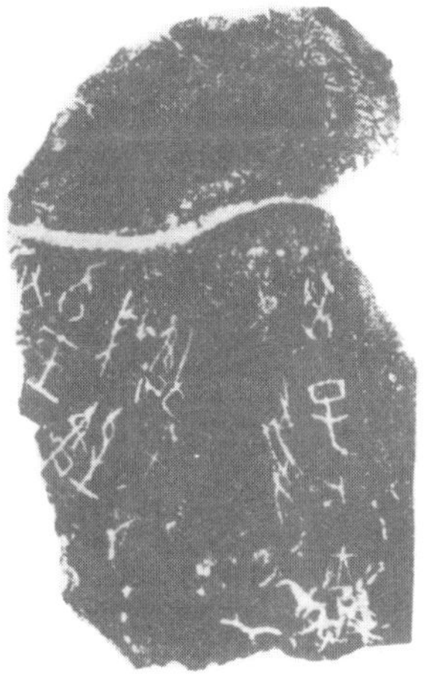

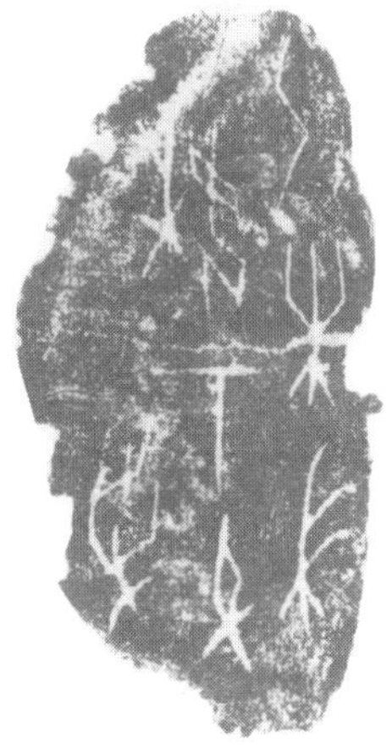

殷虚書契續編卷四 二十九

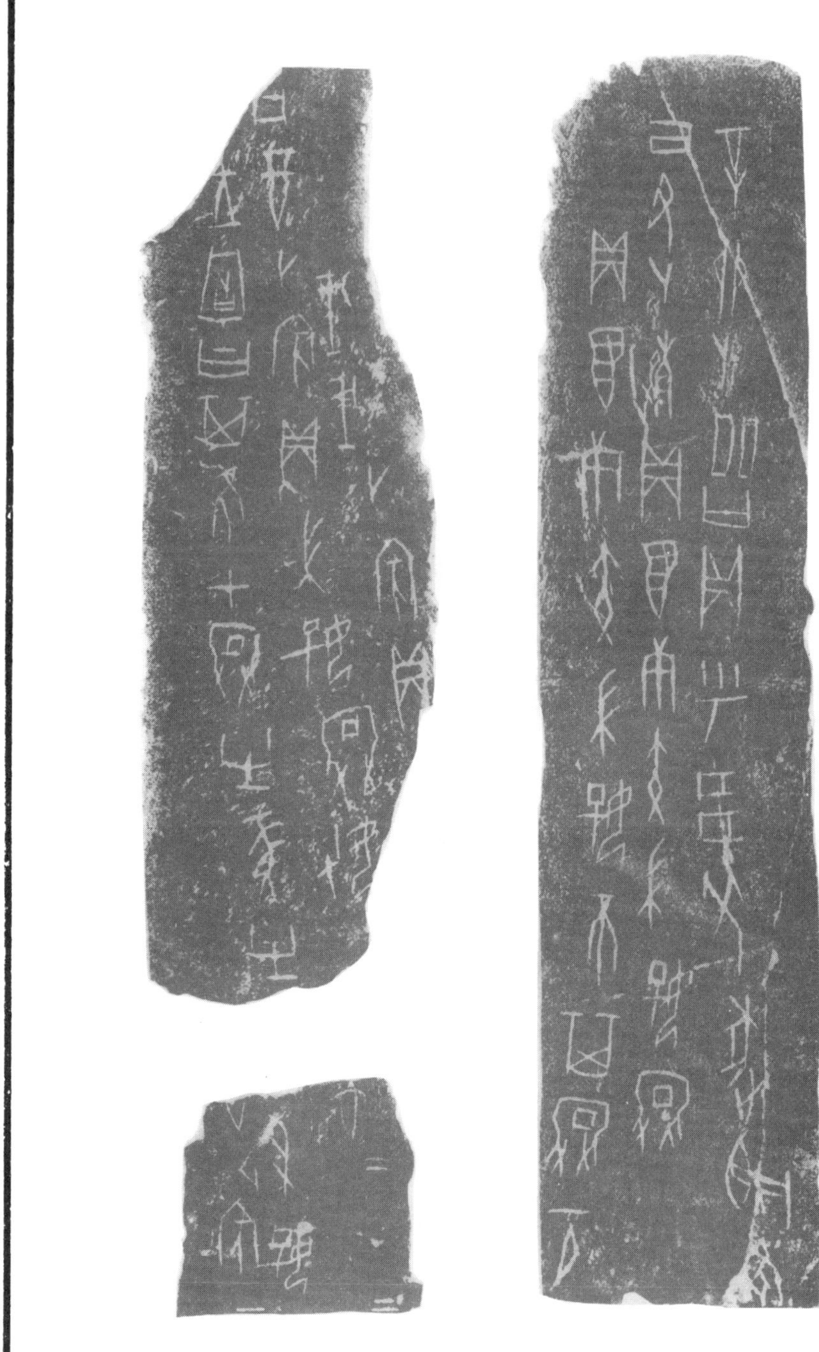

殷虛書契續編卷四

三十

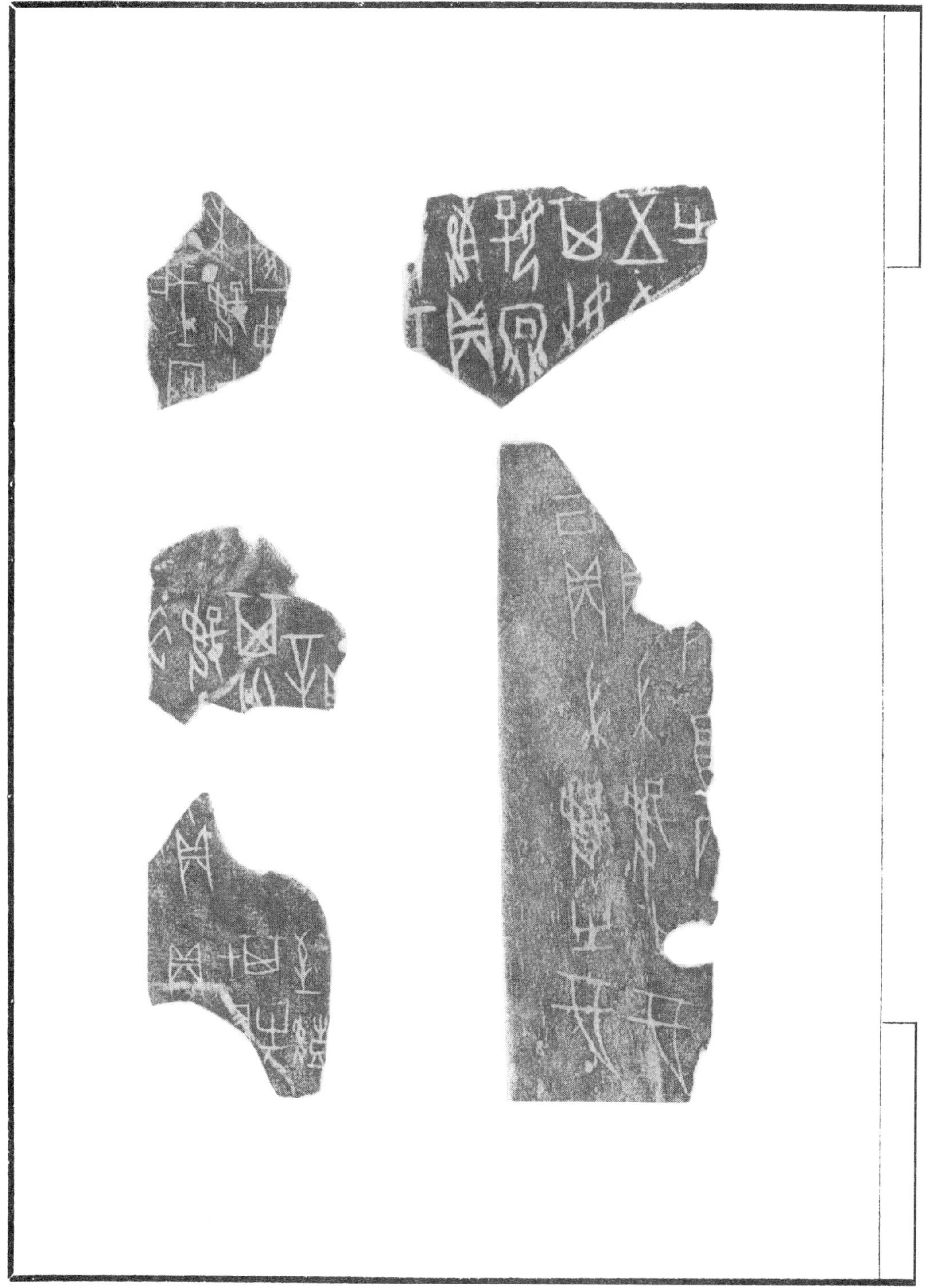

殷虛書契續編卷四

殷虛書契續編卷四

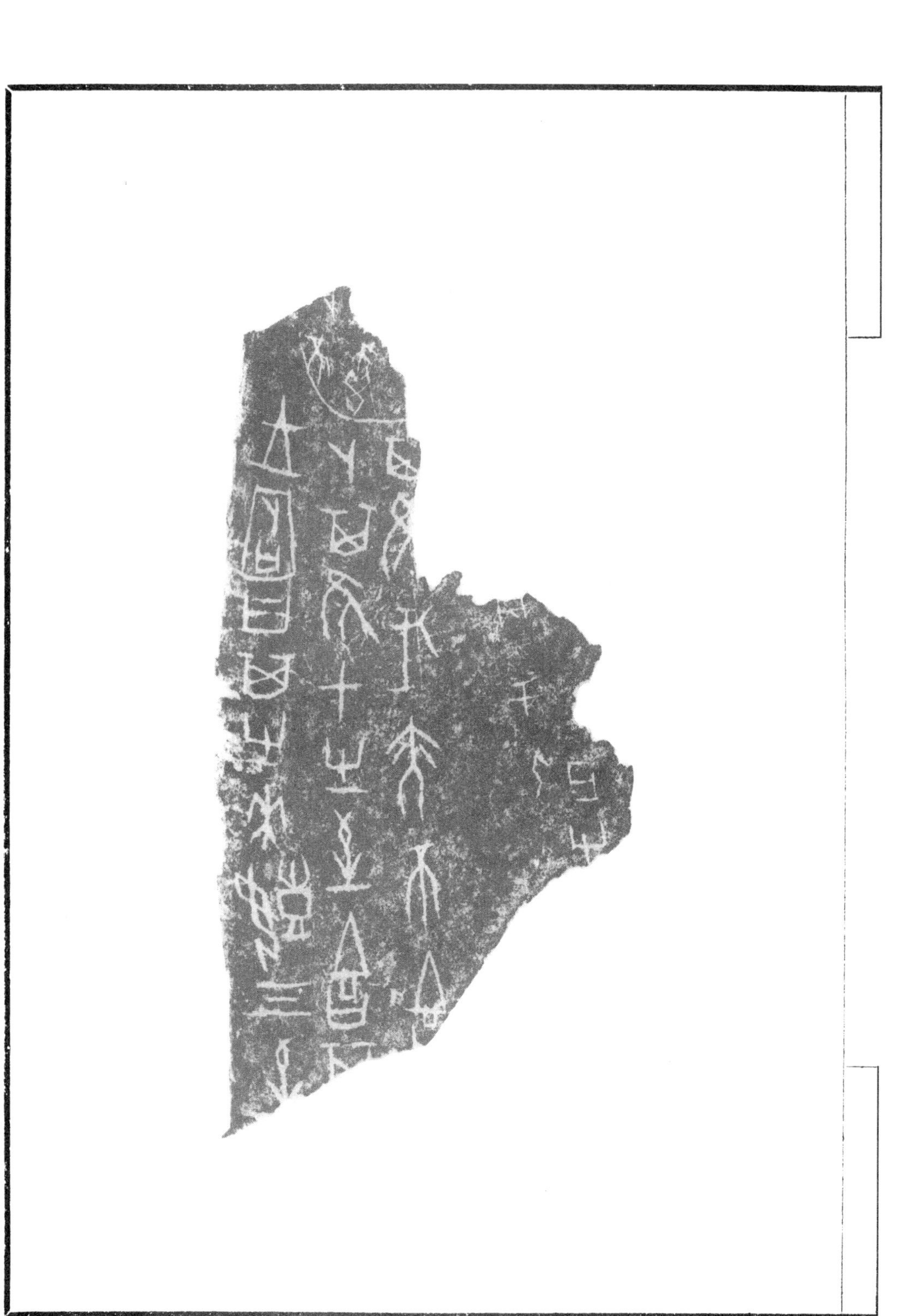

殷虛書契續編卷四

三十三

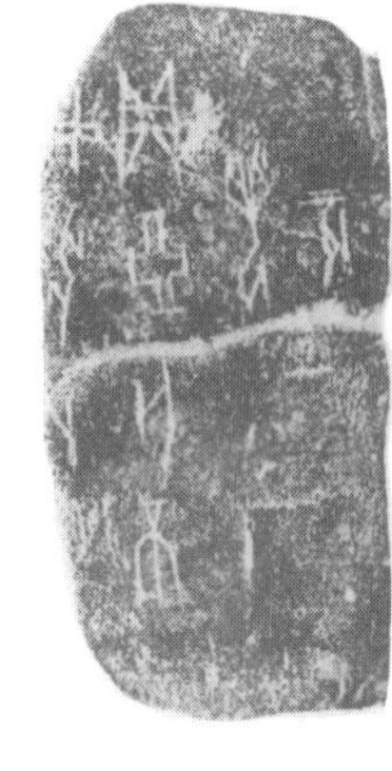

殷虛書契續編卷四

三十四

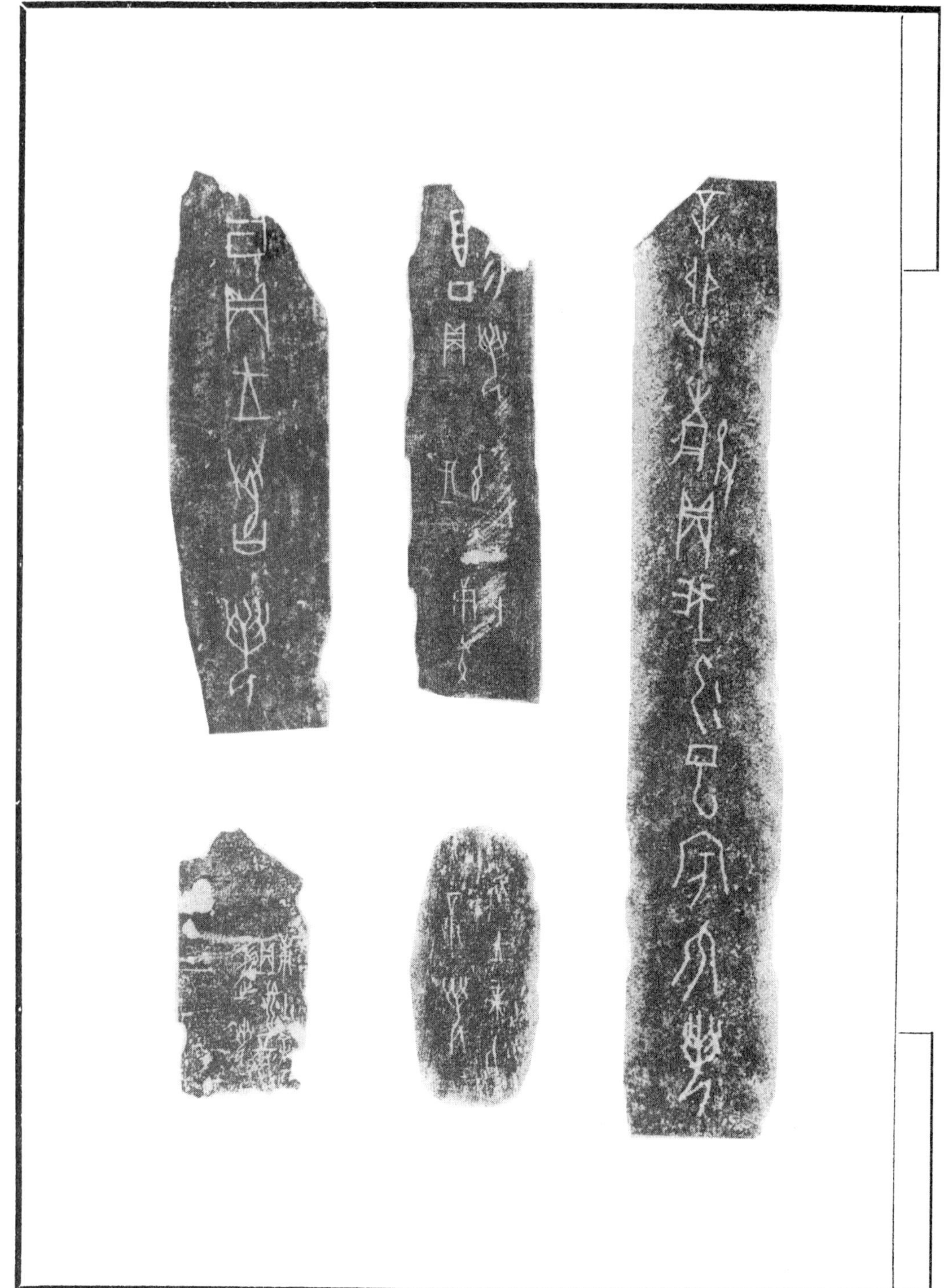

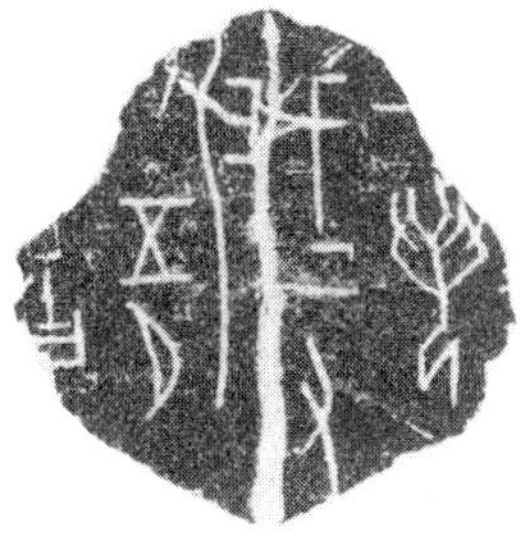

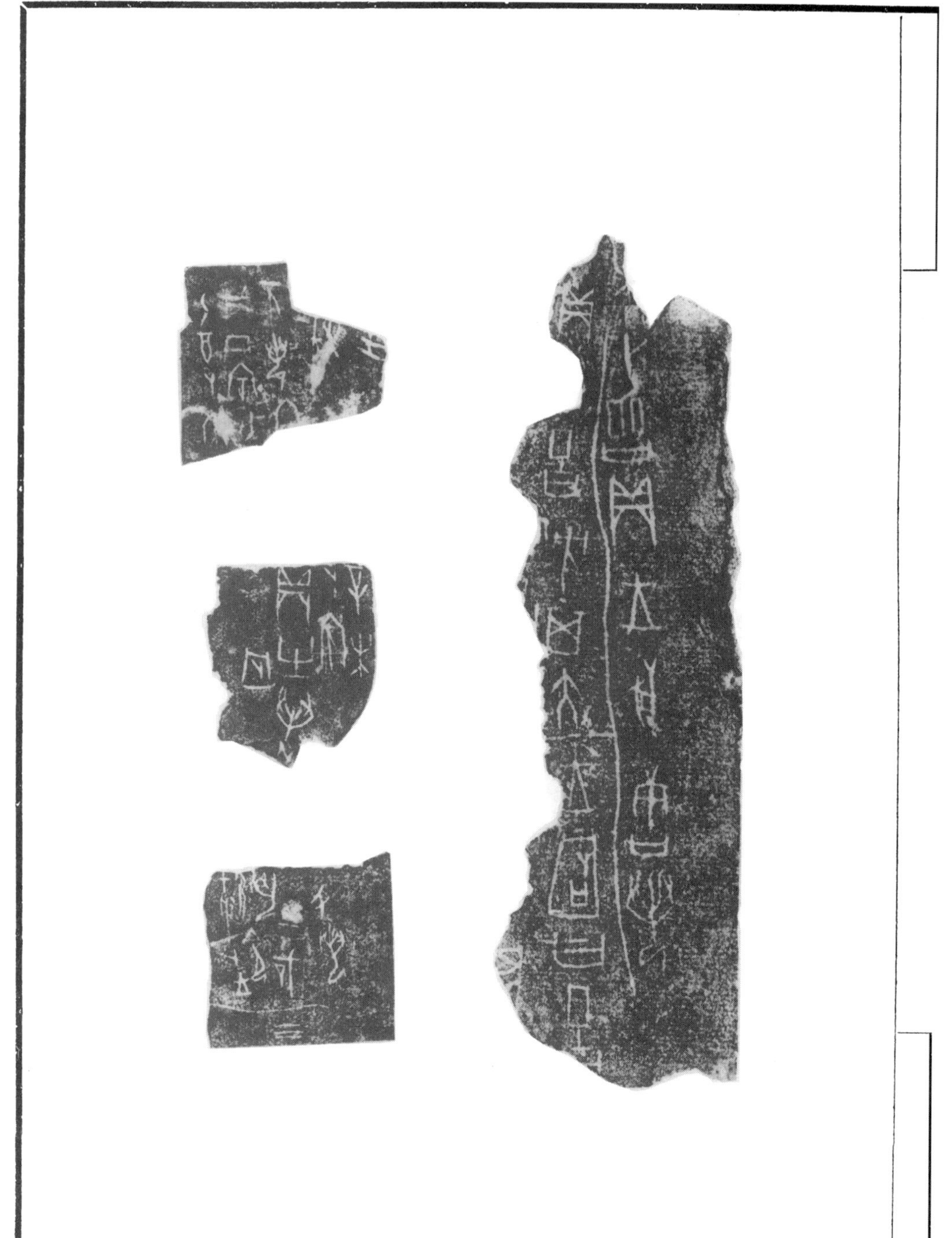

殷虚書契續編卷四

三十六

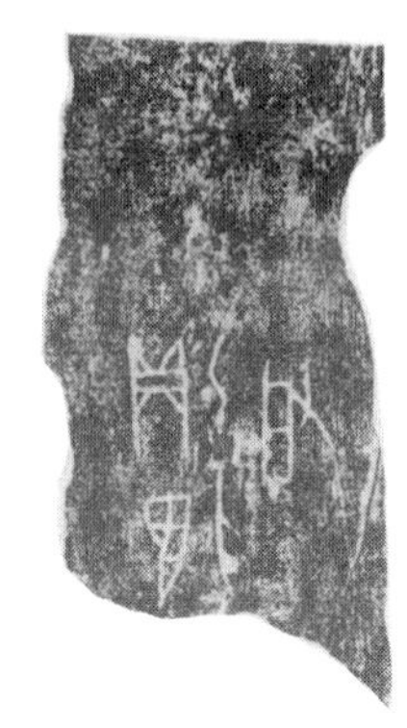
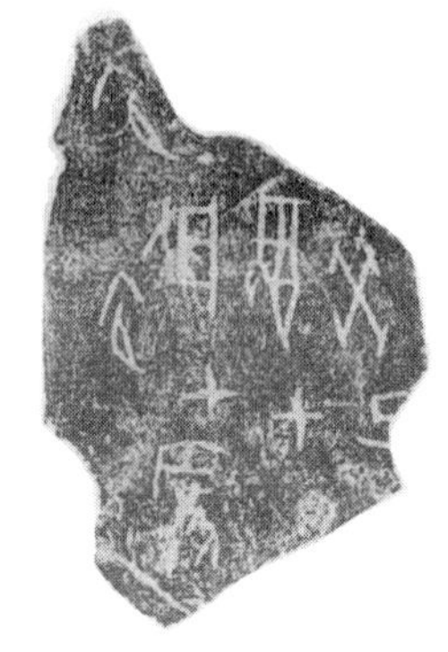

殷虚書契續編卷四

三十七

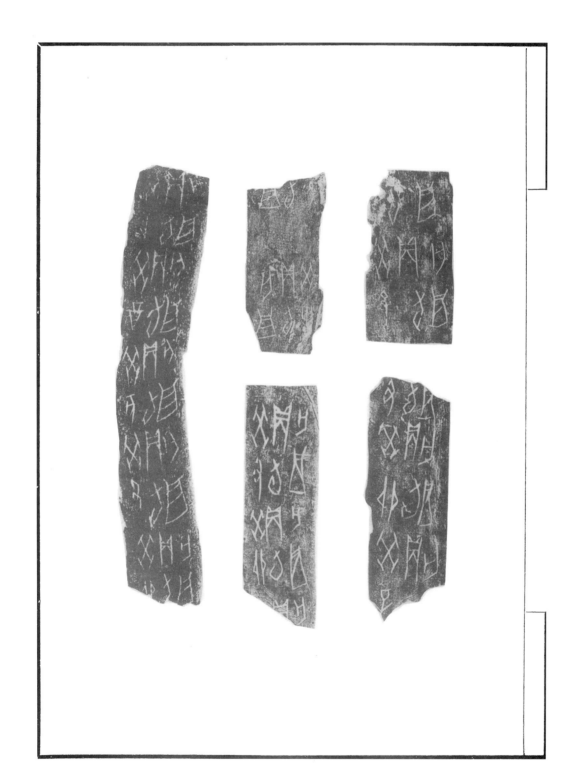

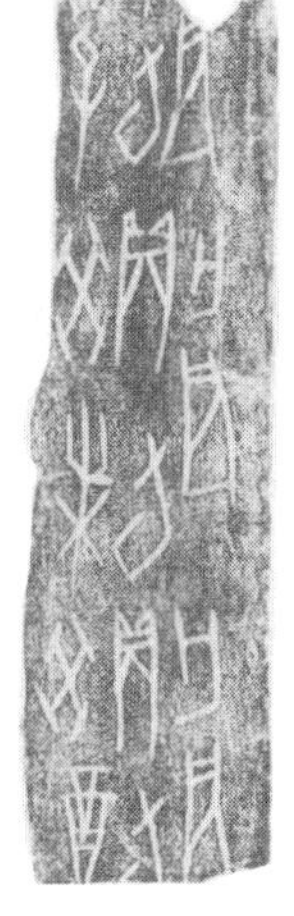

殷虛書契續編卷四

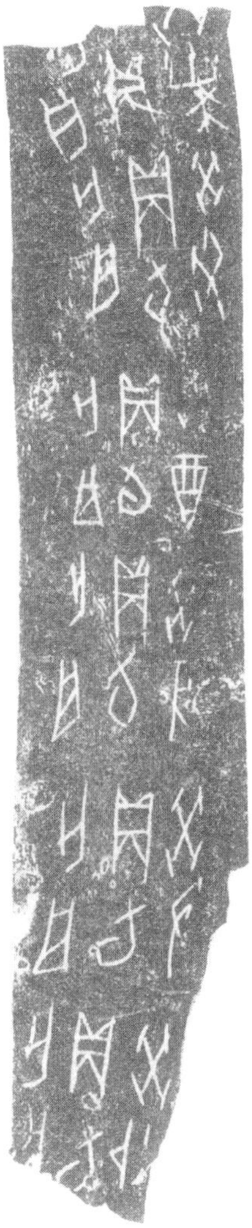

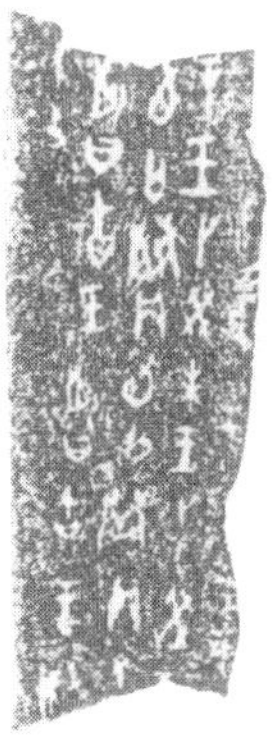

三十九

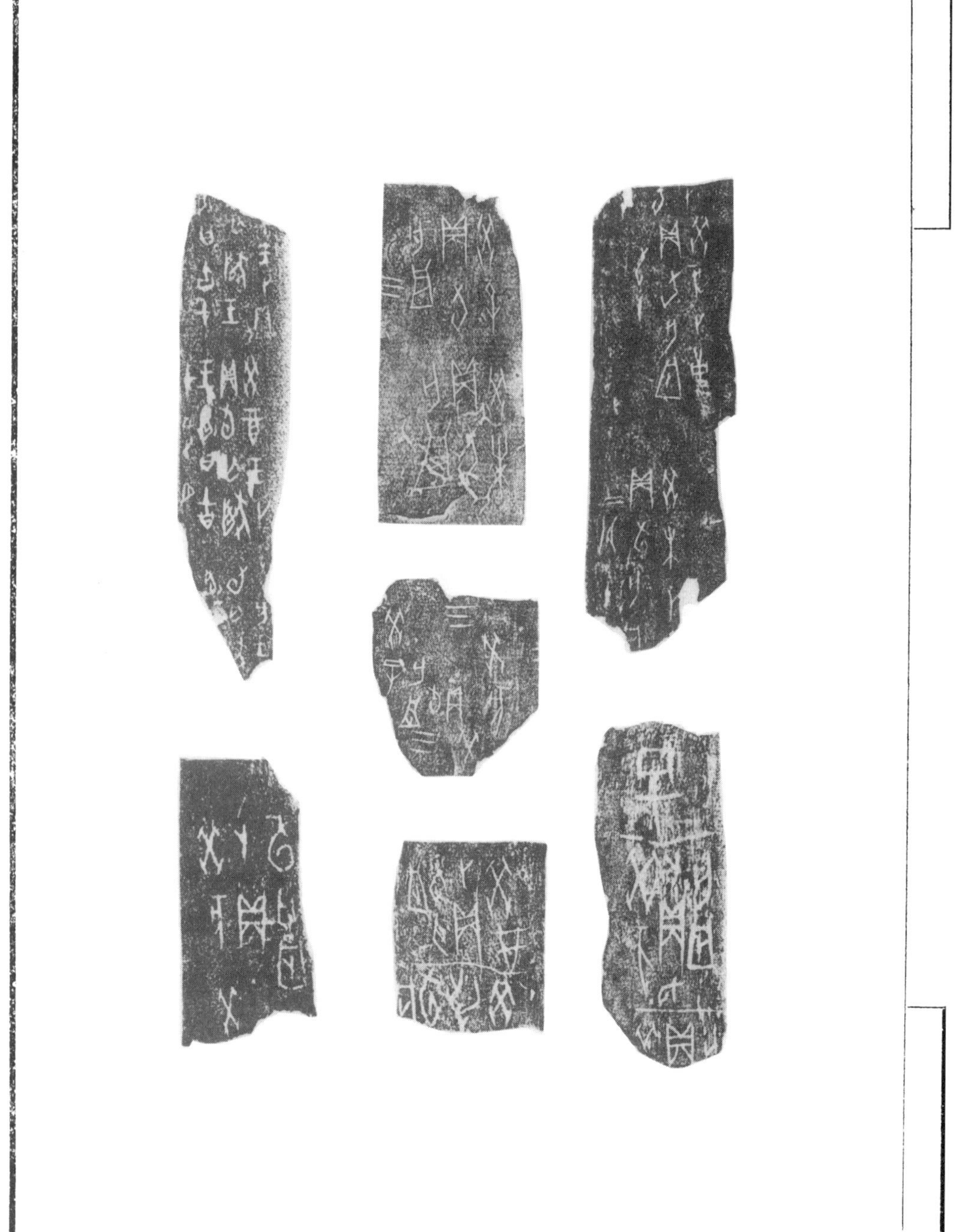

殷虚書契續編卷四

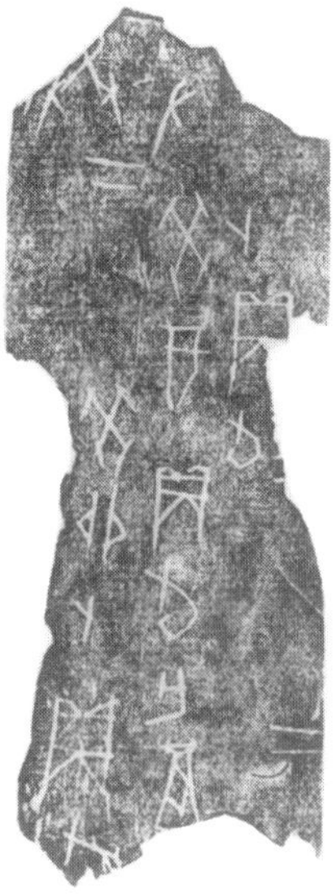

四十

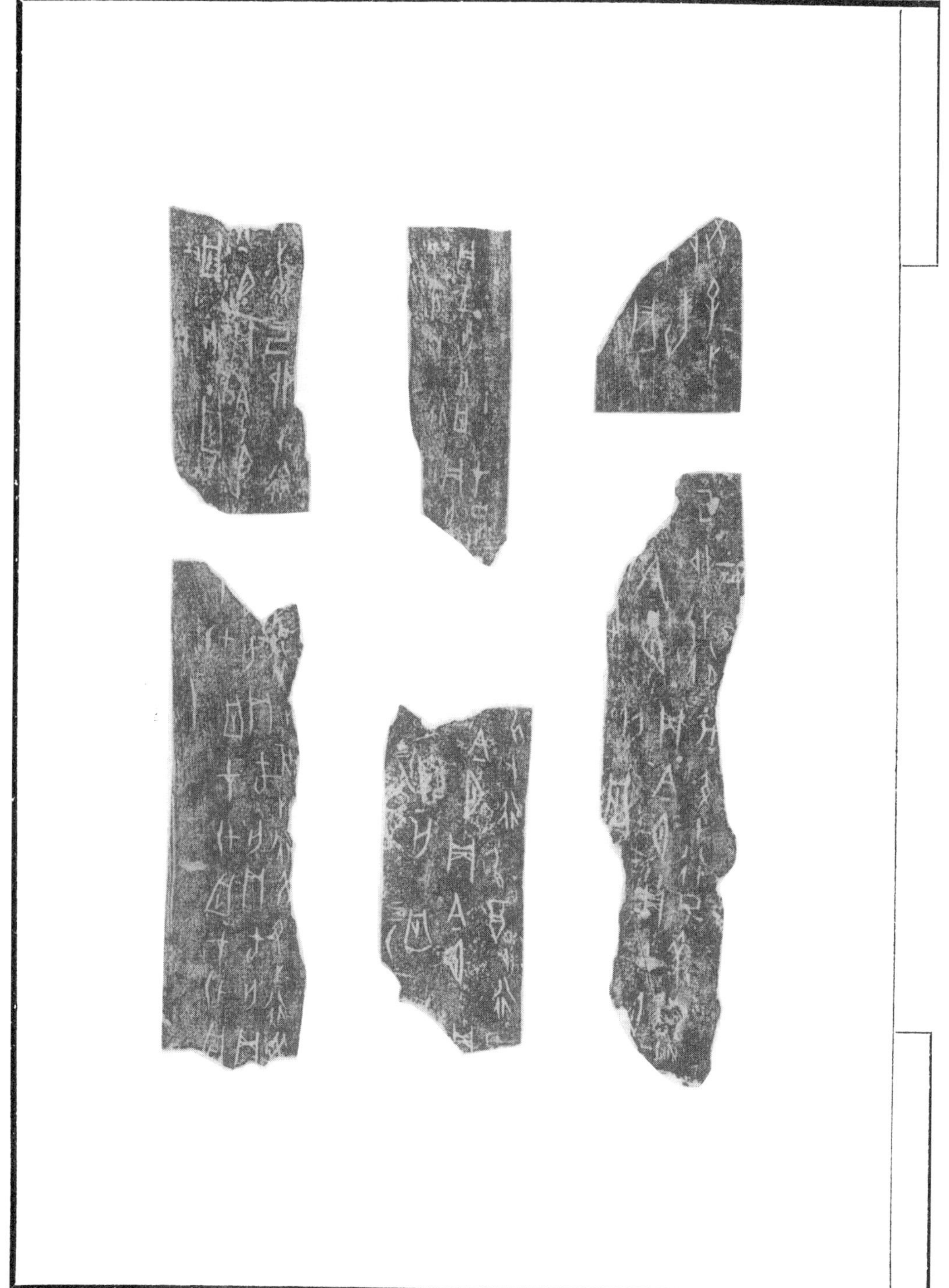

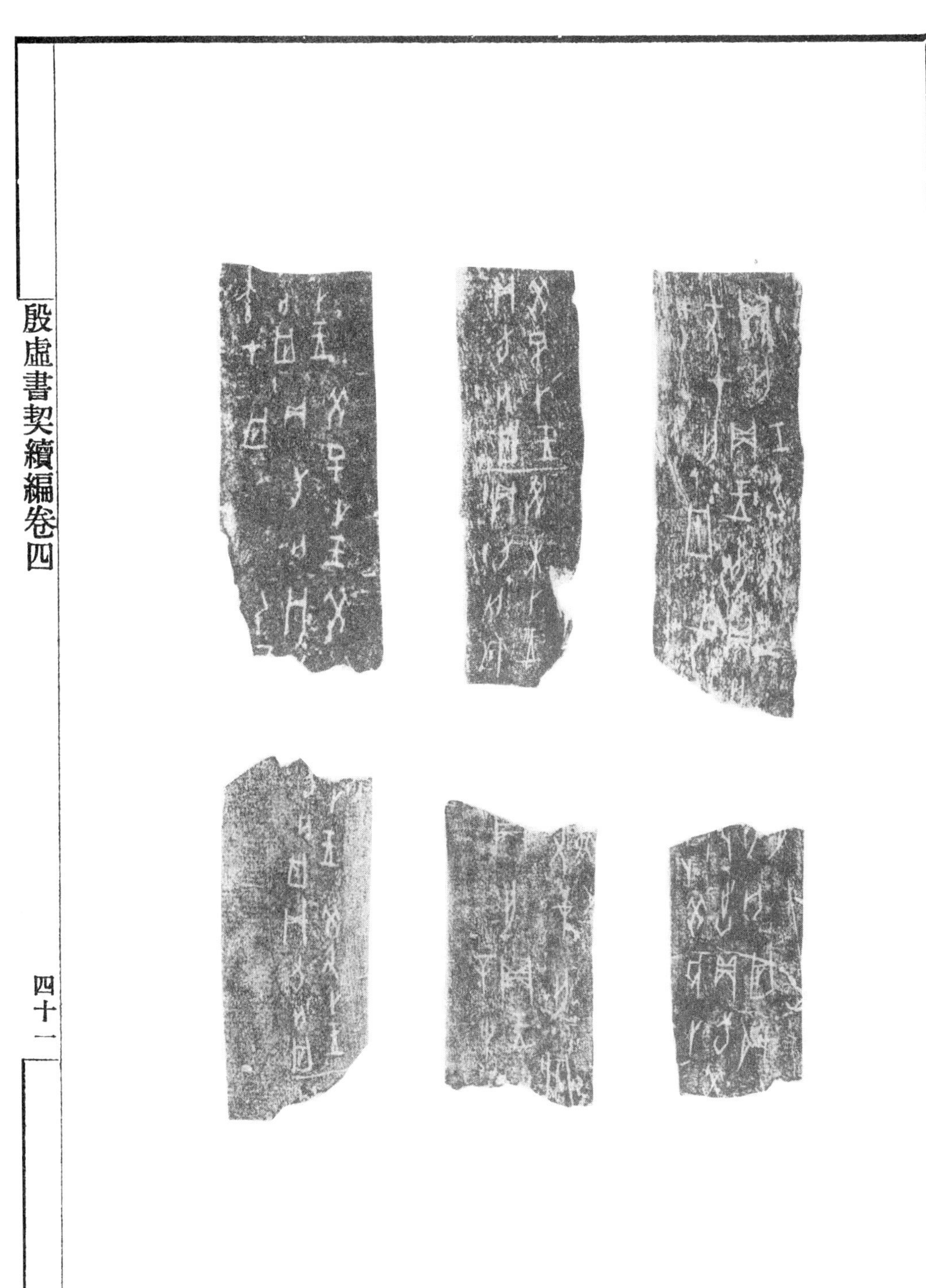

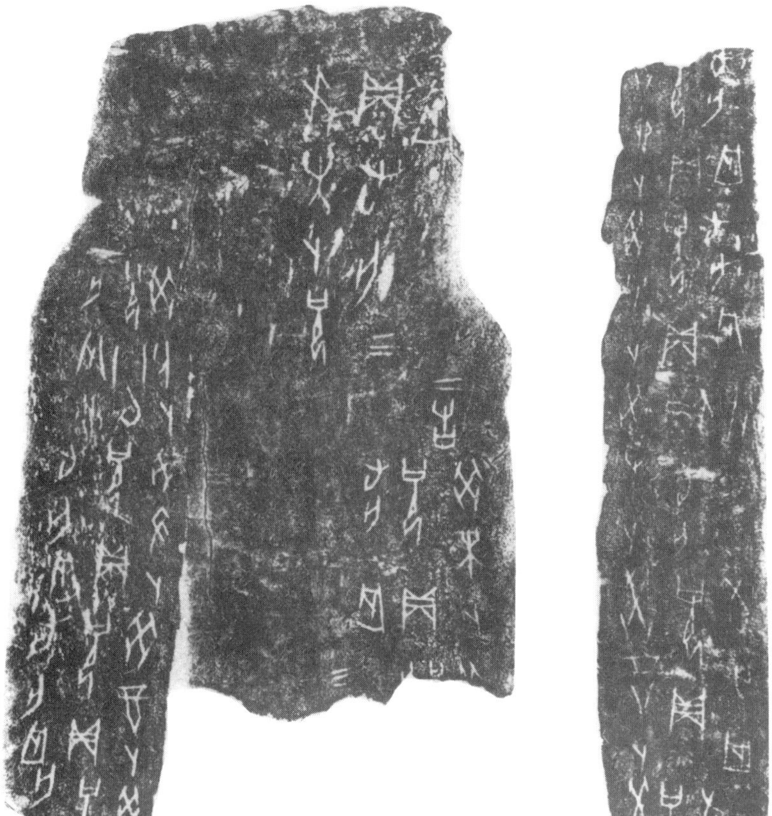

殷虚書契續編卷四

四十二

殷虚書契續編卷四

四十三

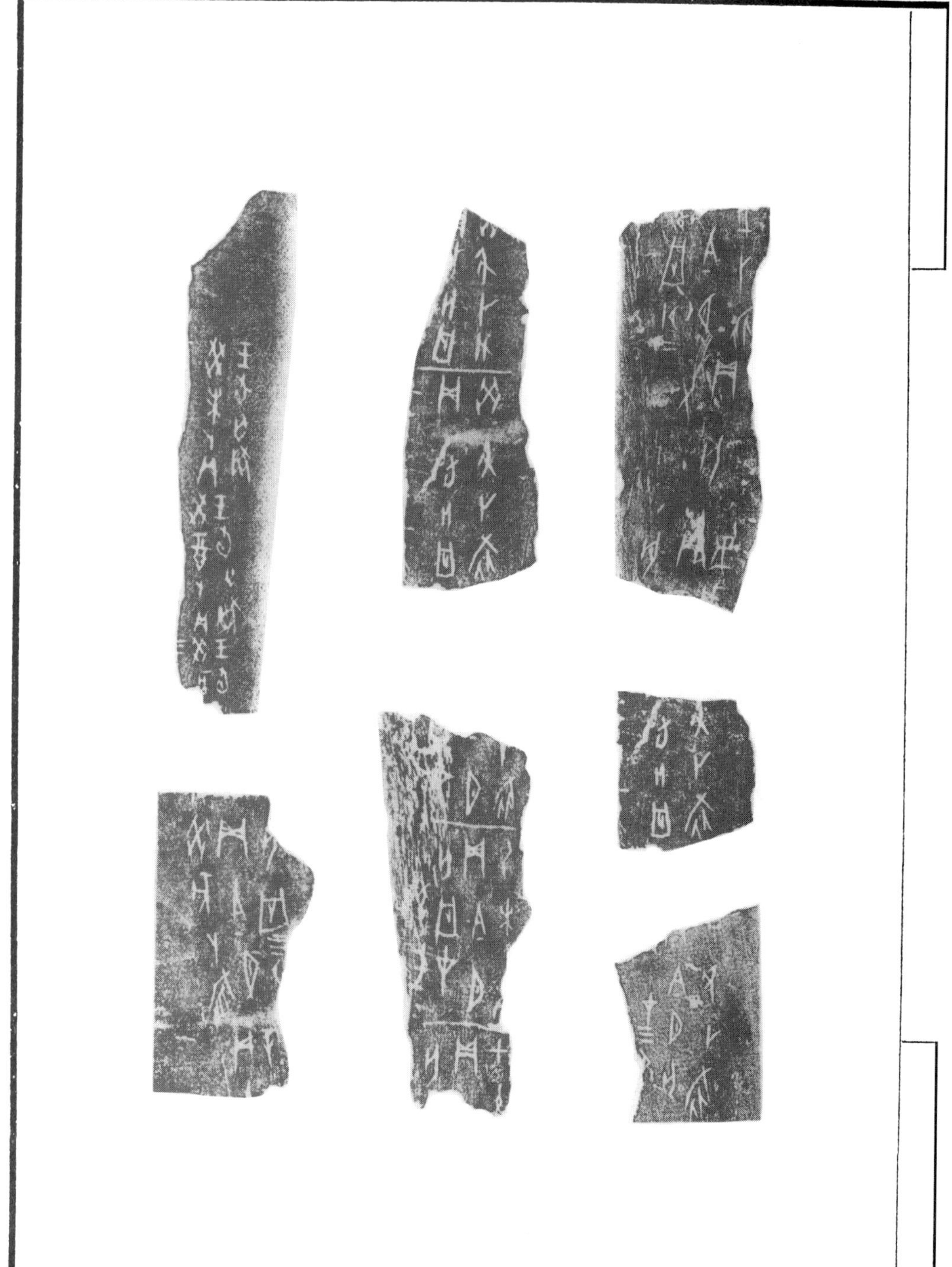

殷虚書契續編卷四

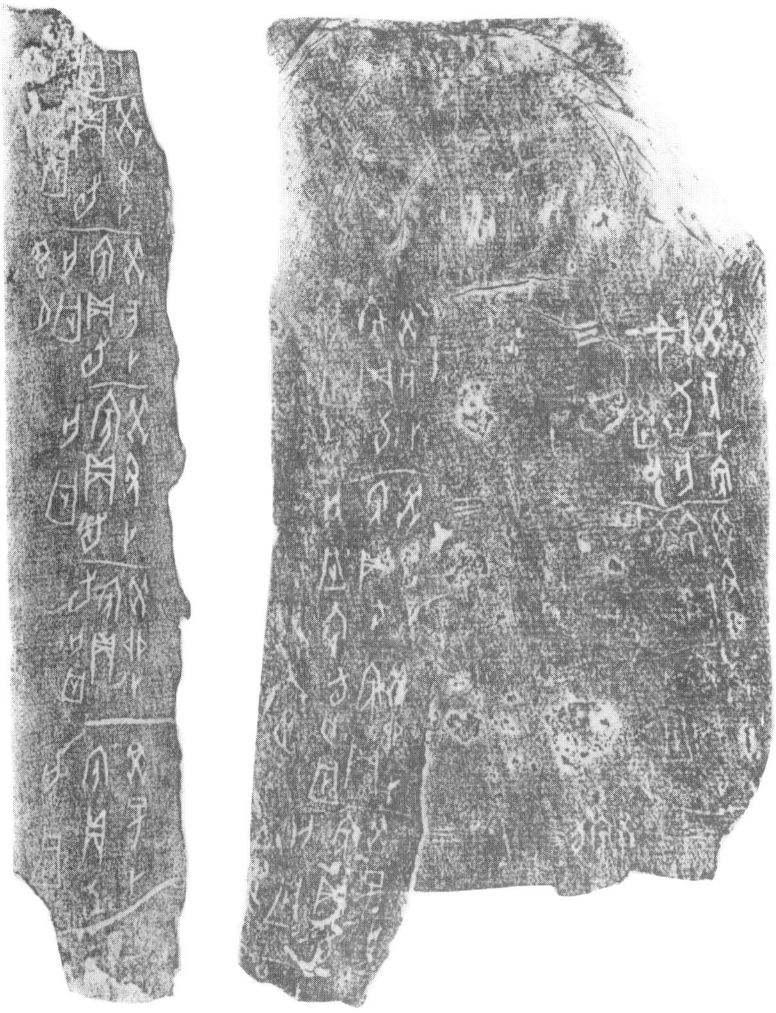

四十四

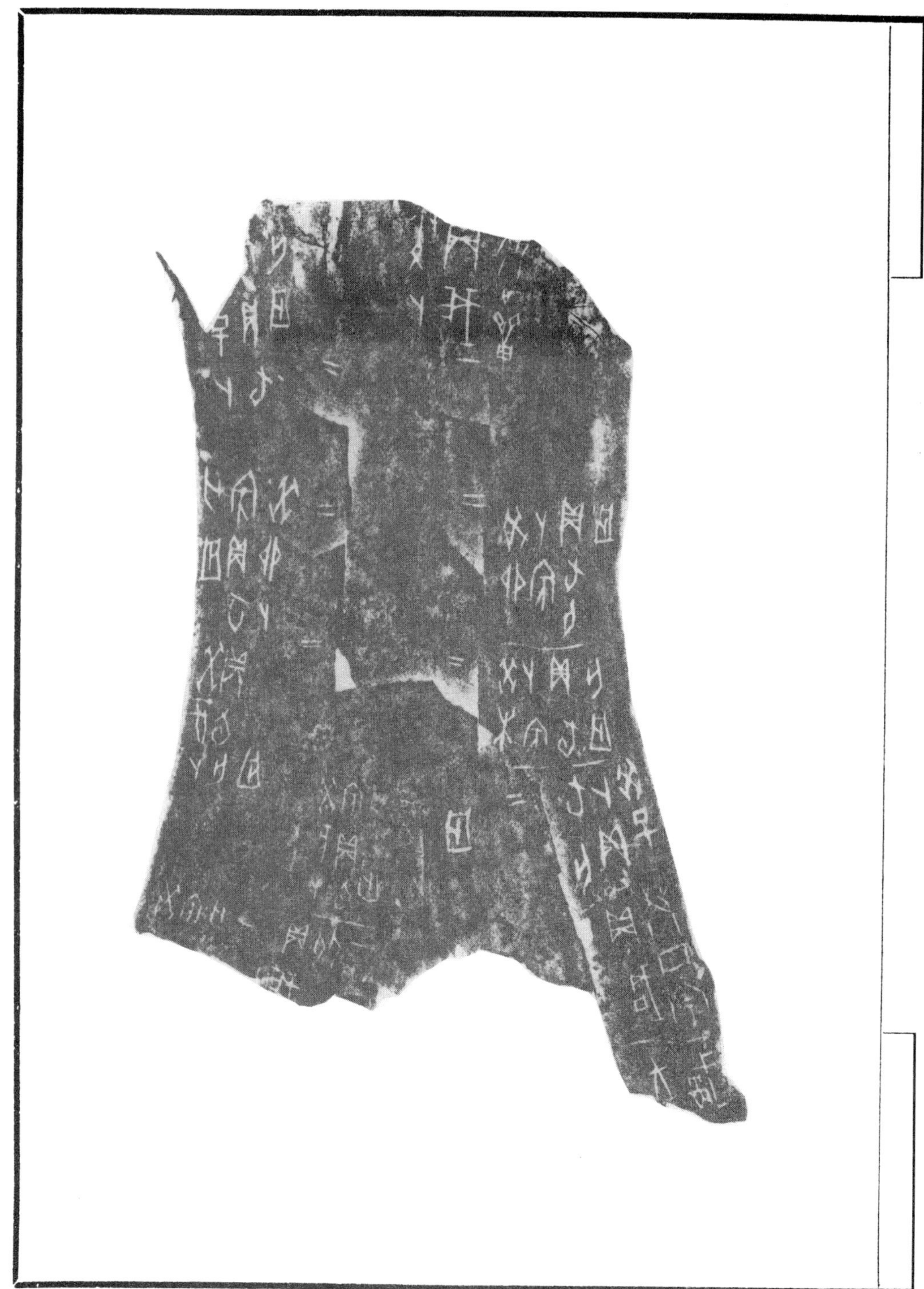

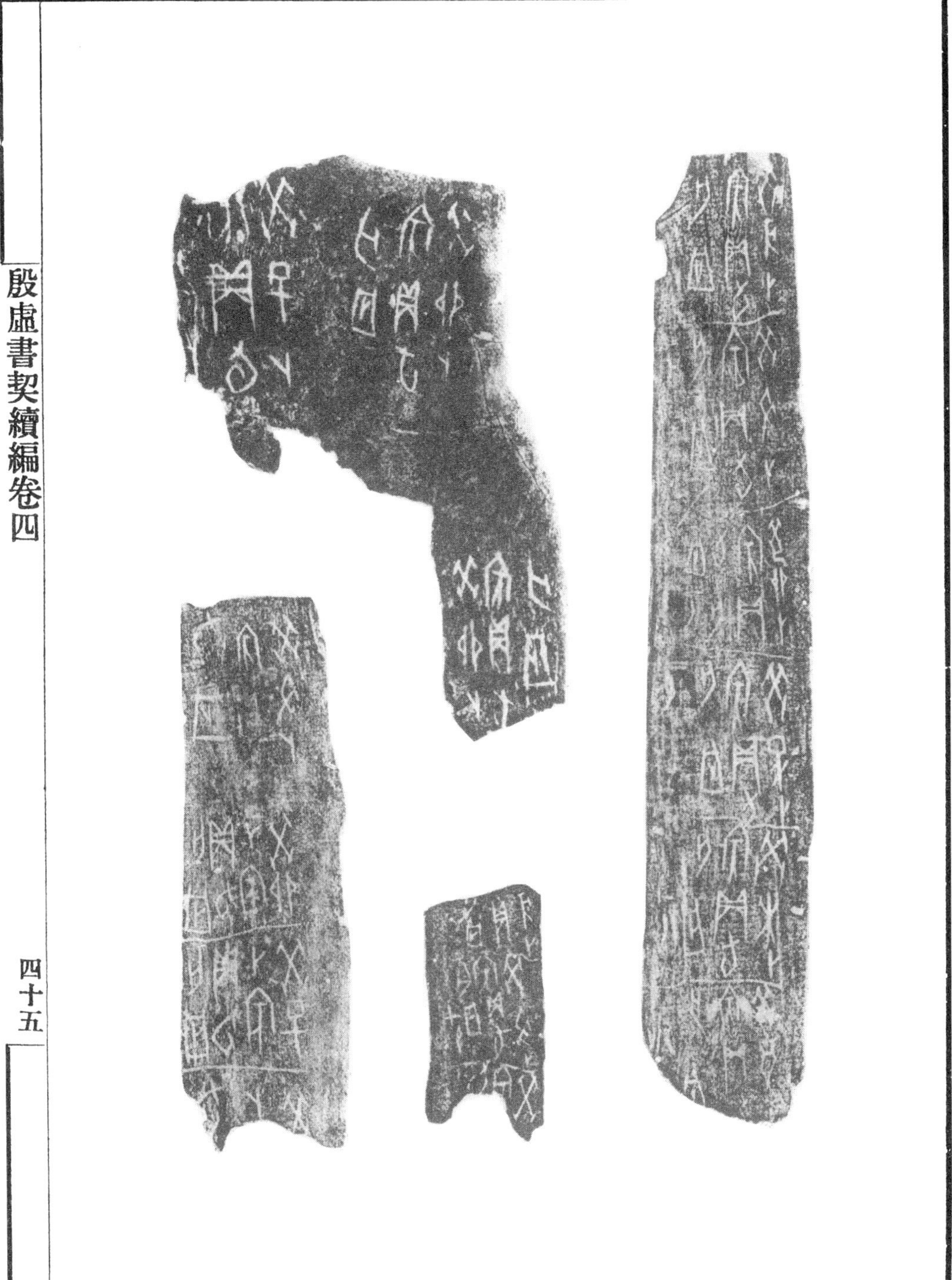

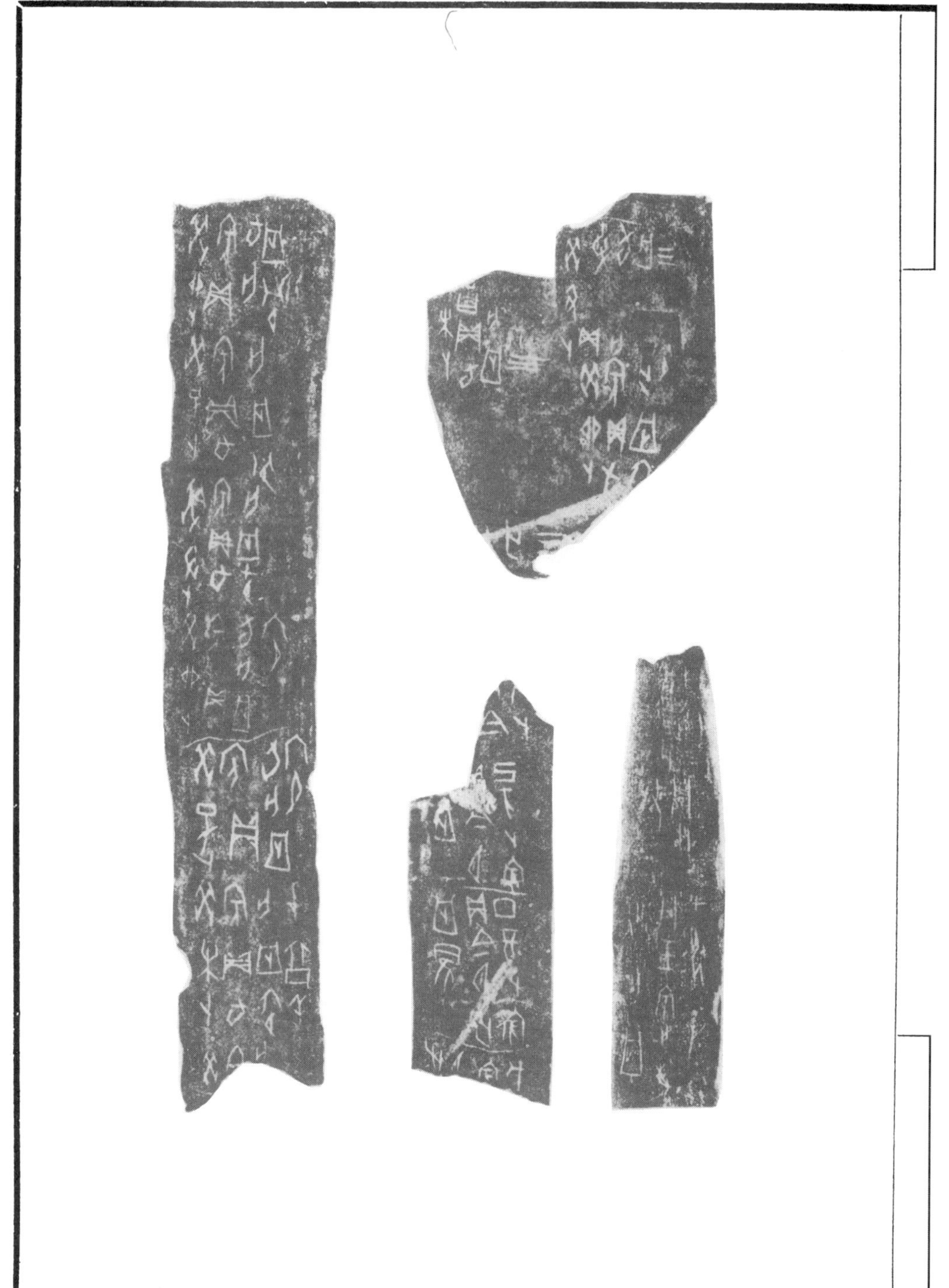

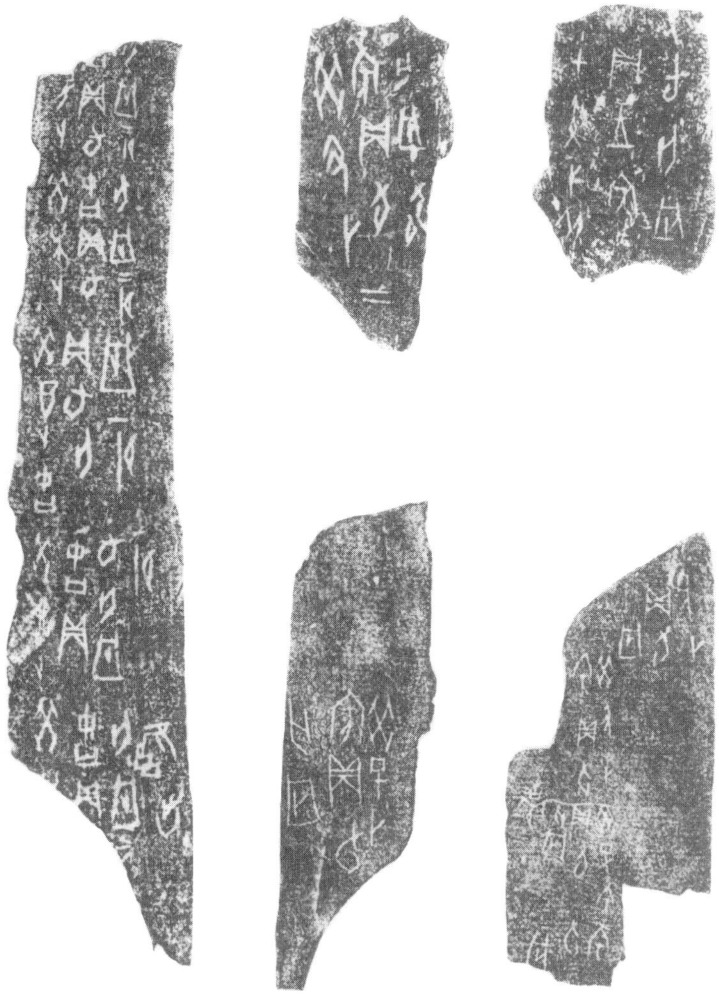

殷虚書契續編卷四

四十六

殷虚書契續編卷四

四十七

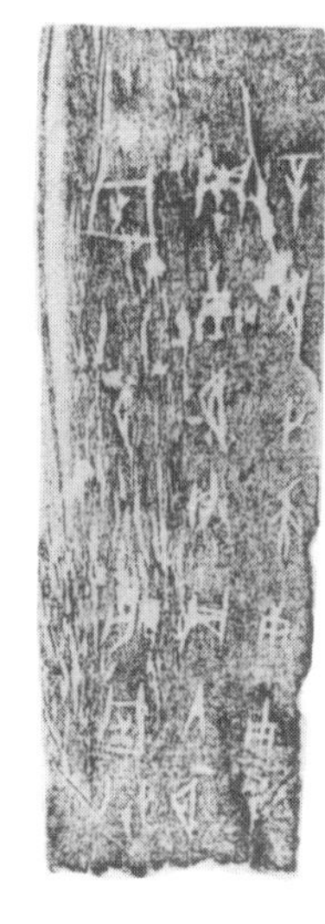

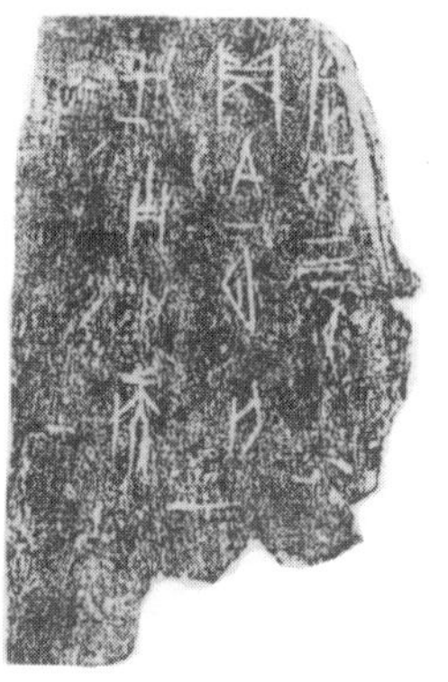

殷虚書契續編卷四

四十八

殷虛書契續編卷四

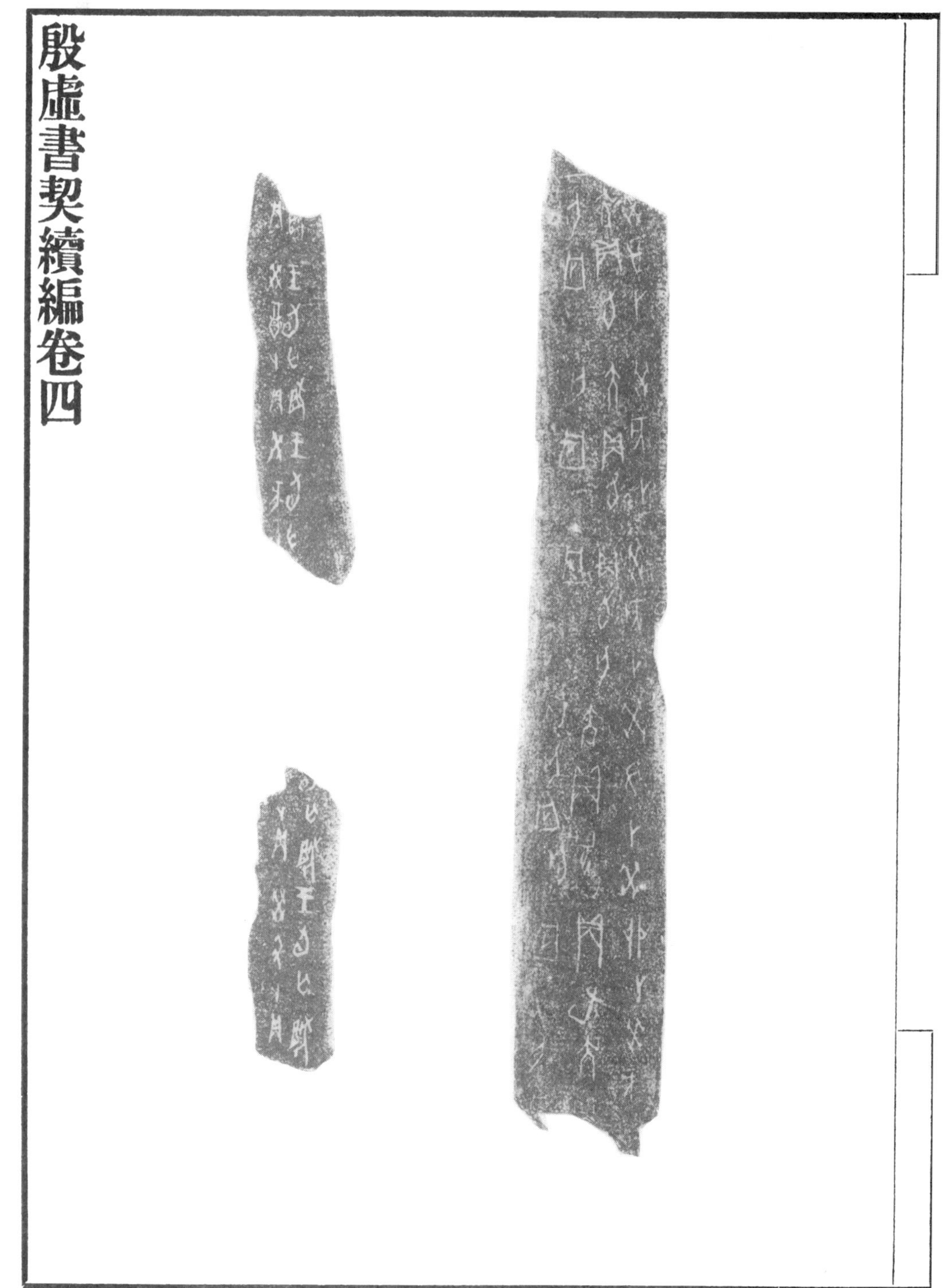

殷虛書契續編卷五

集古遺文第一

上虞羅振玉類次

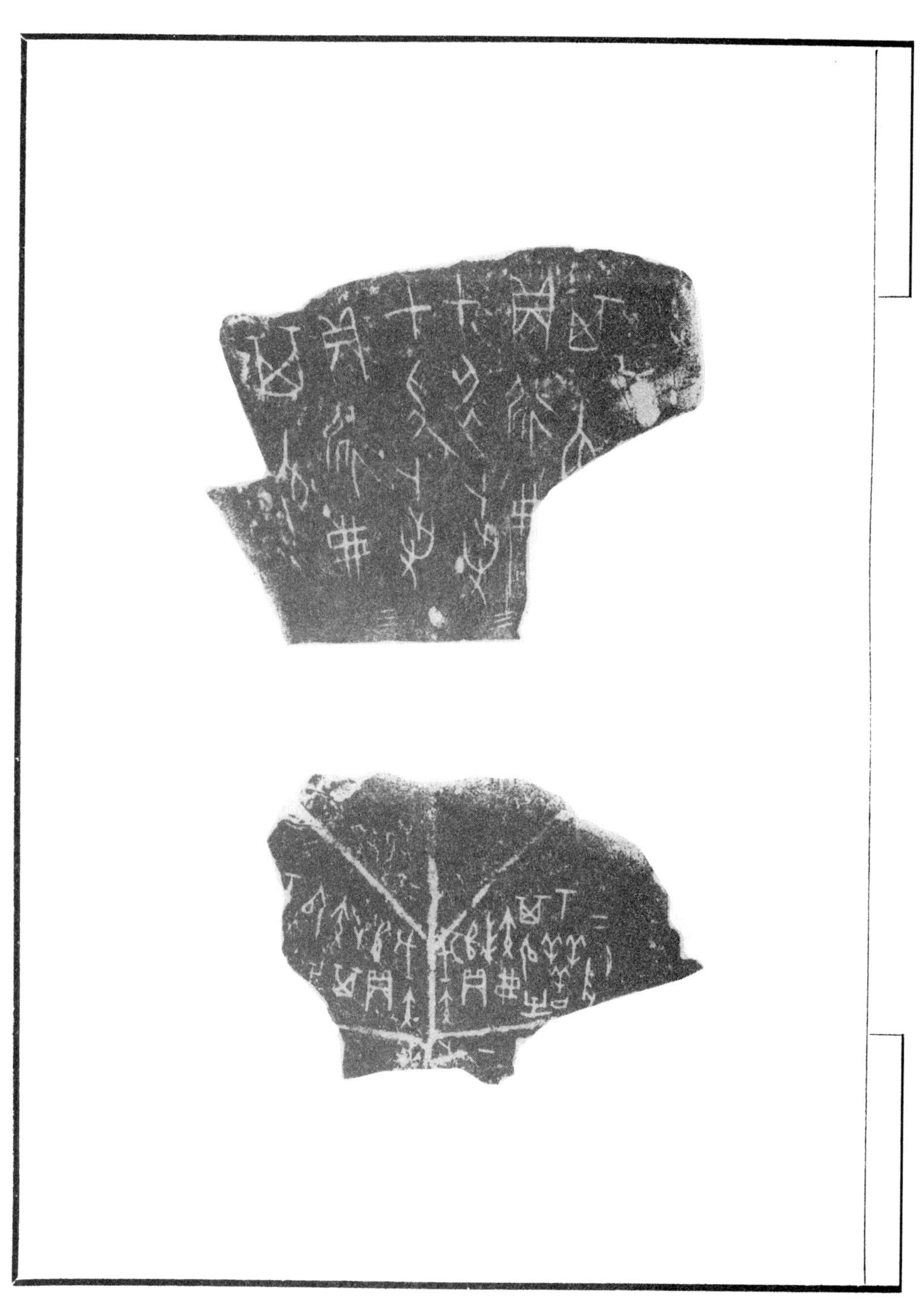

殷虚書契續編卷五

二

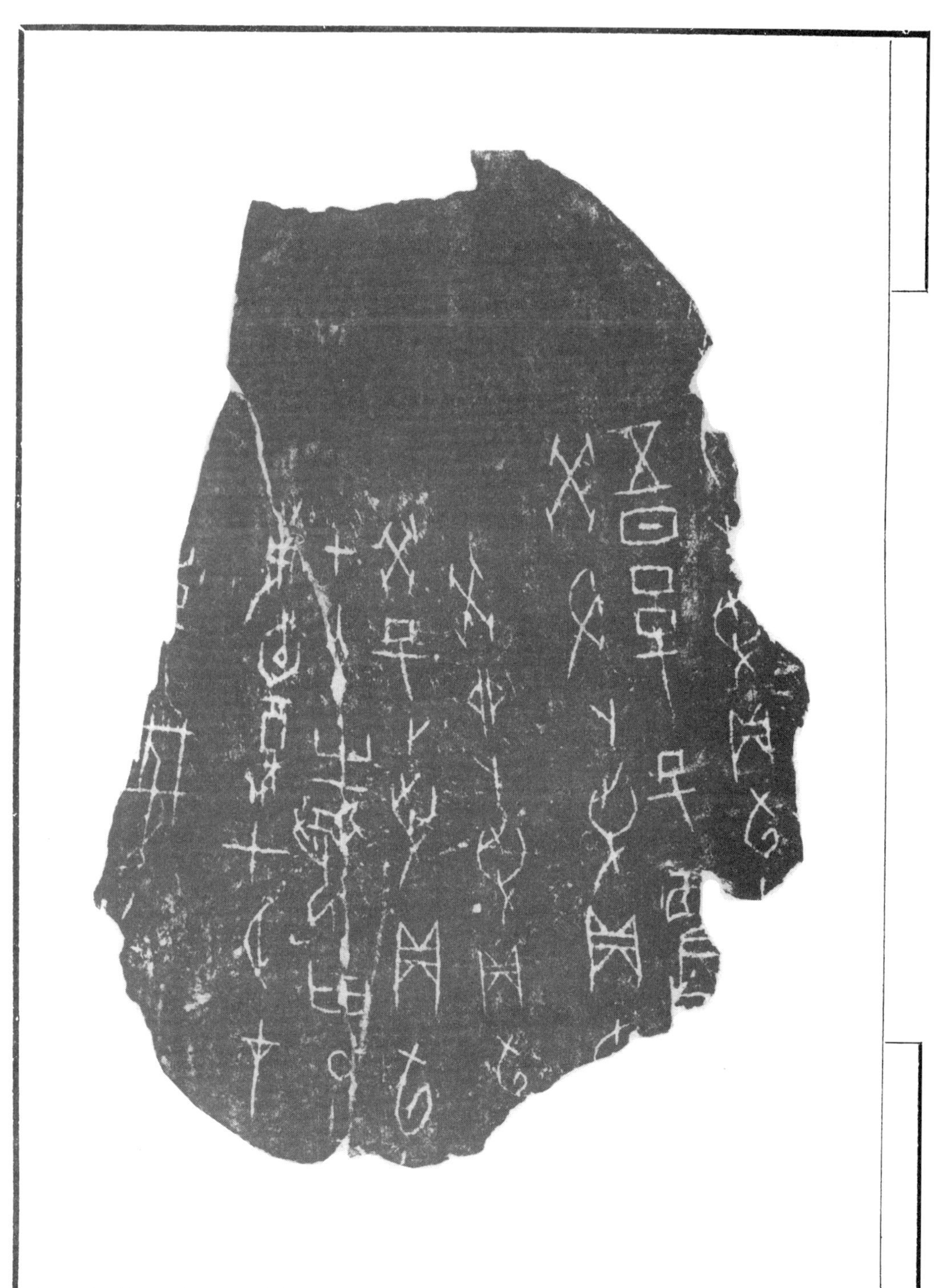

殷虚書契續編卷五

三

殷虛書契續編卷五

四

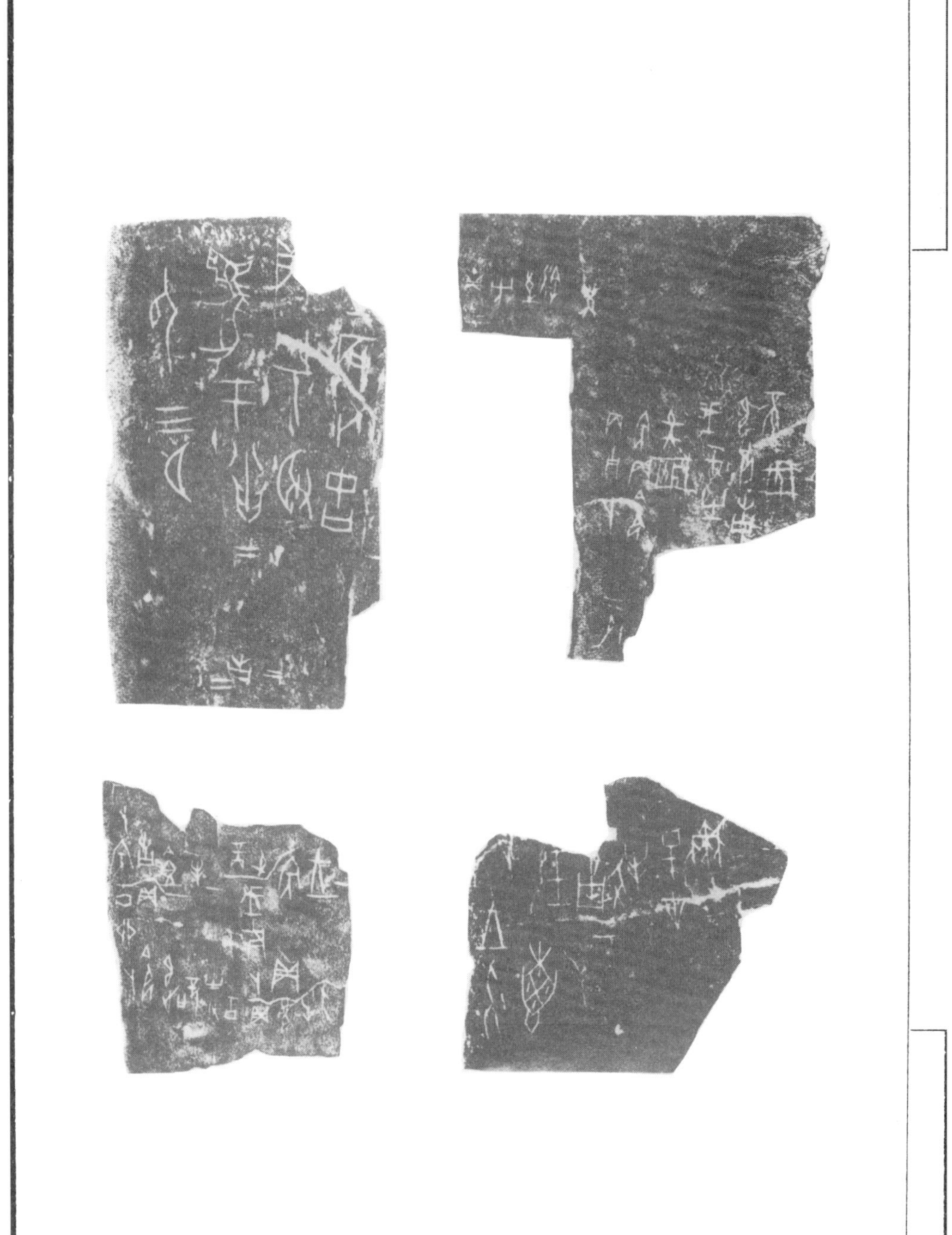

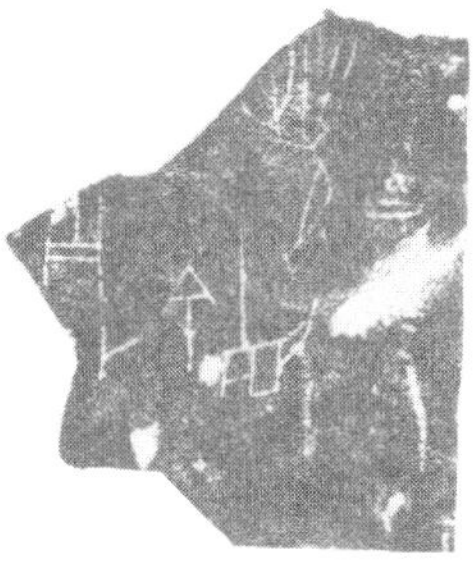

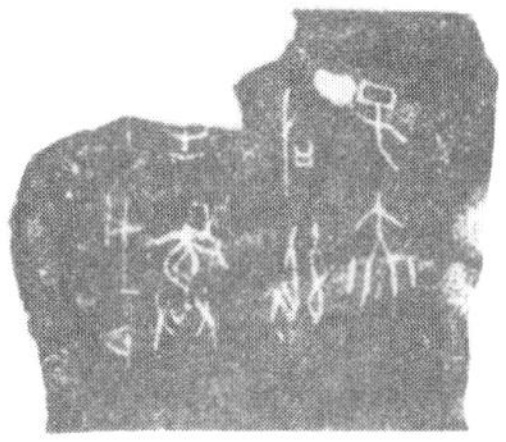

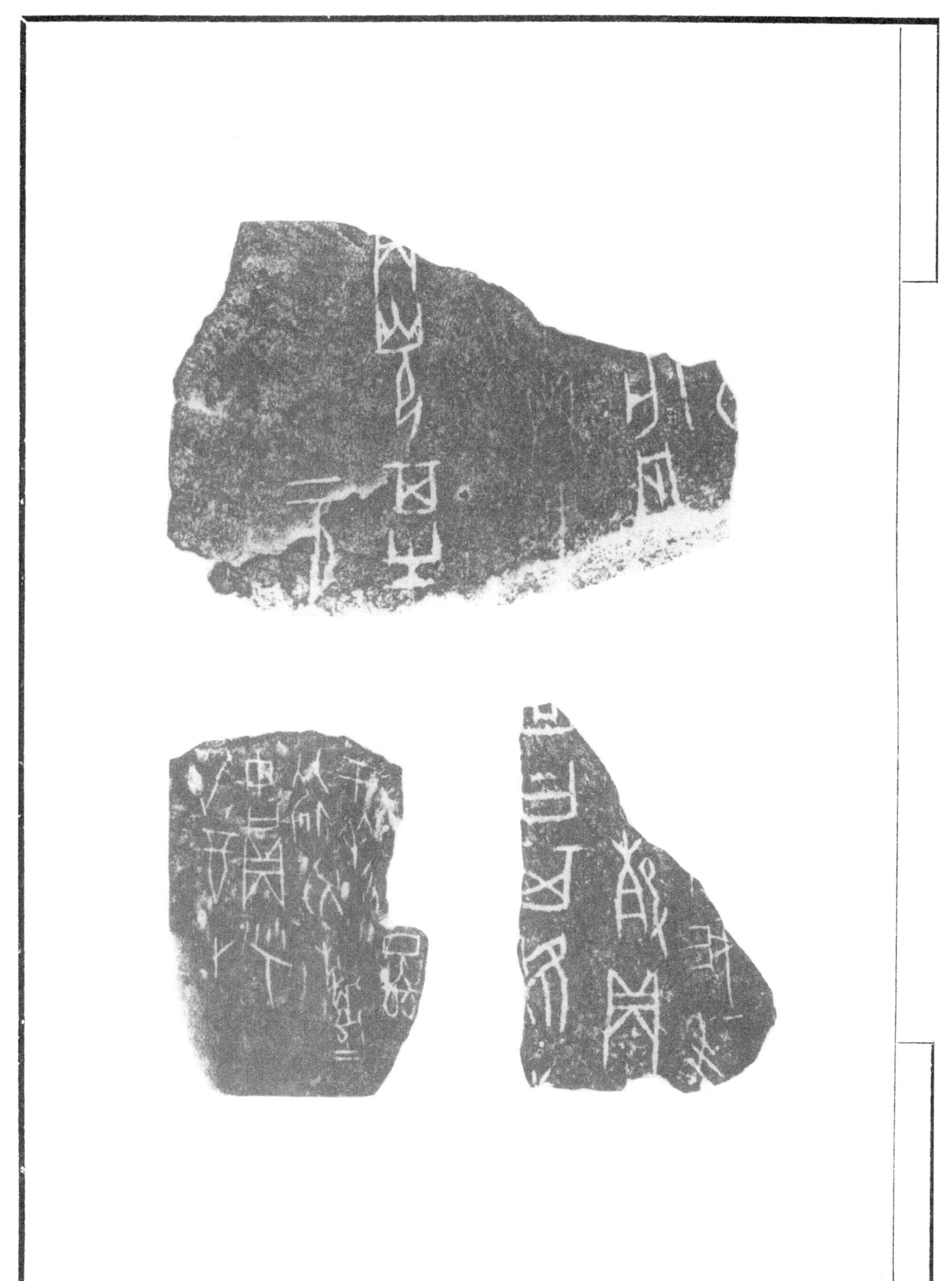

殷虚書契續編卷五

八

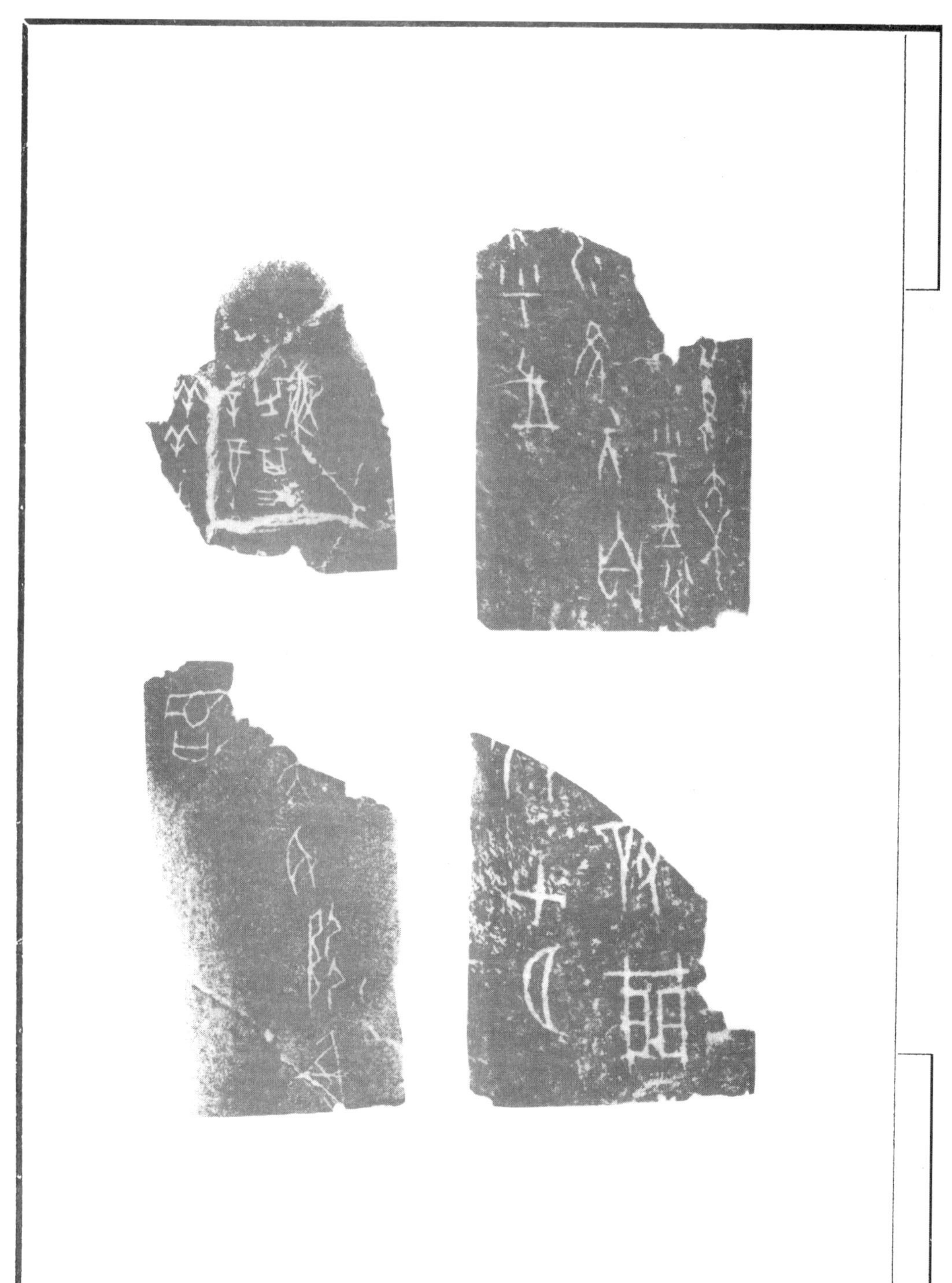

殷虛書契續編卷五

十二

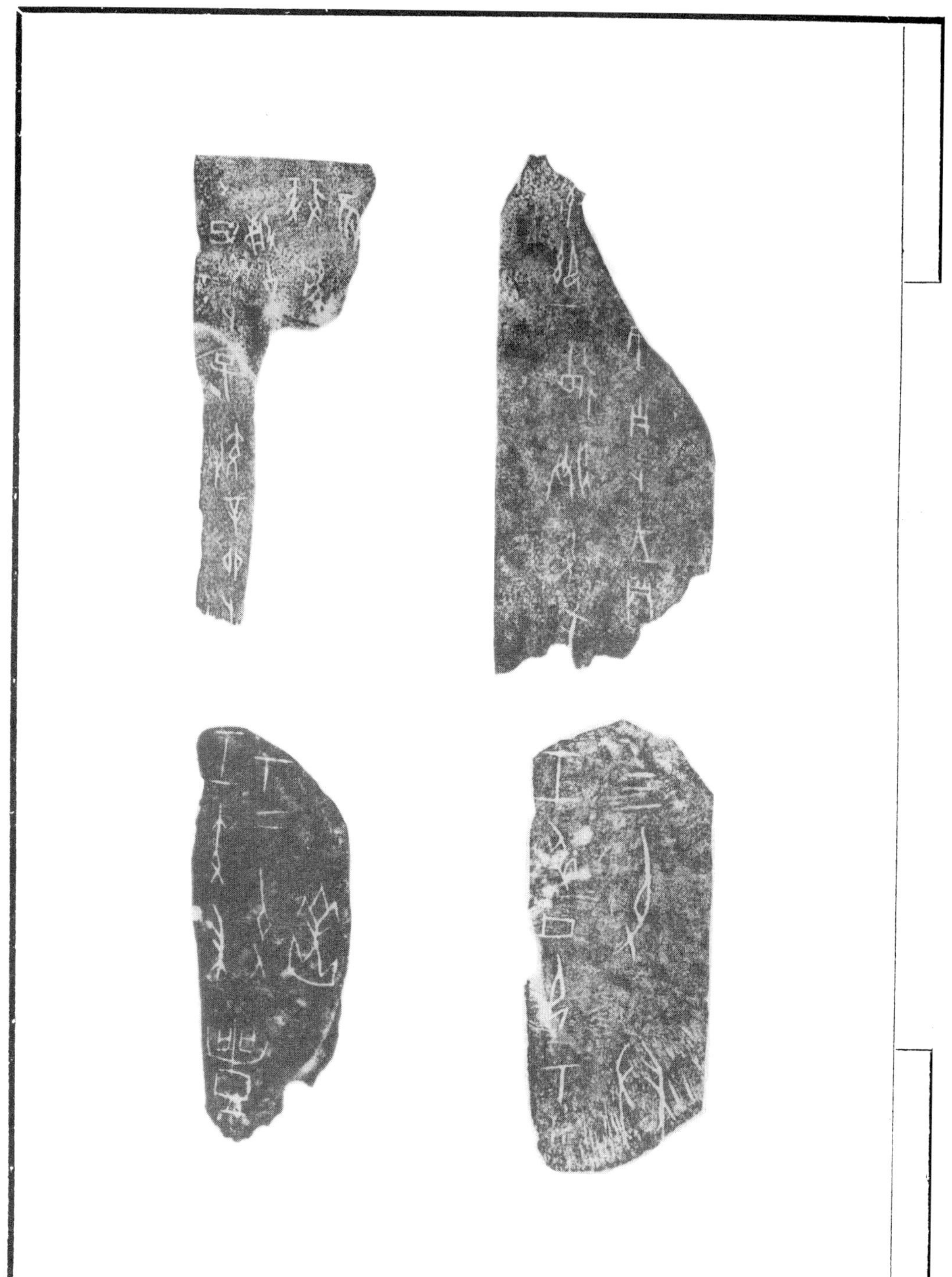

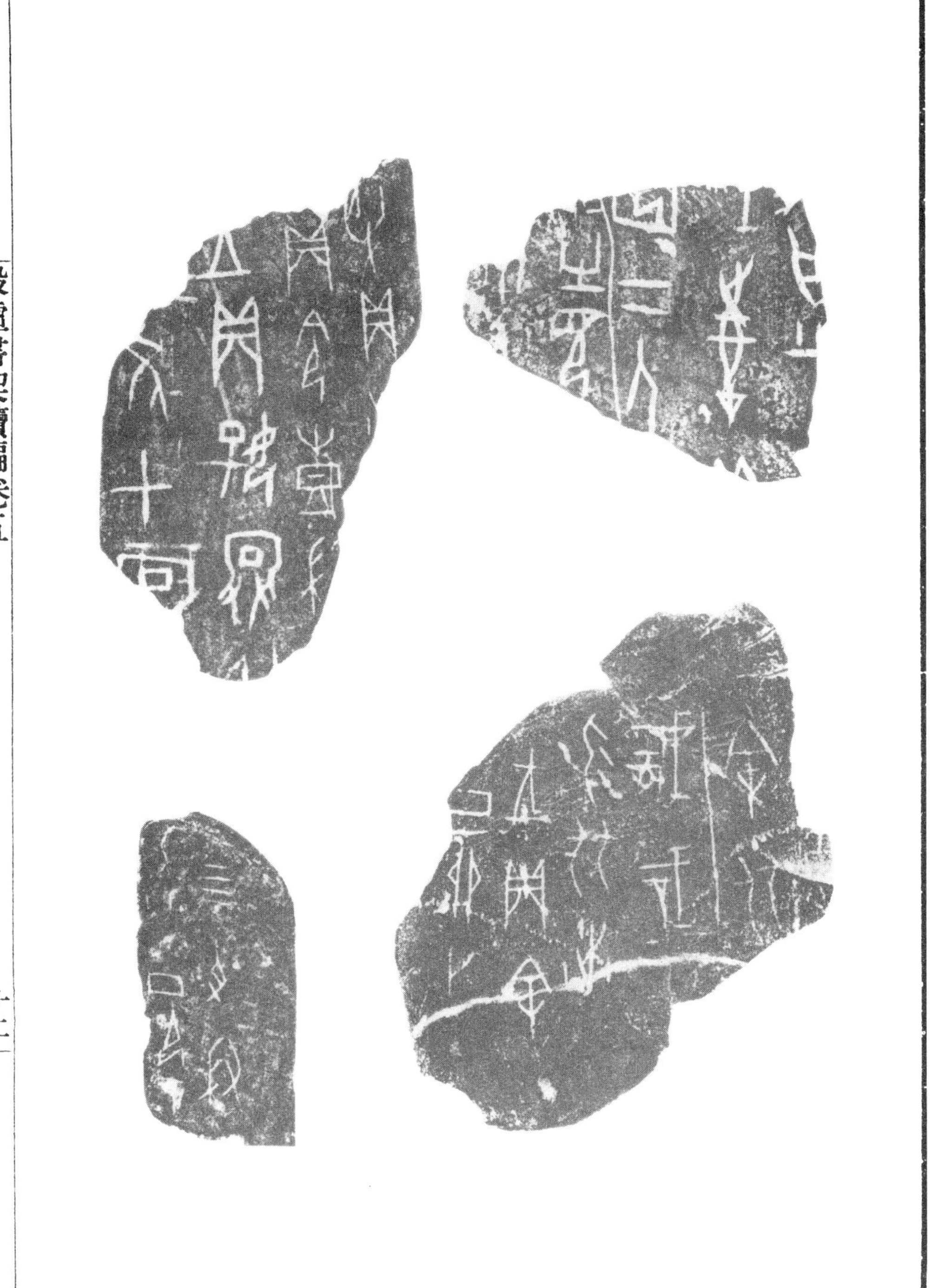

殷虛書契續編卷五

十二

殷虛書契續編卷五

十三

殷虛書契續編卷五

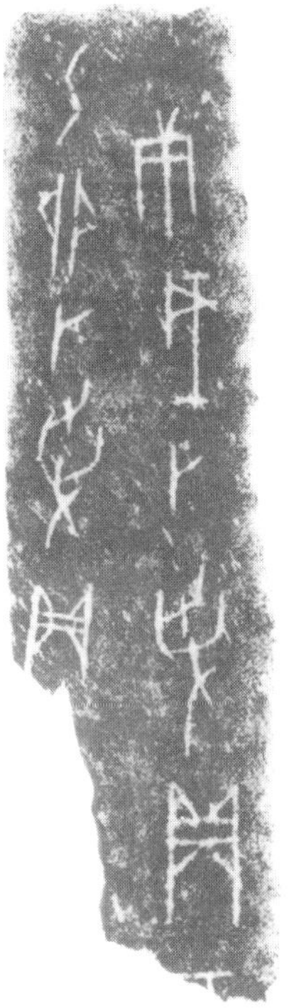

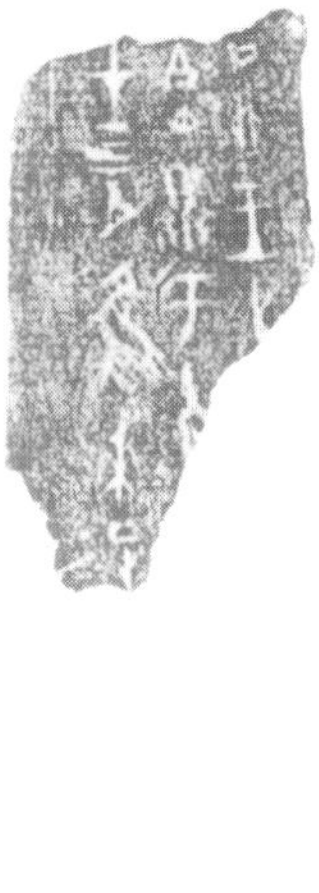

殷虛書契續編卷五

十五

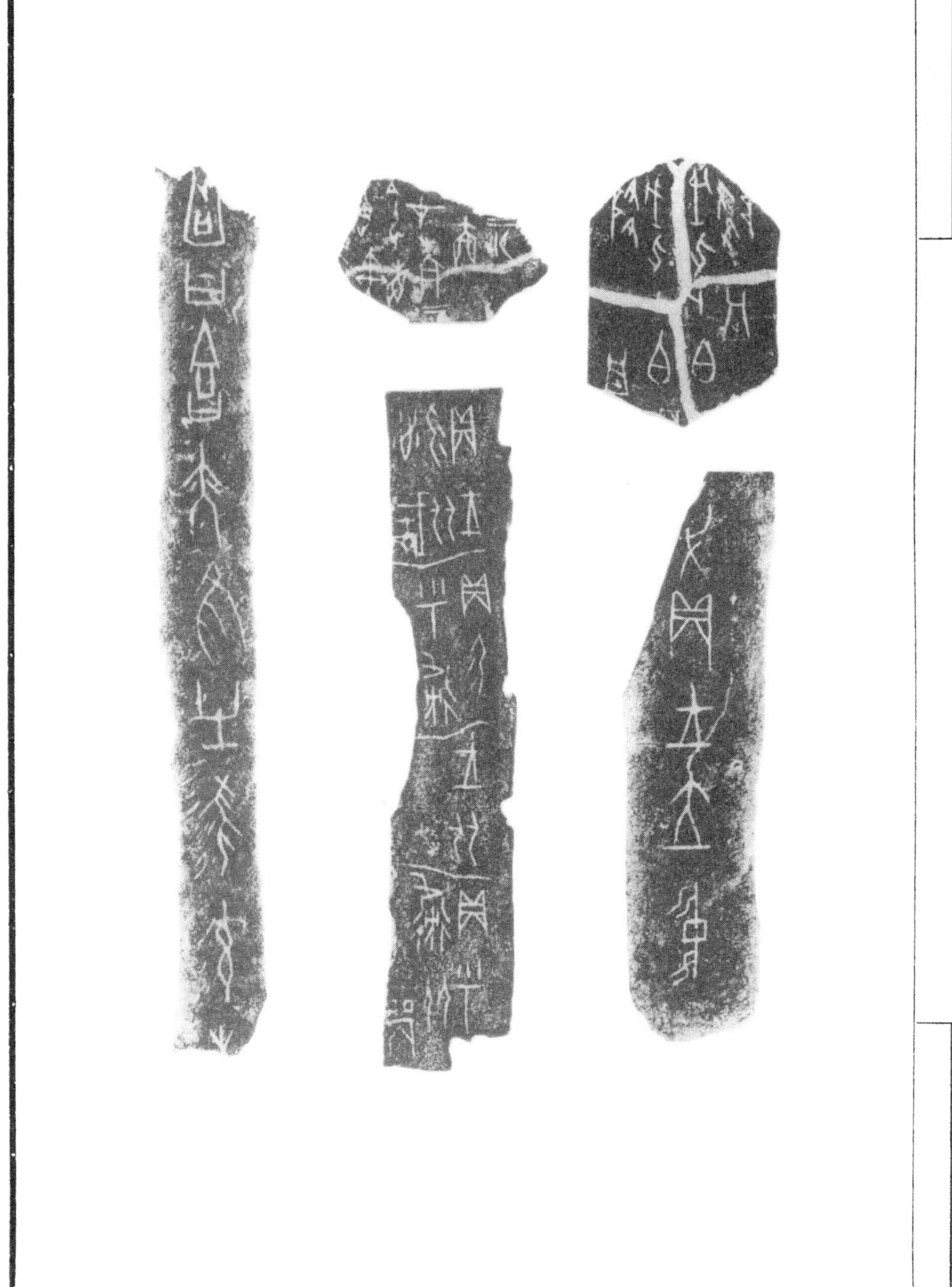

殷虚書契續編卷五

十七

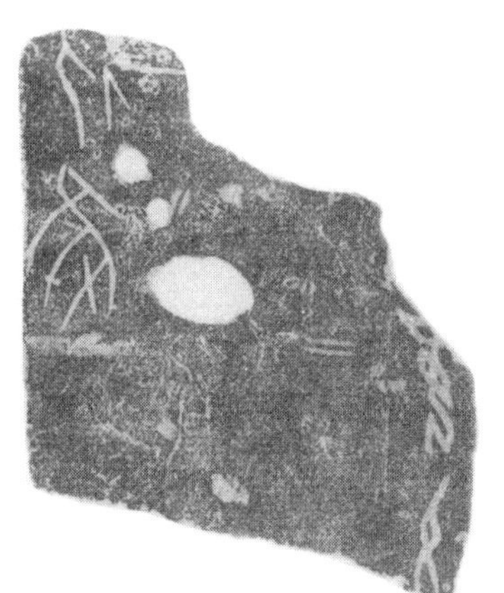

殷虛書契續編卷五

十八

殷虚書契續編卷五

十九

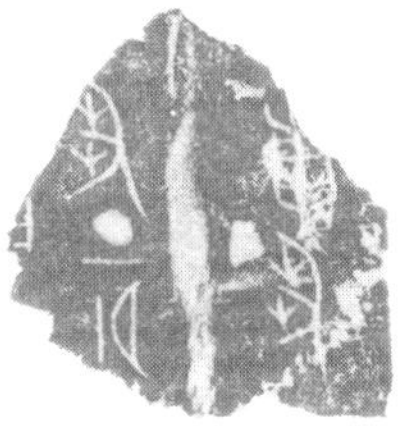

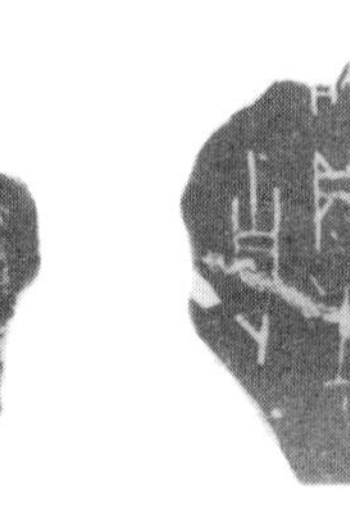

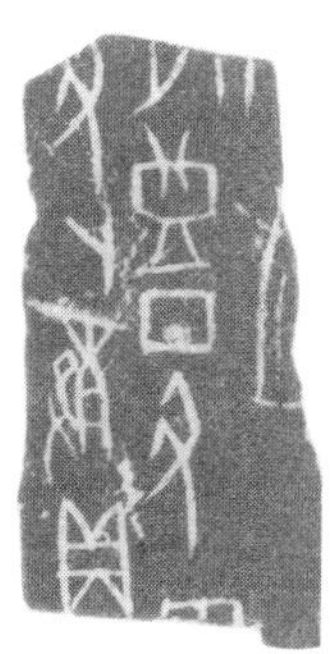

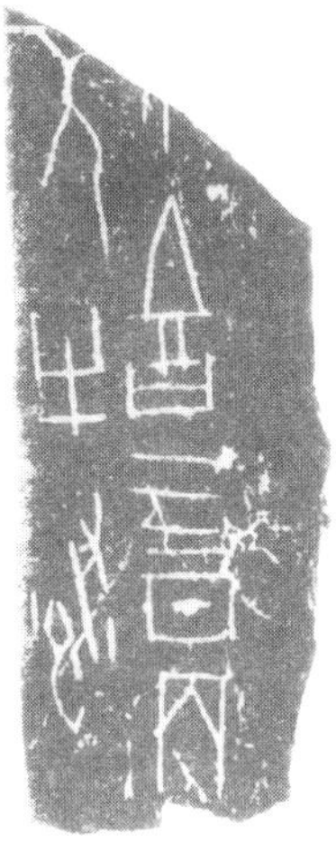

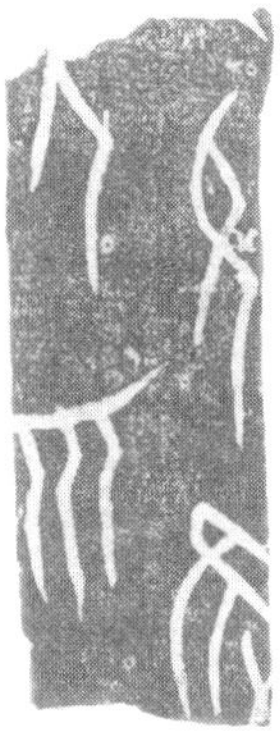

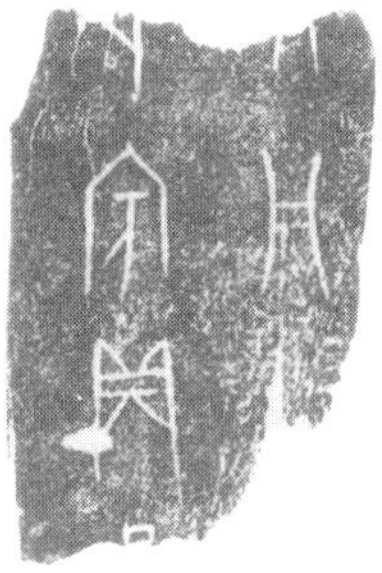

殷虚書契續編卷五

二十

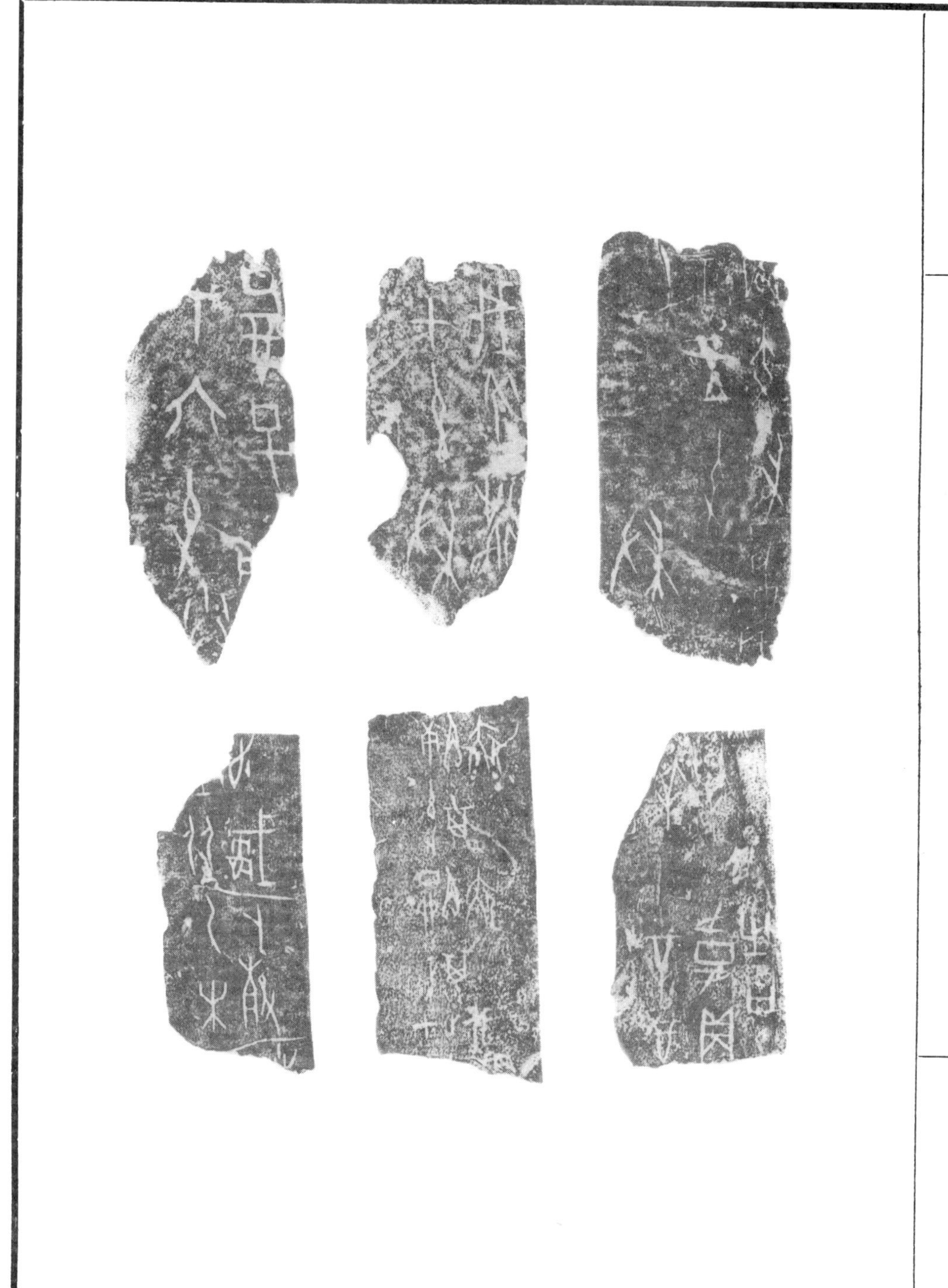

殷虚書契續編卷五

二十二

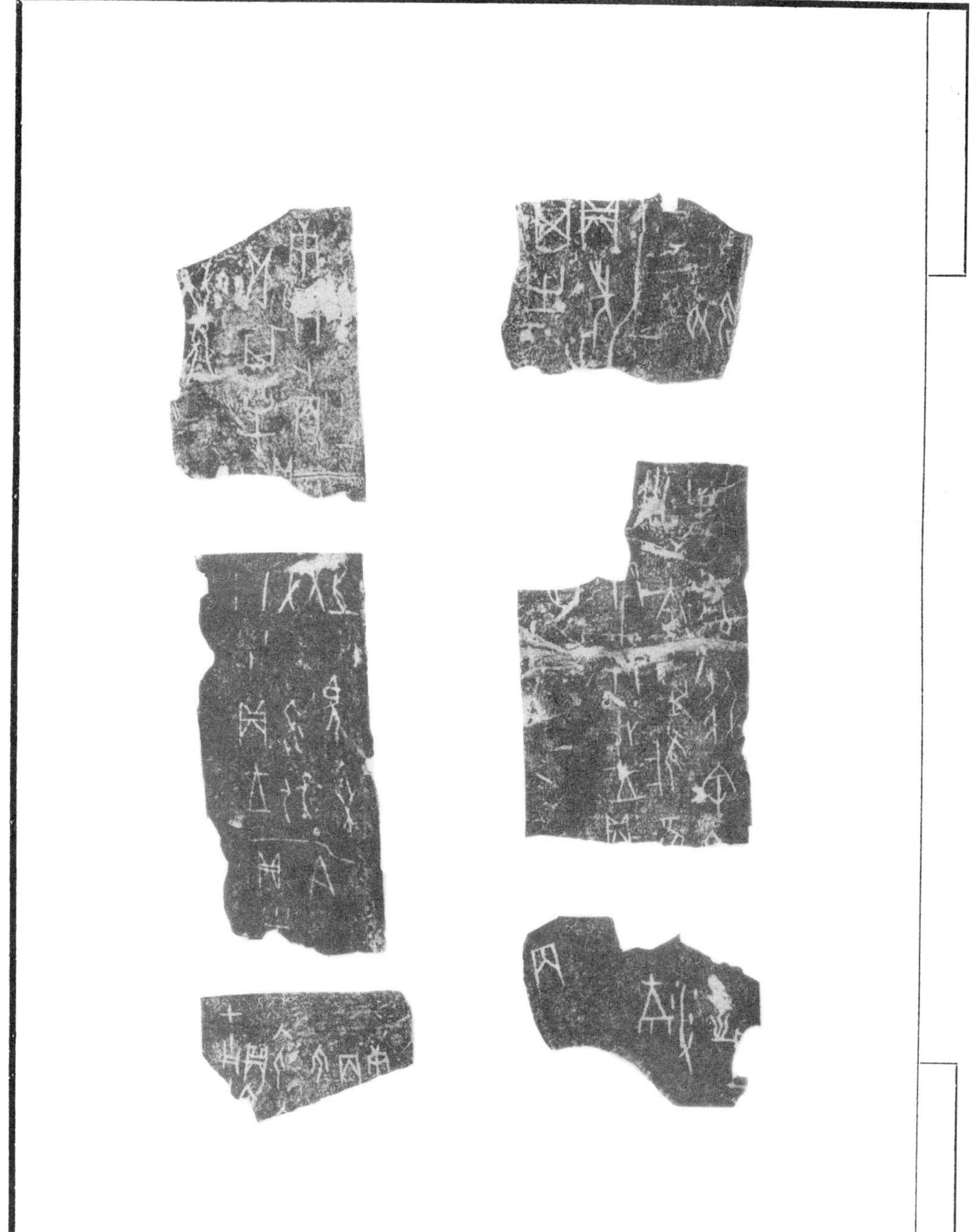

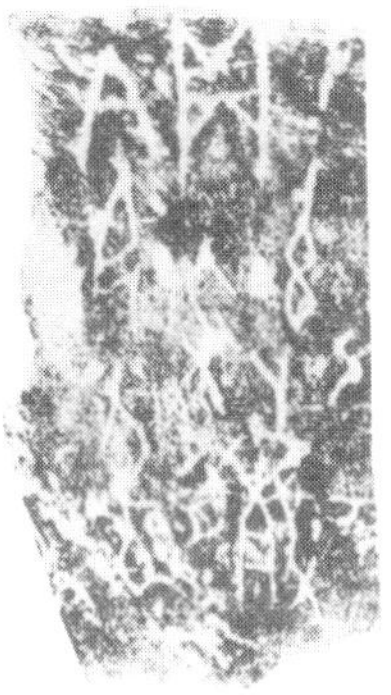

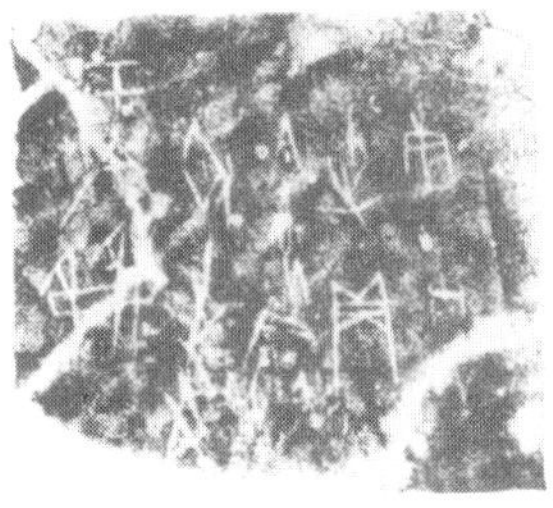

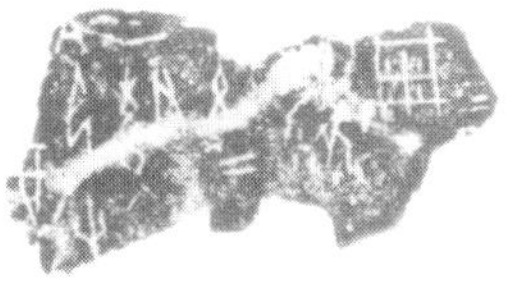

殷虚書契續編卷五

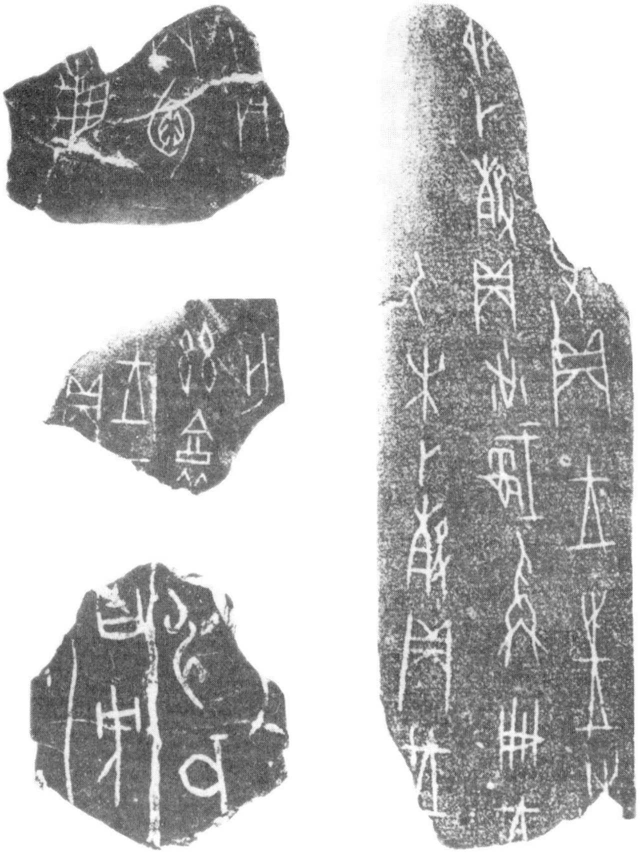

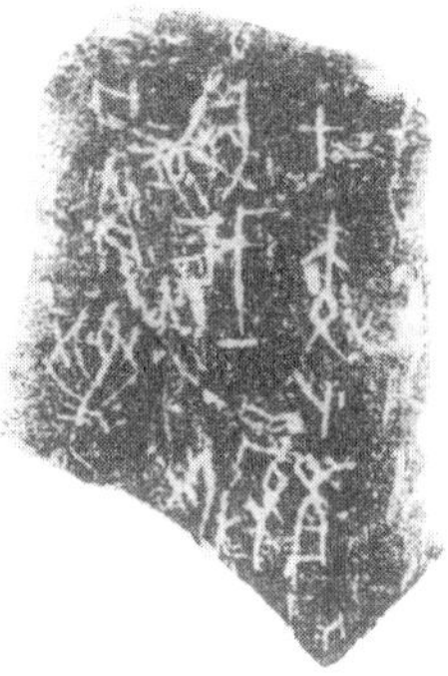

殷虛書契續編卷五

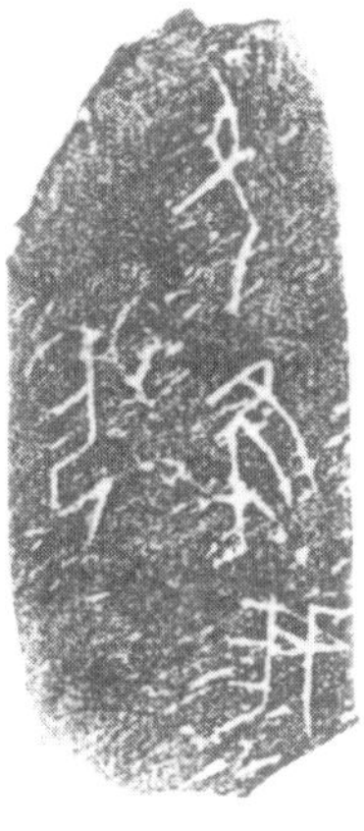

殷虛書契續編卷五

二十五

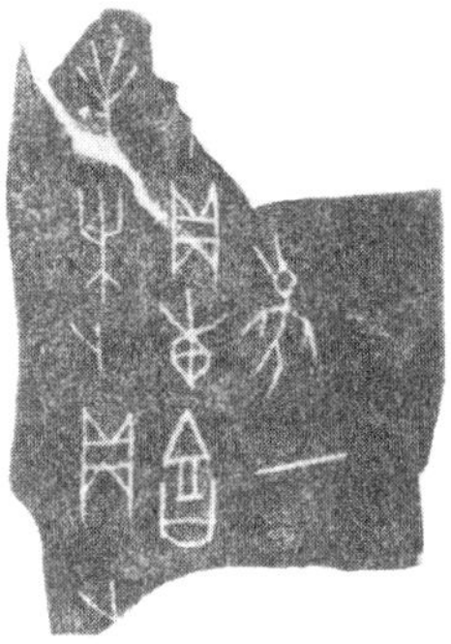

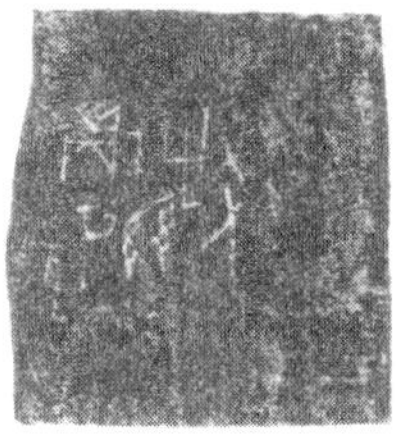

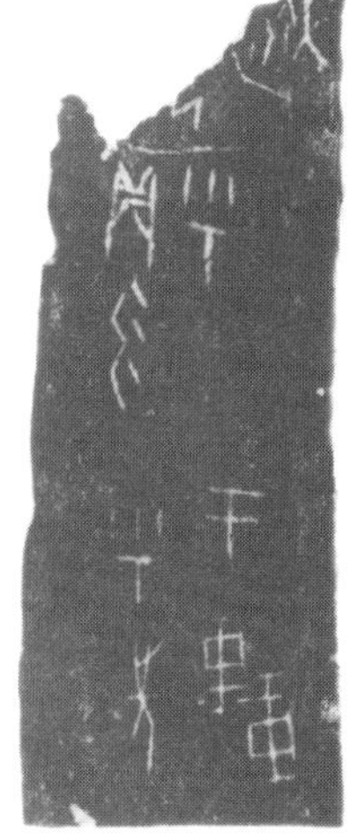

殷虚書契續編卷五

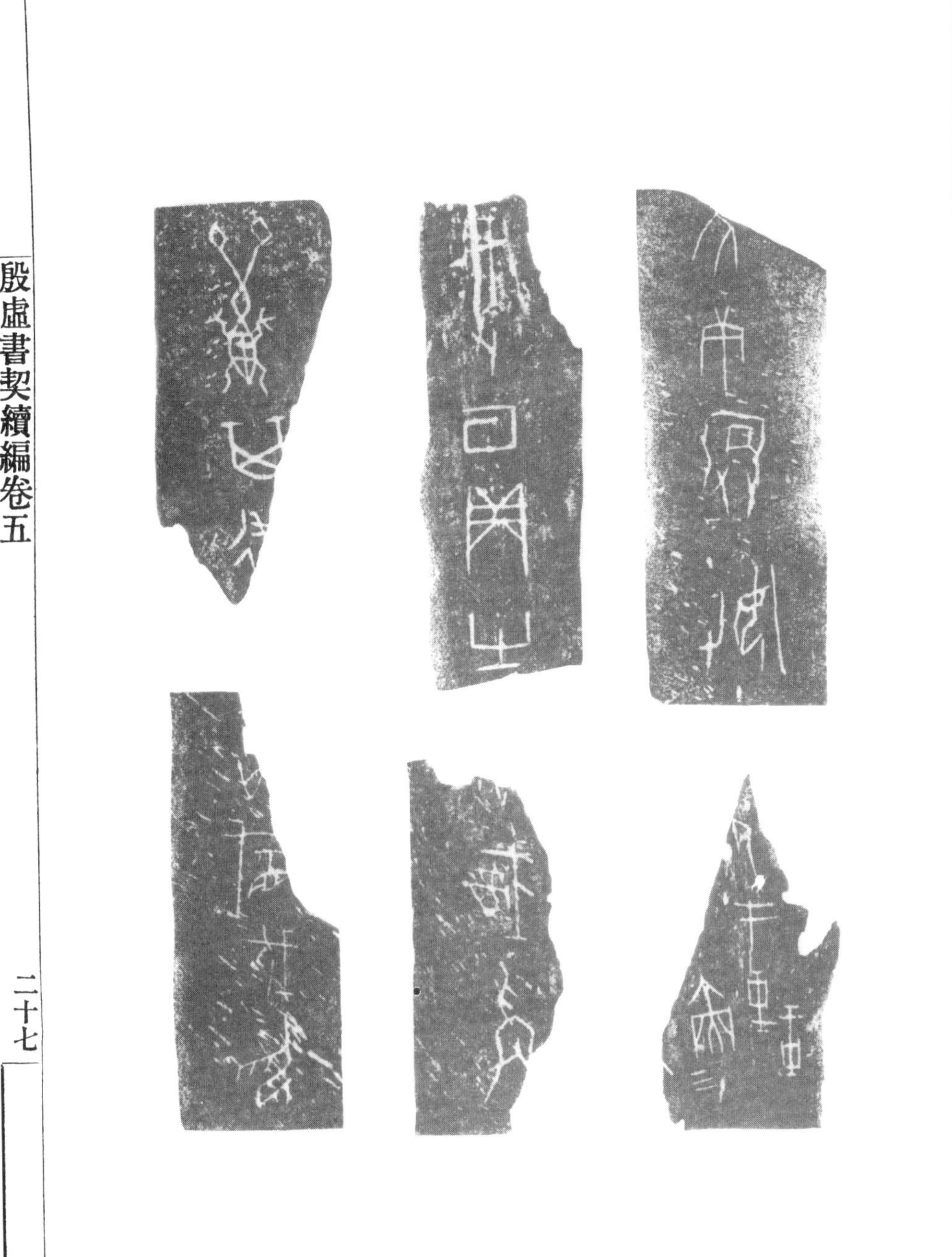

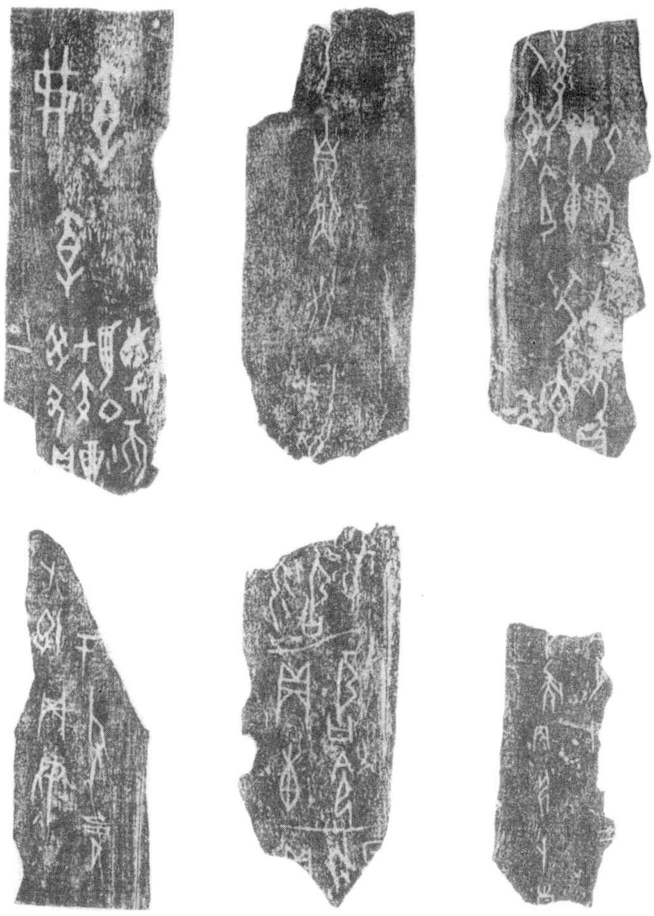

殷虚書契續編卷五

二十八

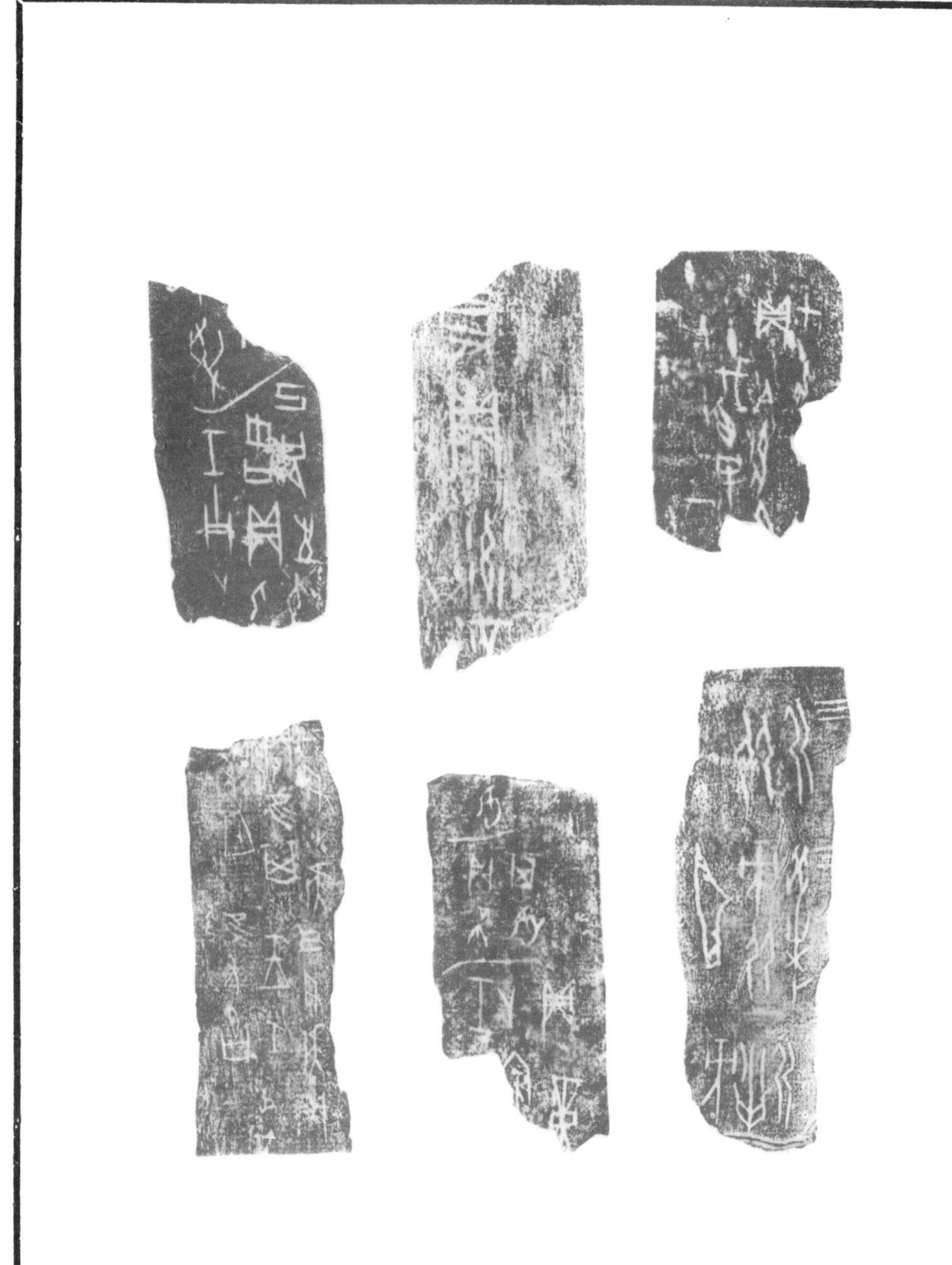

殷虛書契續編卷五

二十九

殷虚書契續編卷五

三十

殷虚書契續編卷五

三十一

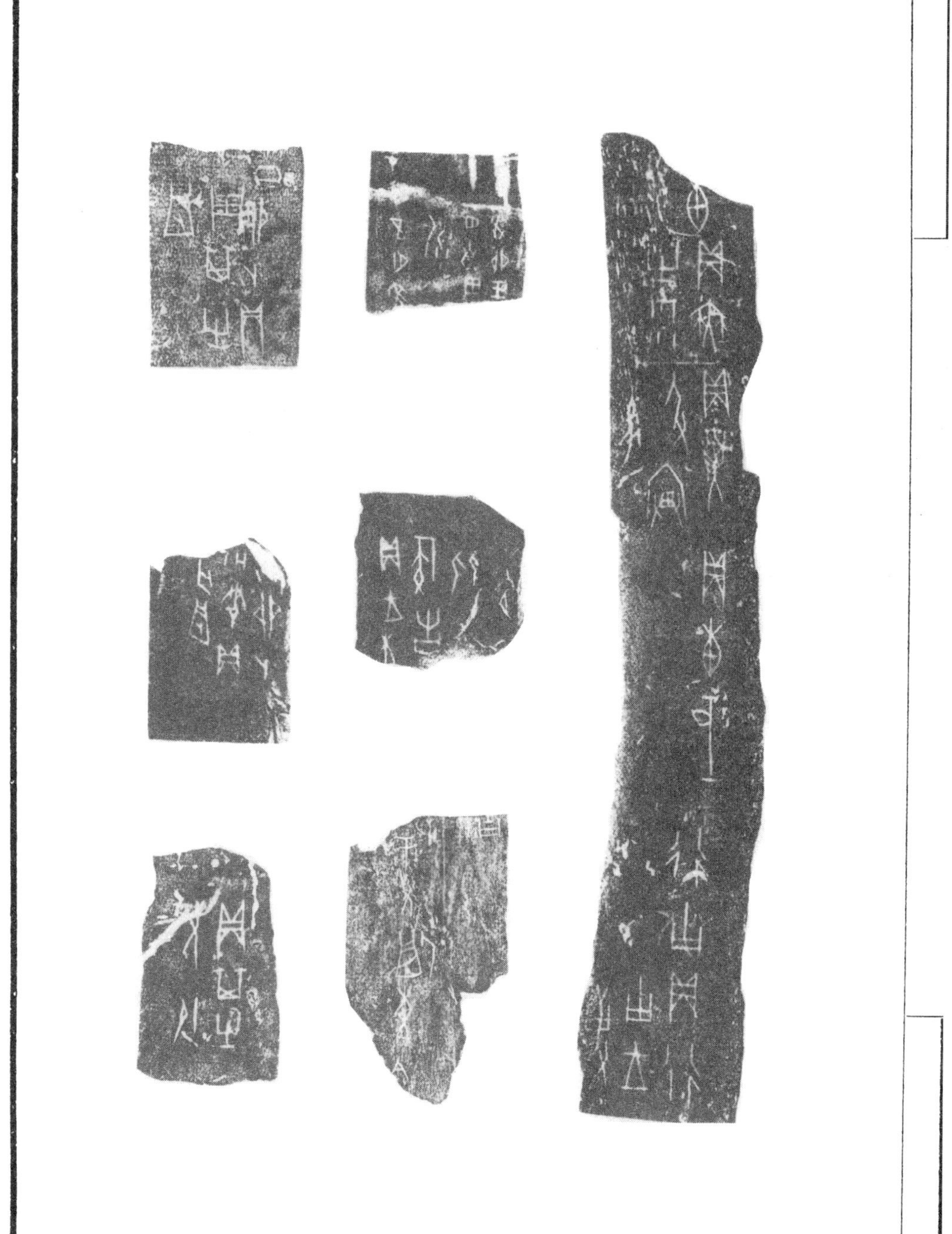

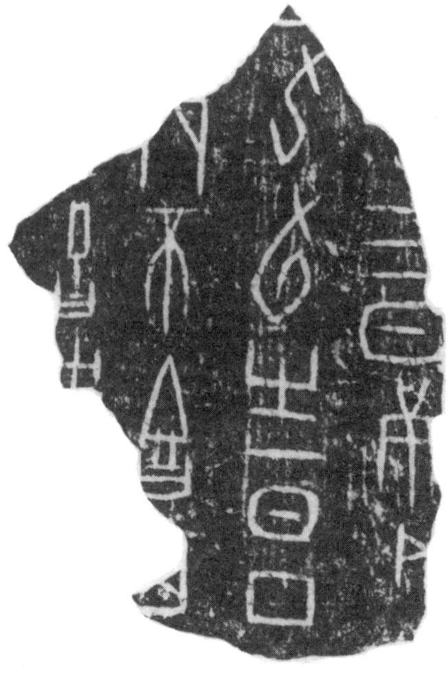

殷虛書契續編卷五

三十三

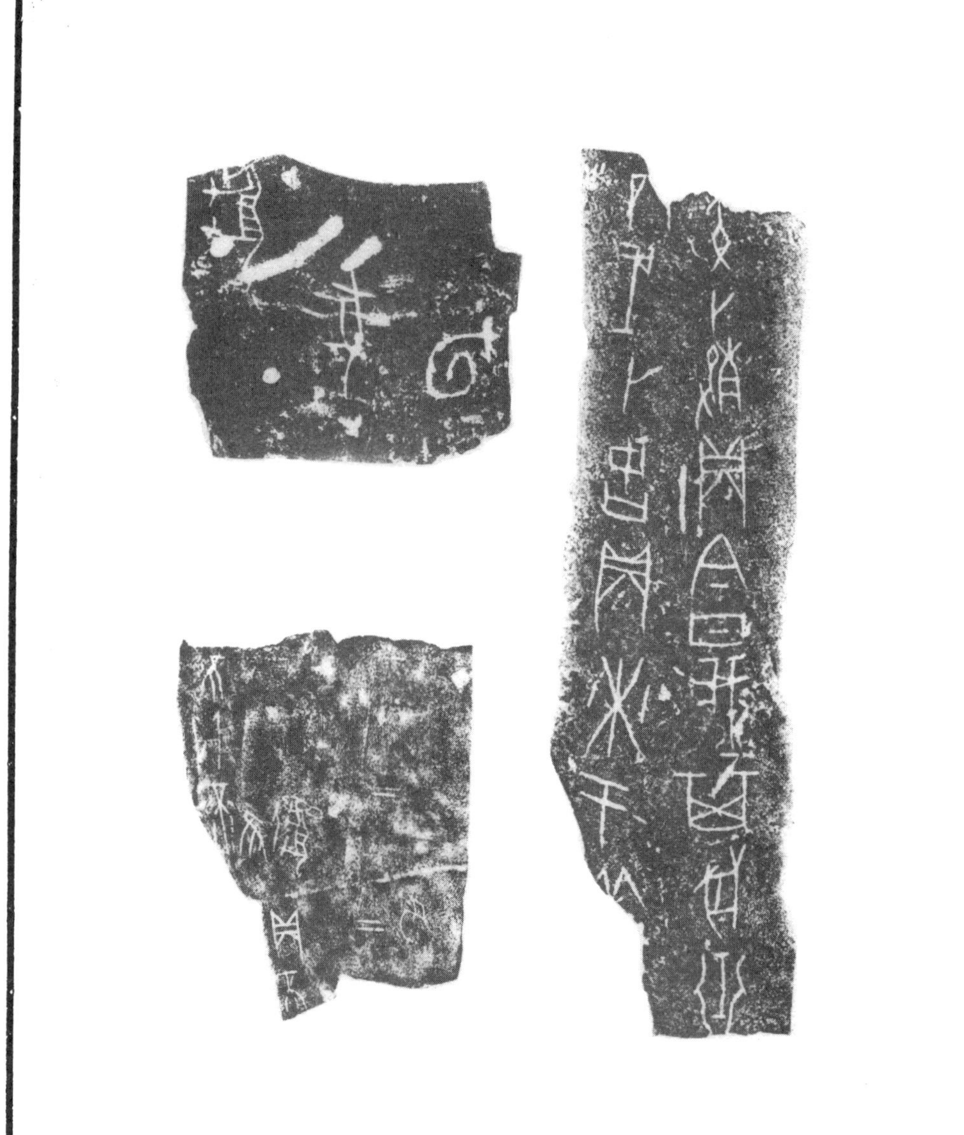

殷虛書契續編卷五

三十四

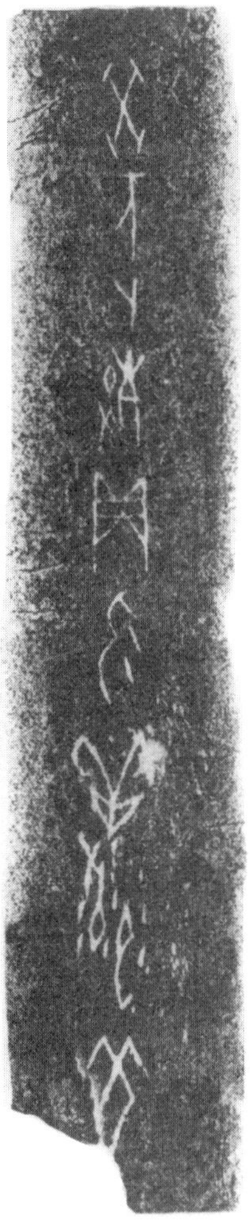

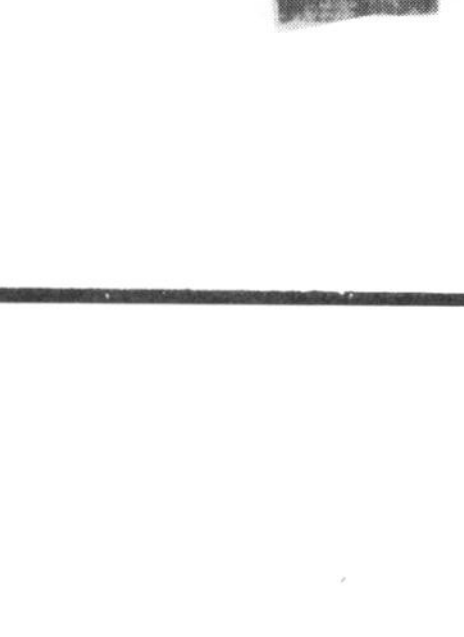

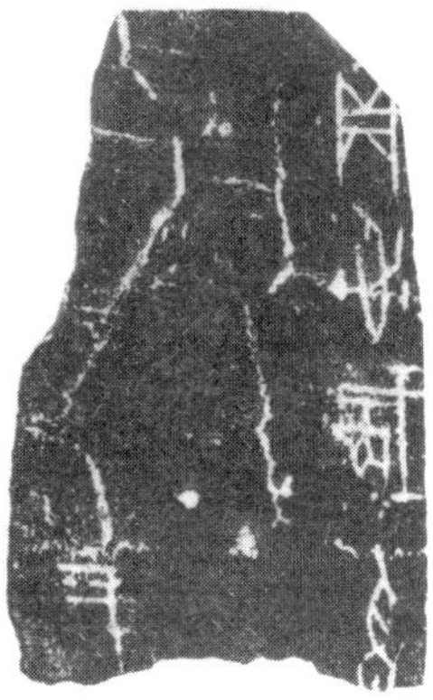

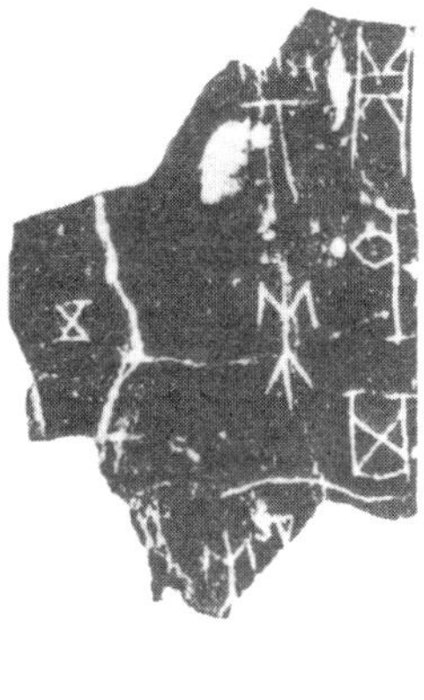

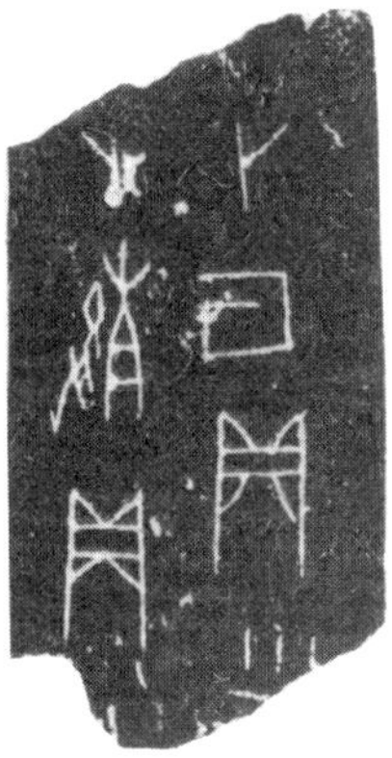

殷虚書契續編卷五

三十五

殷虛書契續編卷五

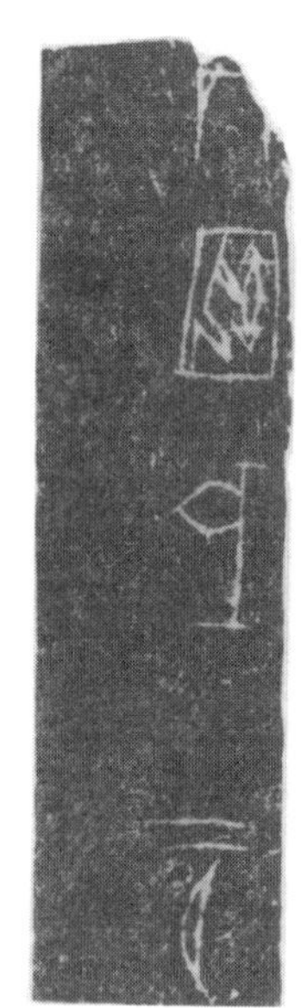

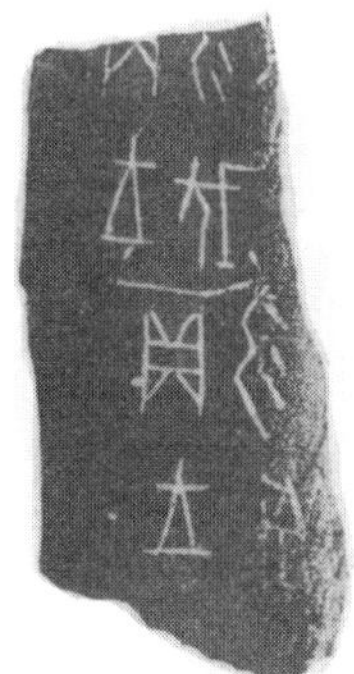

殷虛書契續編卷六

集古遺文第一

上虞羅振玉類次

殷虛書契續編卷六

二

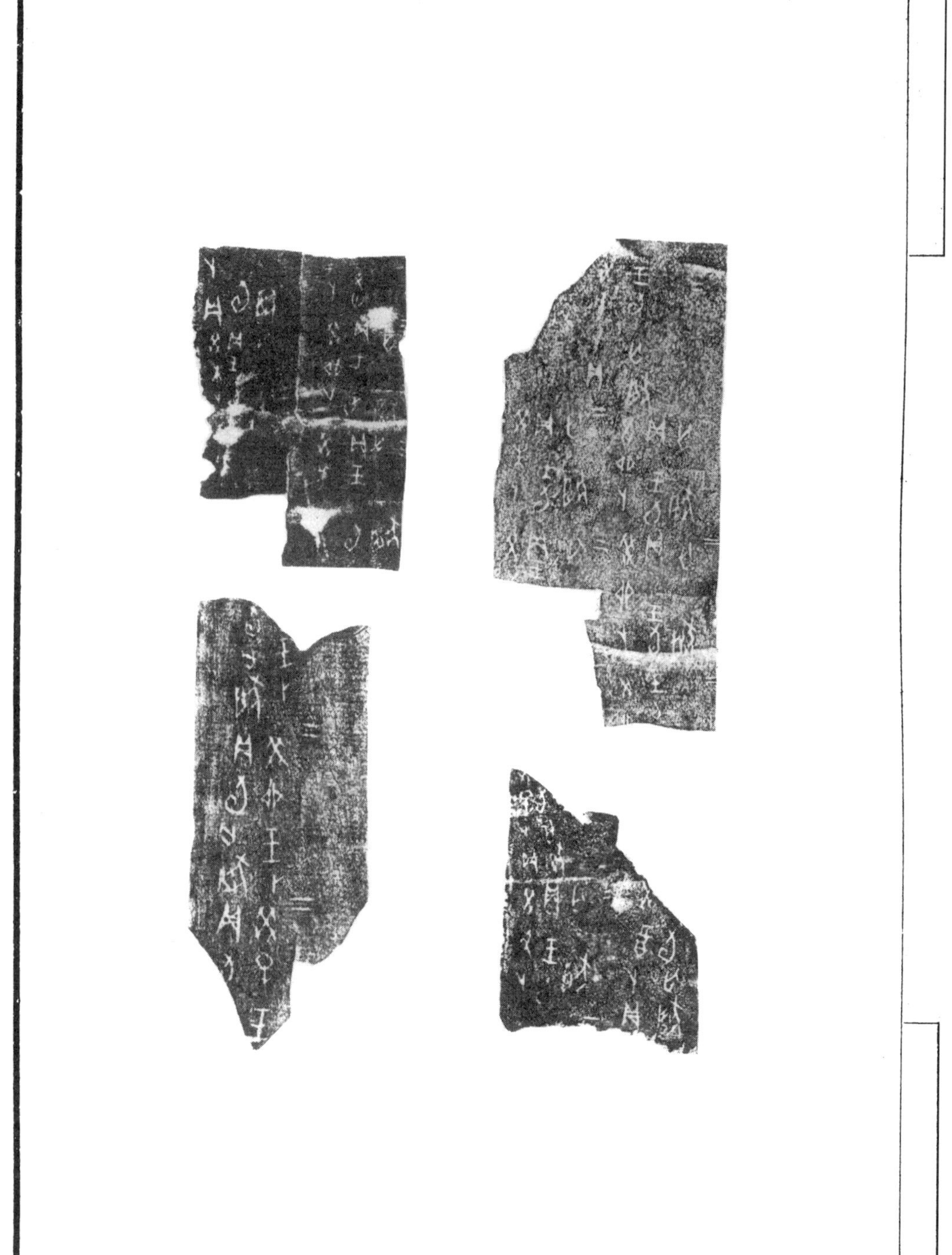

殷虚書契續編卷六

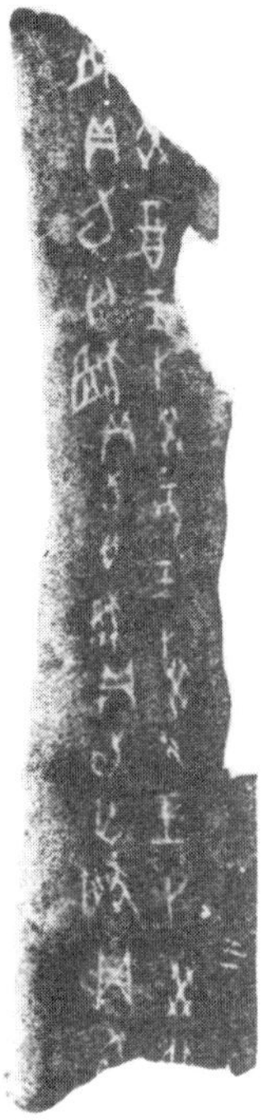

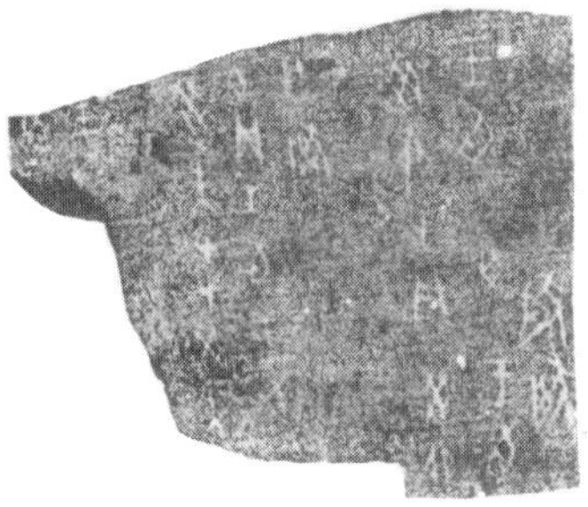

三

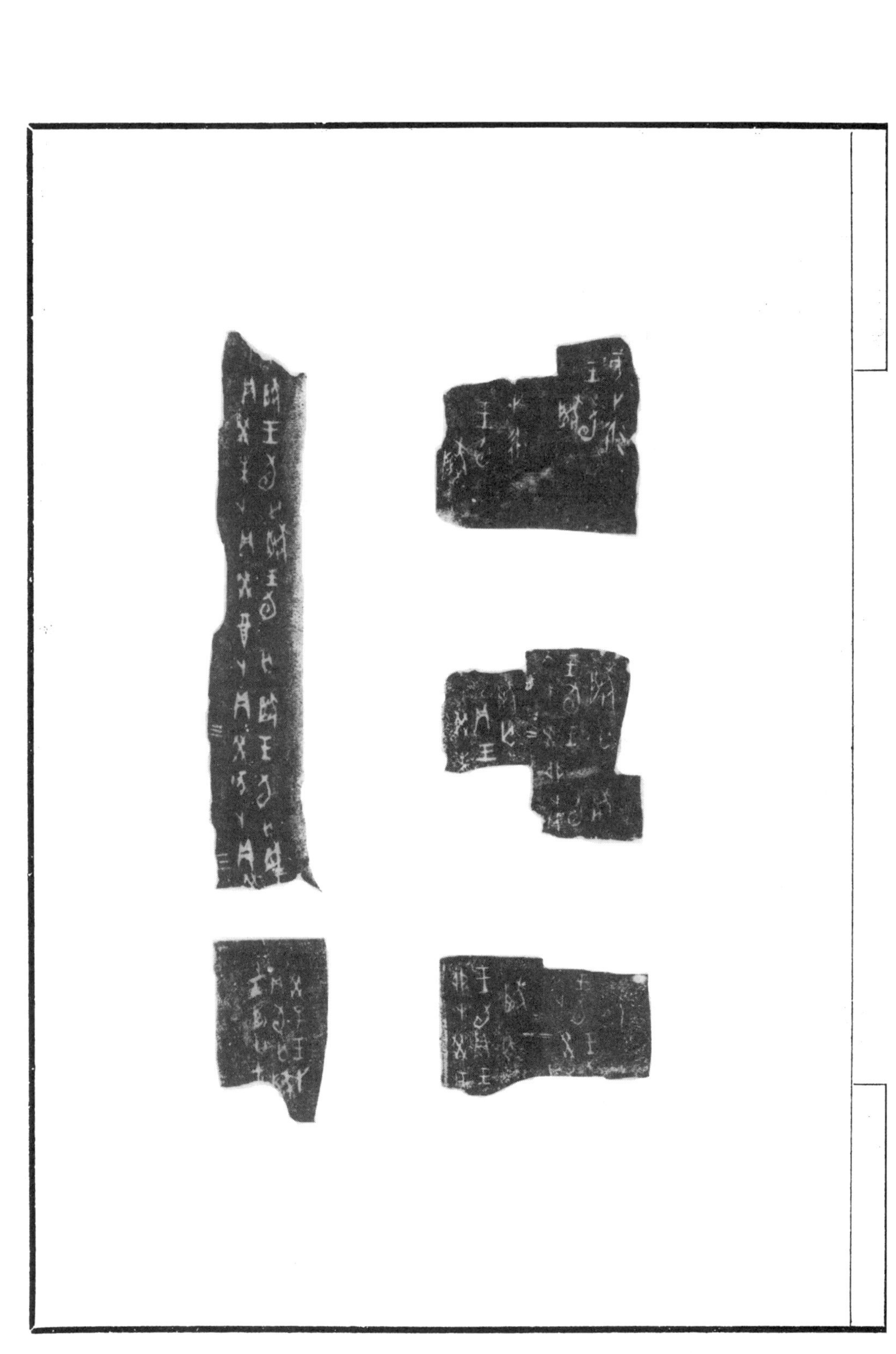

殷虛書契續編卷六

四

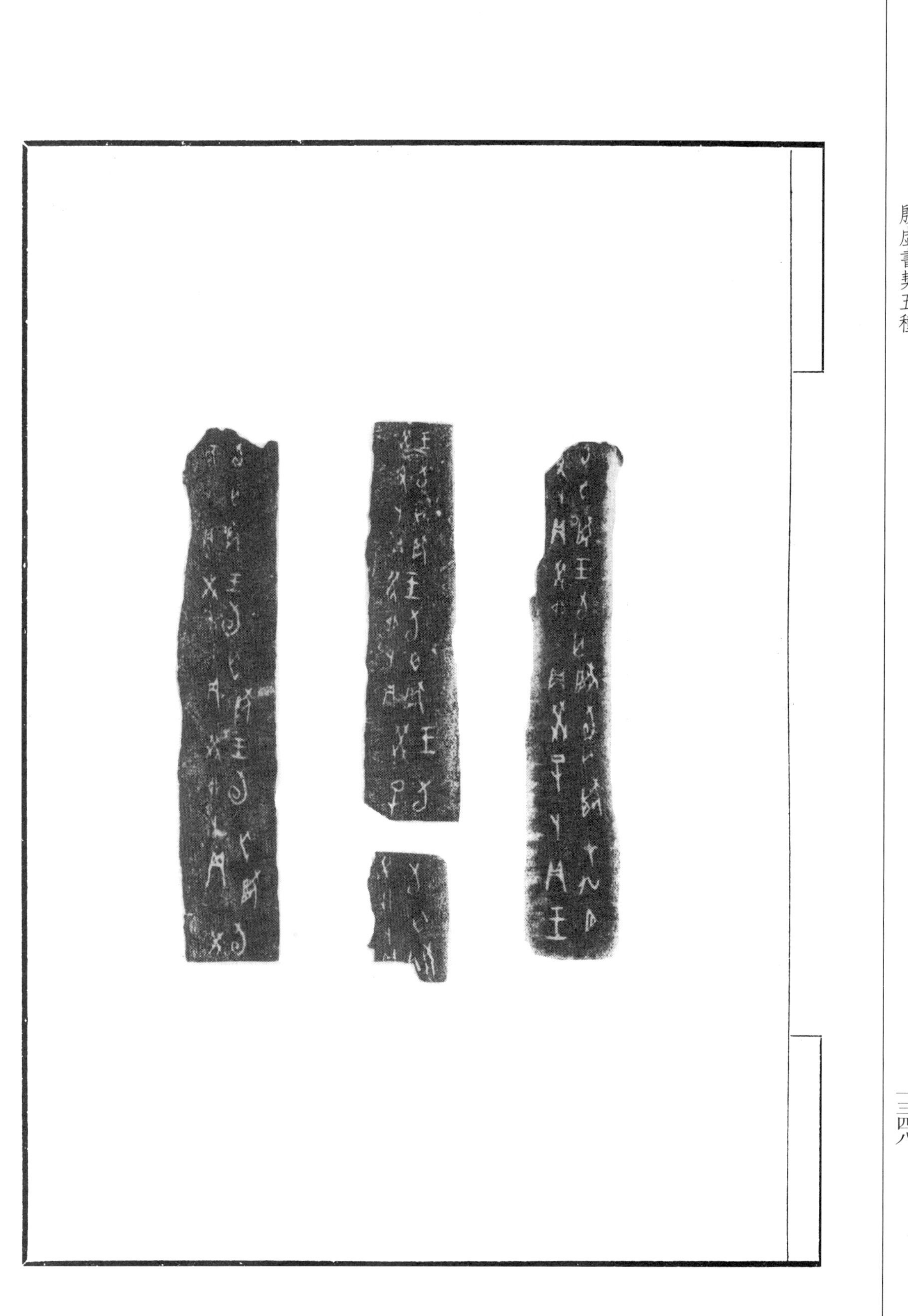

殷虚書契續編卷六

五

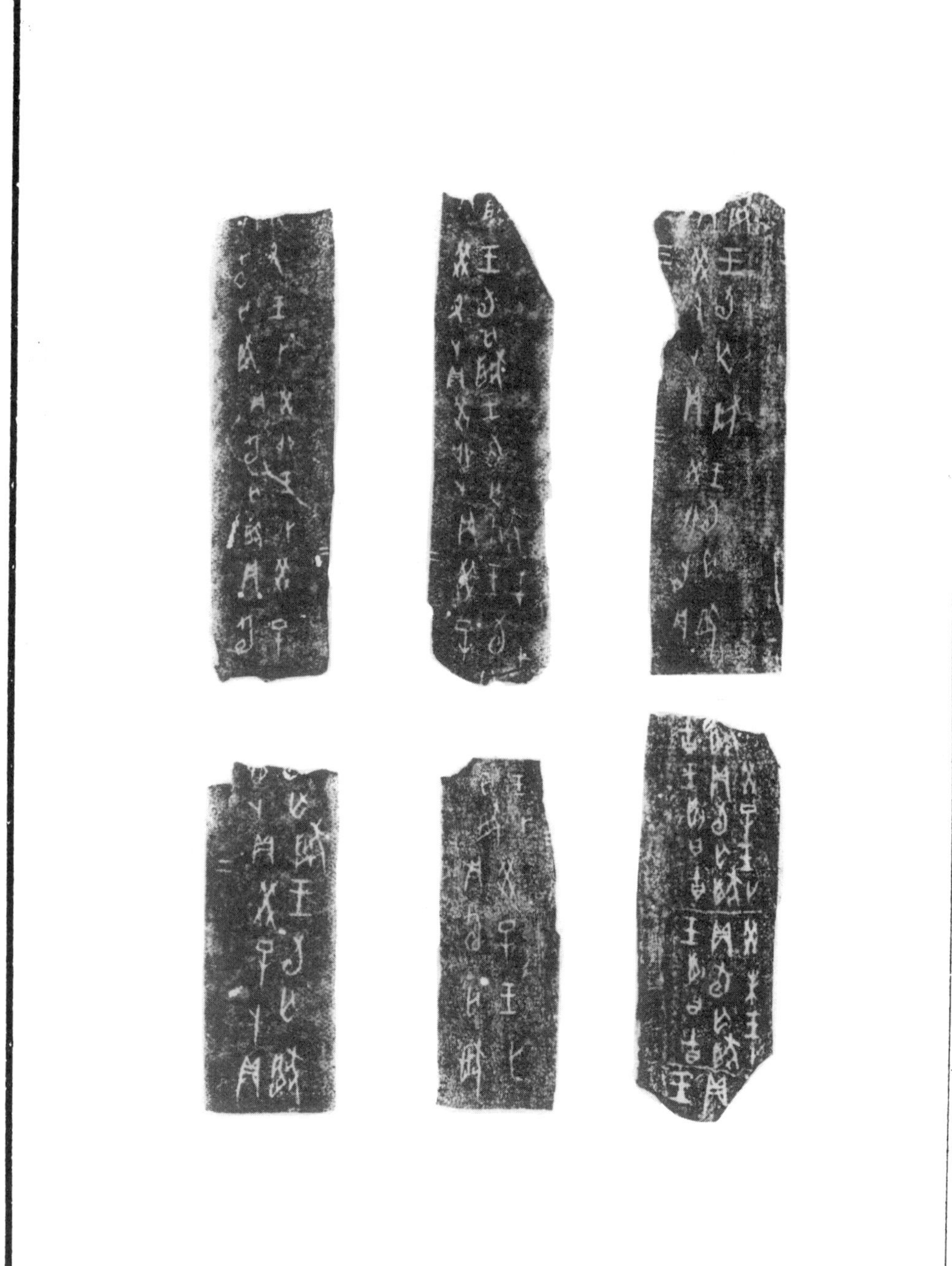

殷虚書契續編卷六

六

殷虚書契續編卷六

七

殷虛書契續編卷六

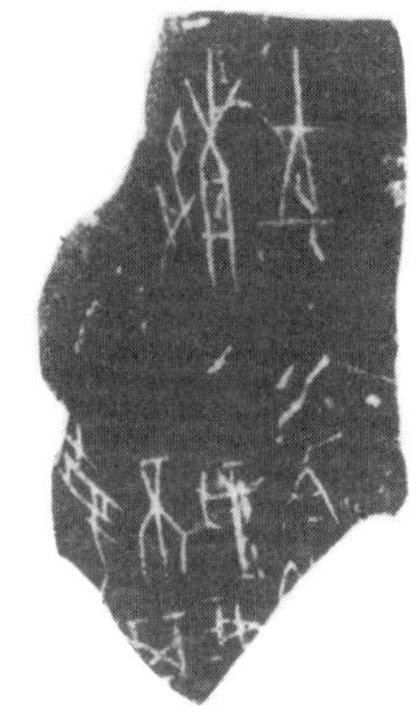

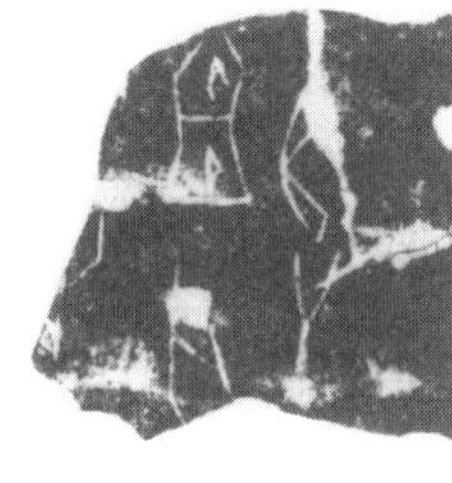

八

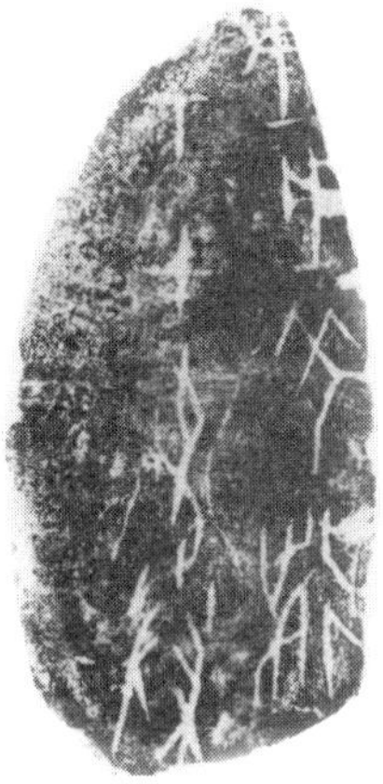

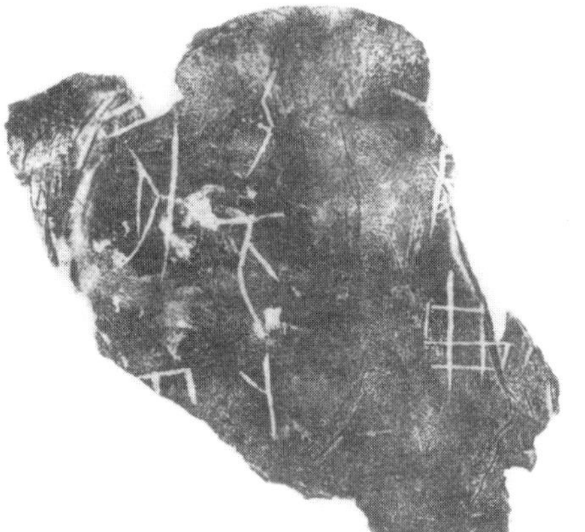

殷虛書契續編卷六

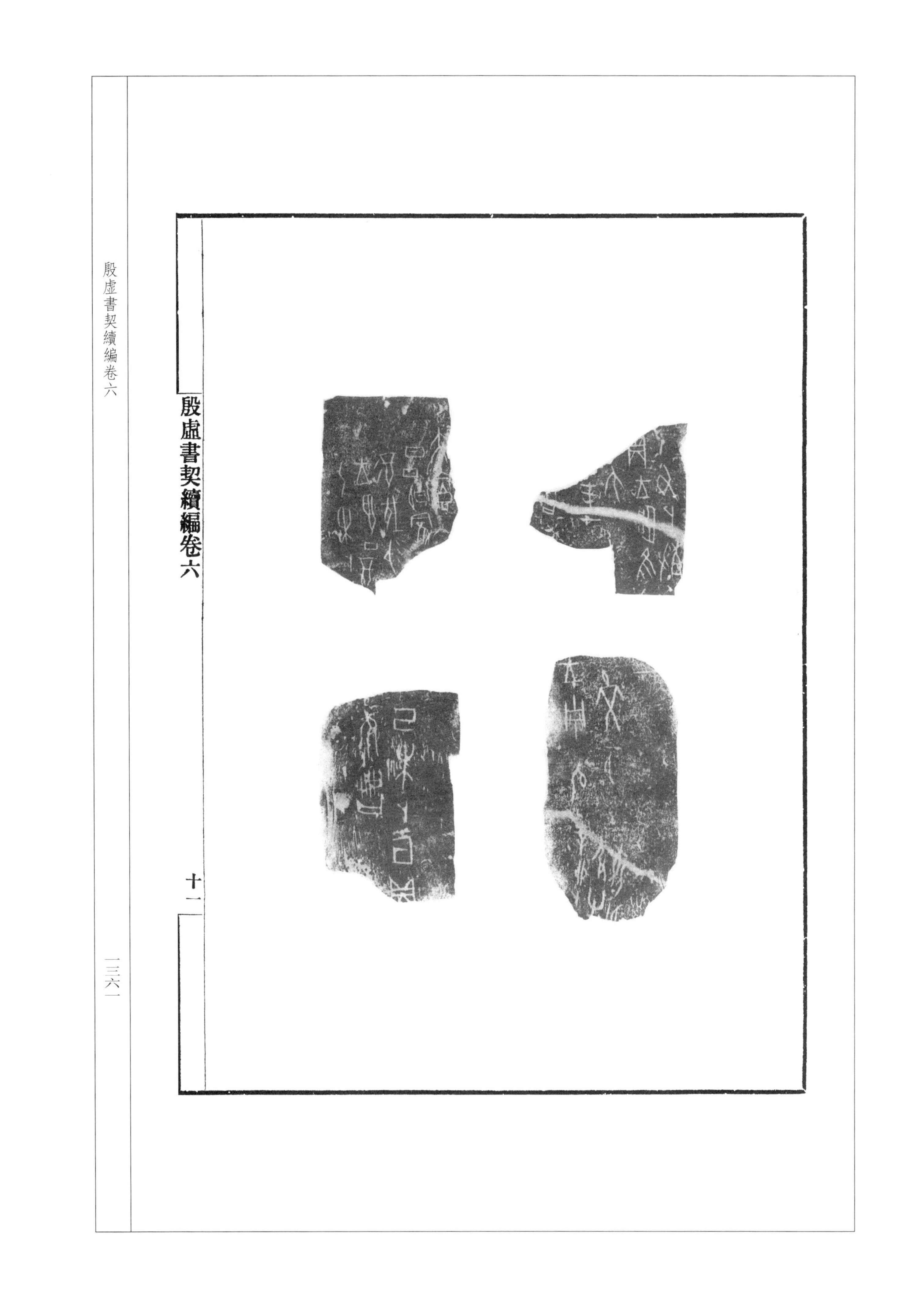

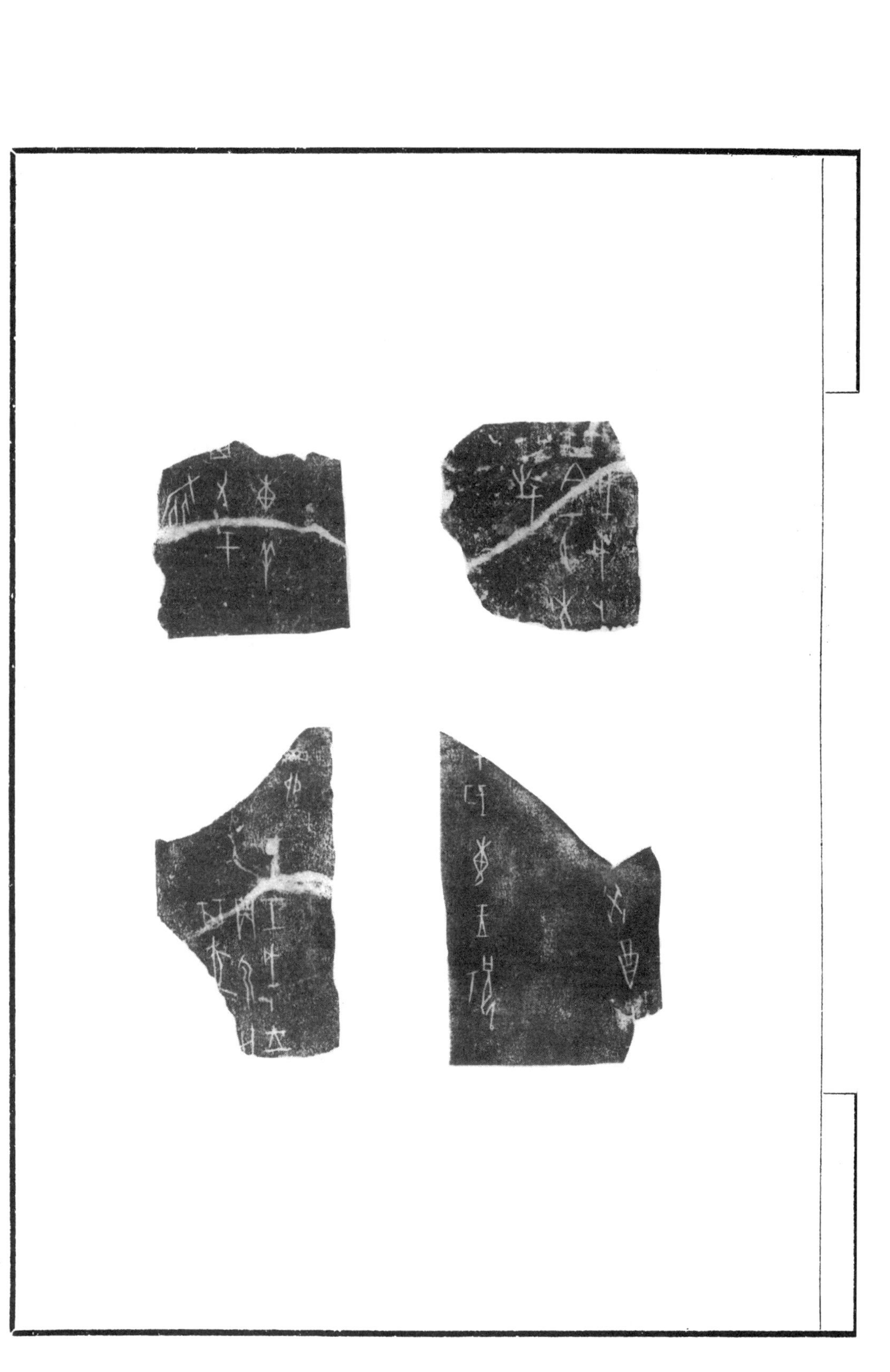

殷虛書契續編卷六　十二

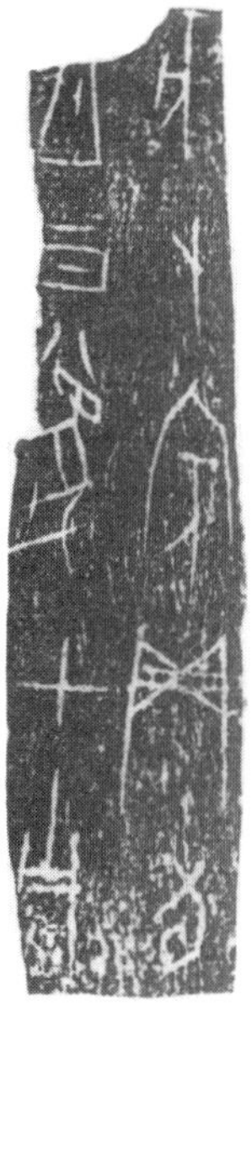

殷虛書契續編卷六

十三

殷虚書契續編卷六

十四

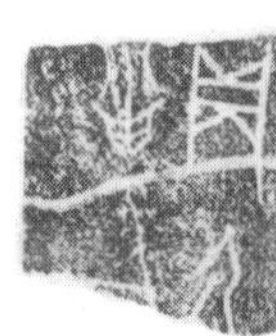

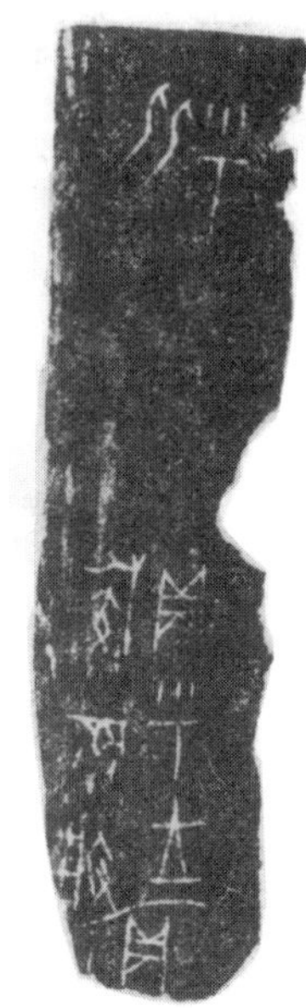

殷虛書契續編卷六

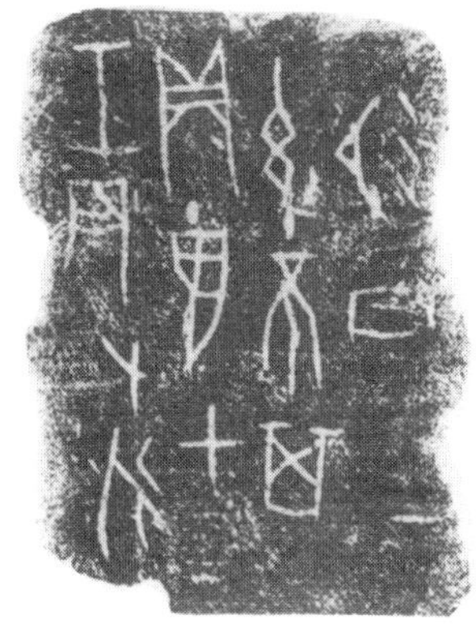

十五

殷虚書契續編卷六

十六

殷虛書契續編卷六 十七

殷虚書契續編卷六

十八

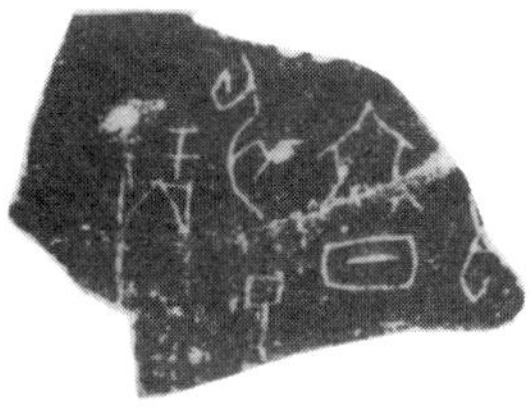

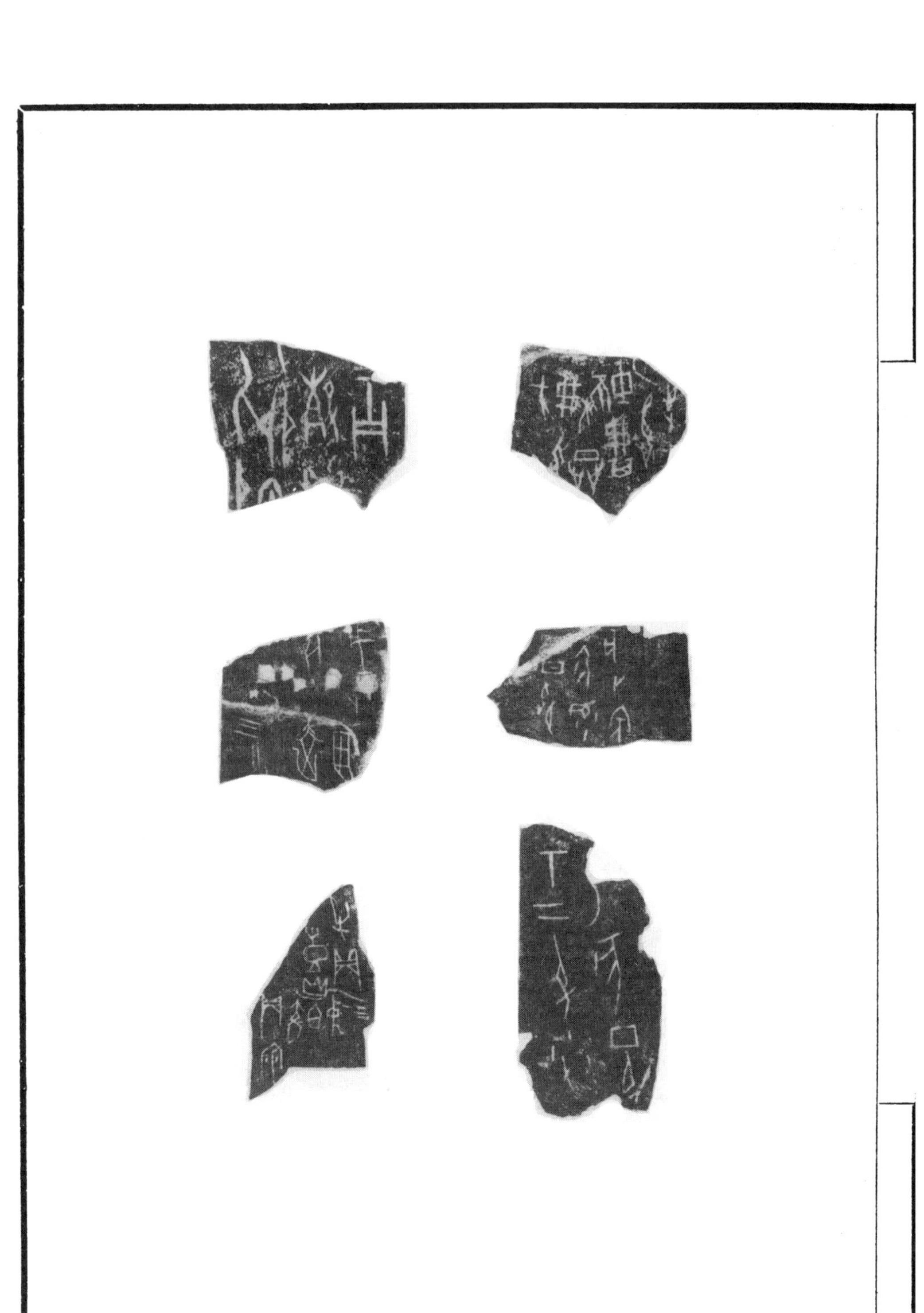

殷虛書契續編卷六 二十

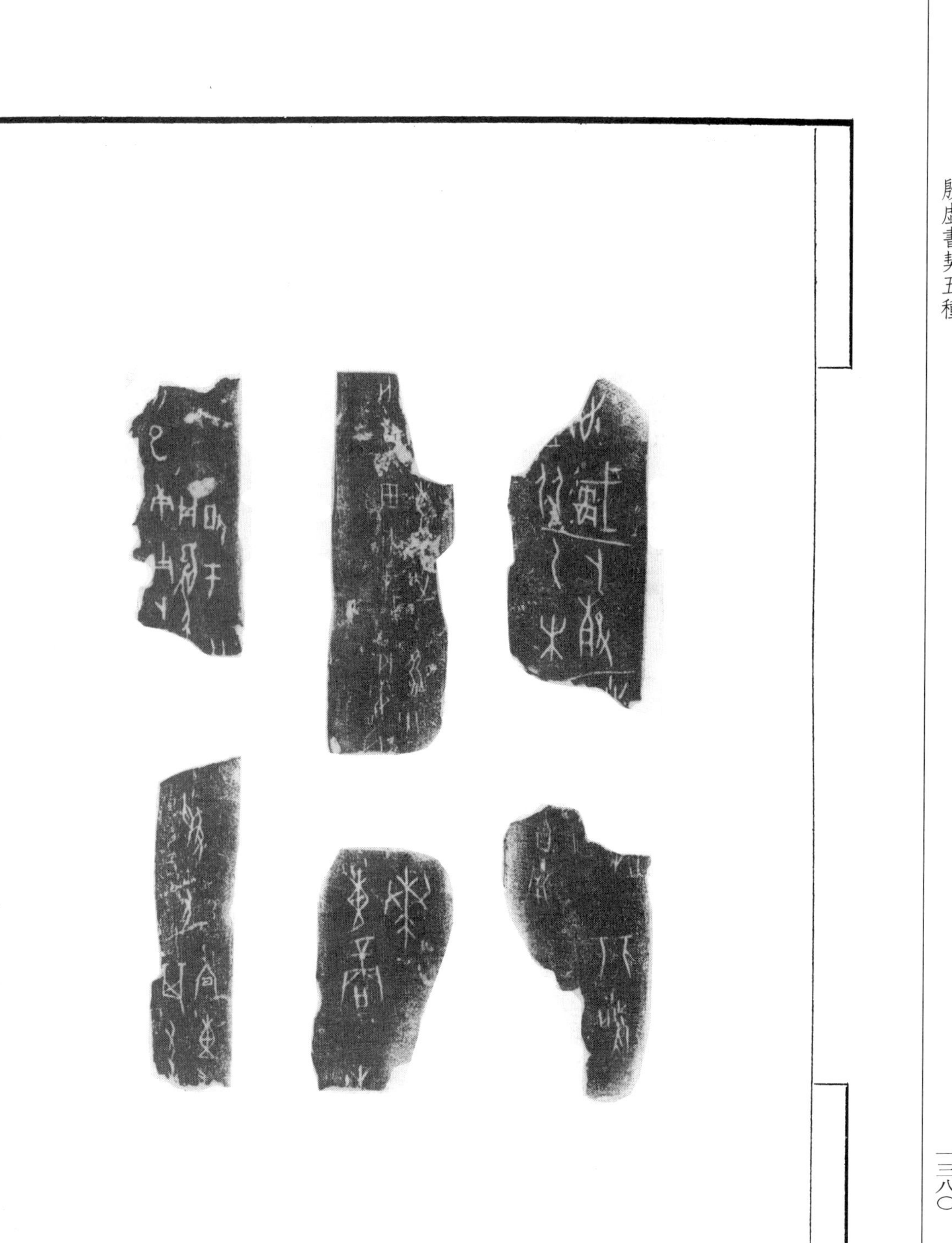

殷虛書契續編卷六

二十一

殷虚書契續編卷六

二十三

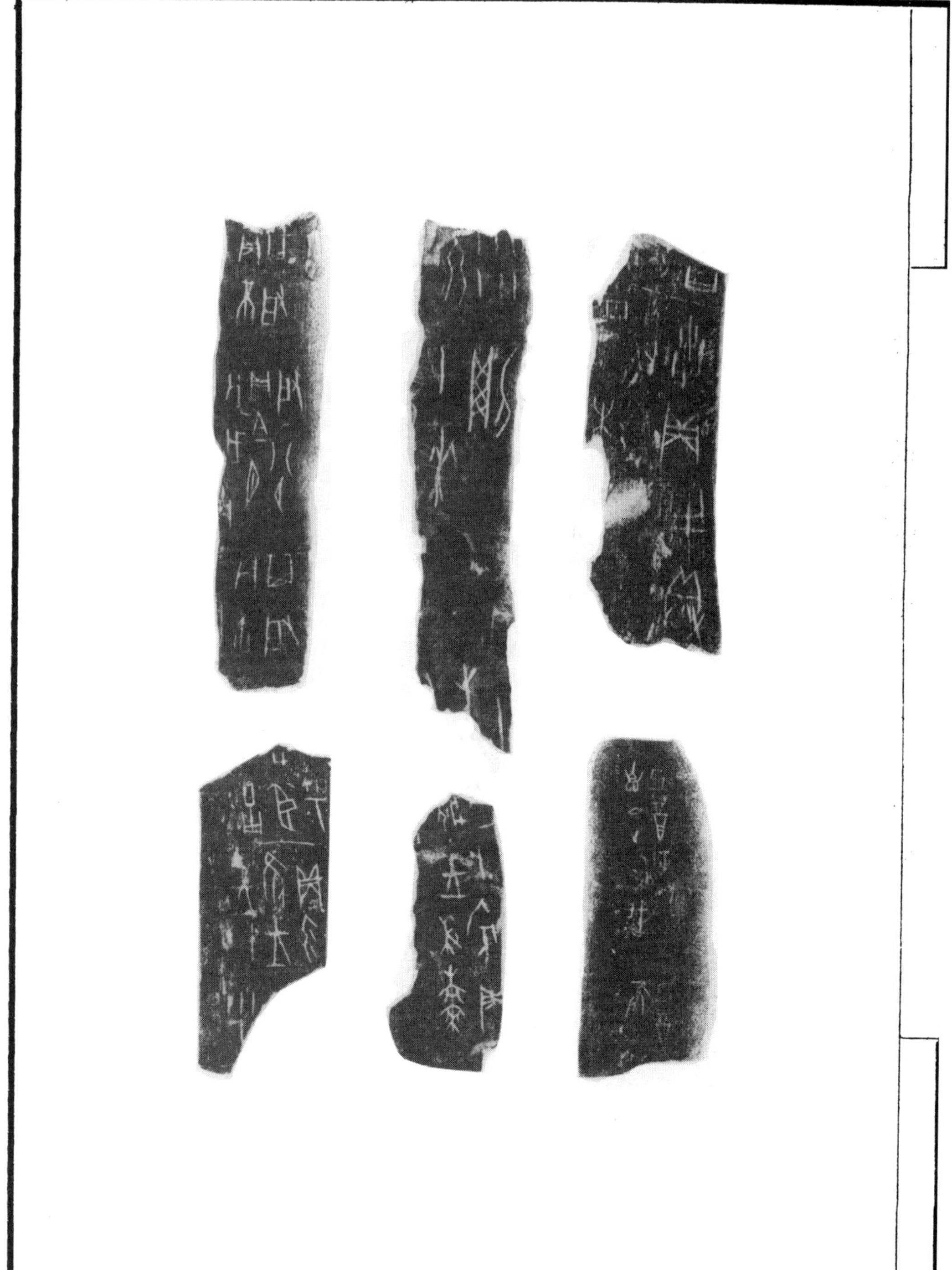

殷虛書契續編卷六

二十四

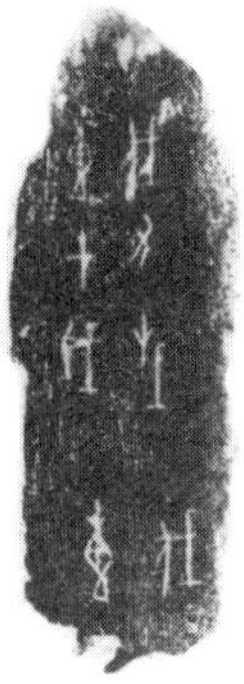

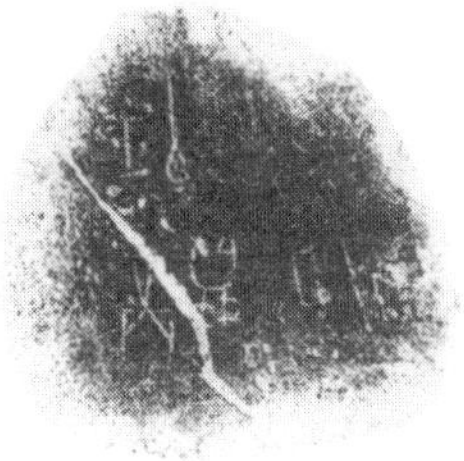

殷虚書契續編卷六

二十五

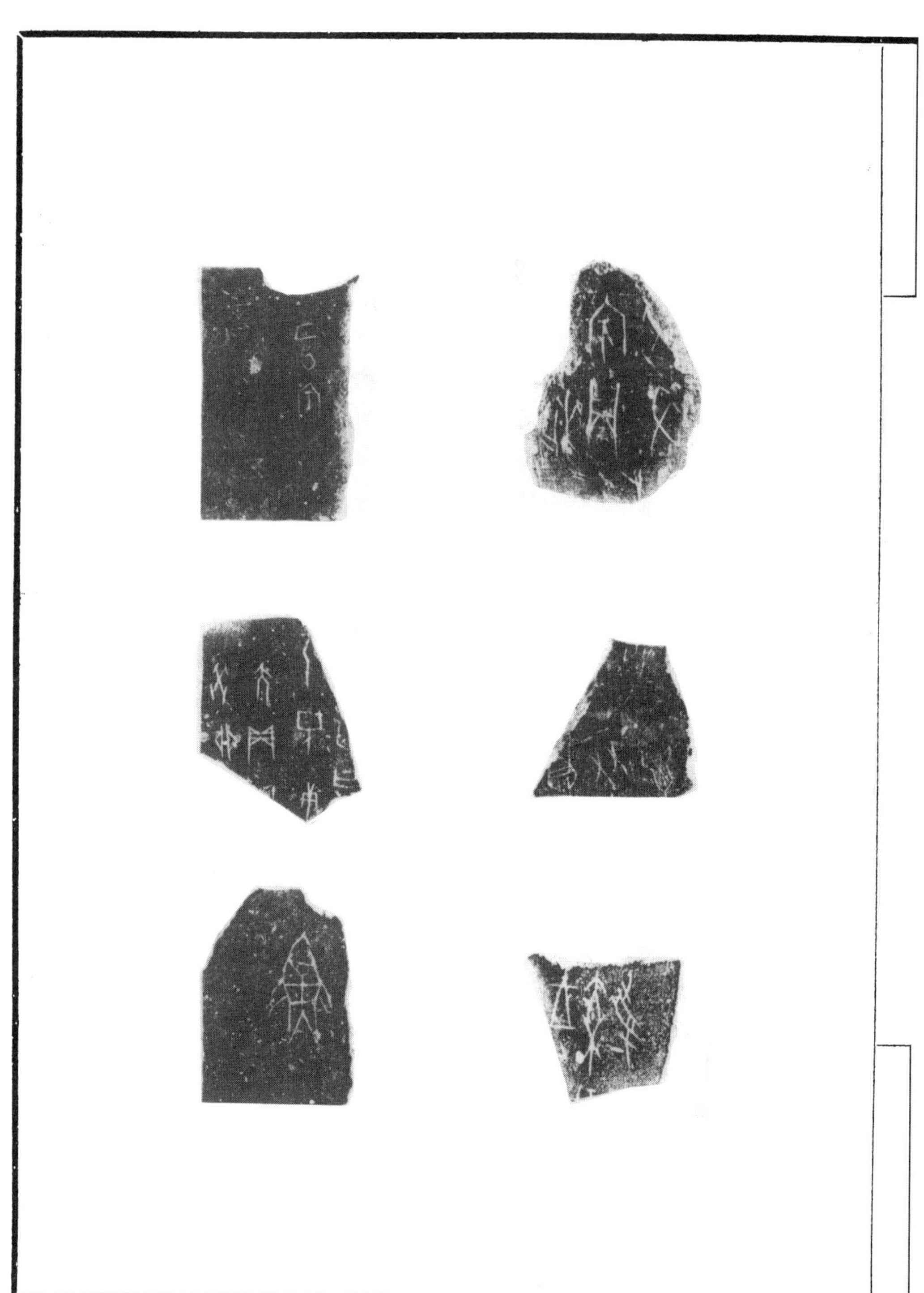

殷虚書契續編卷六

二十七

殷虚書契續編卷六

二十八

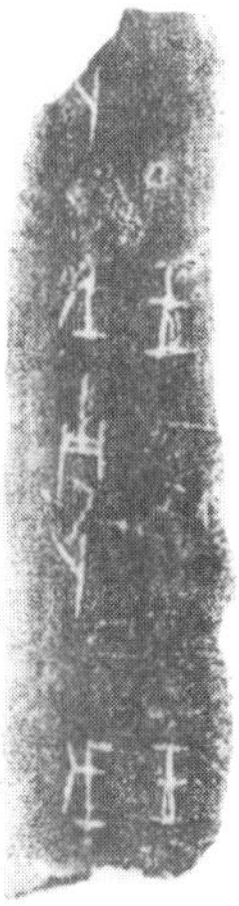

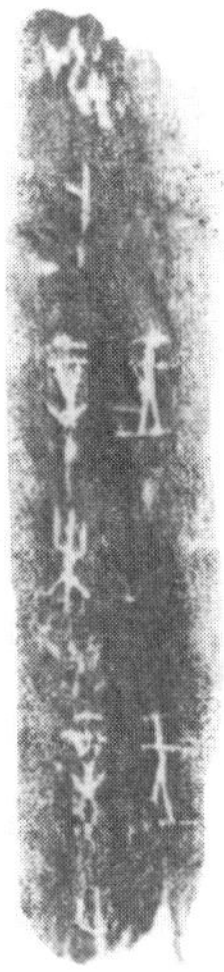

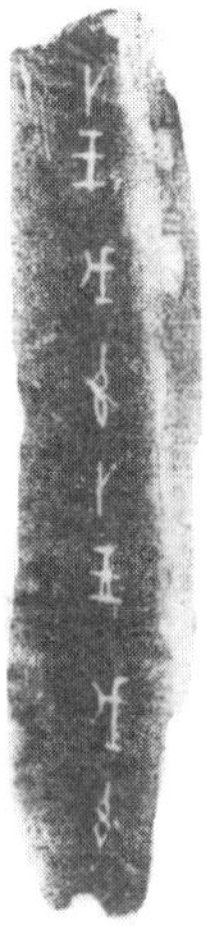

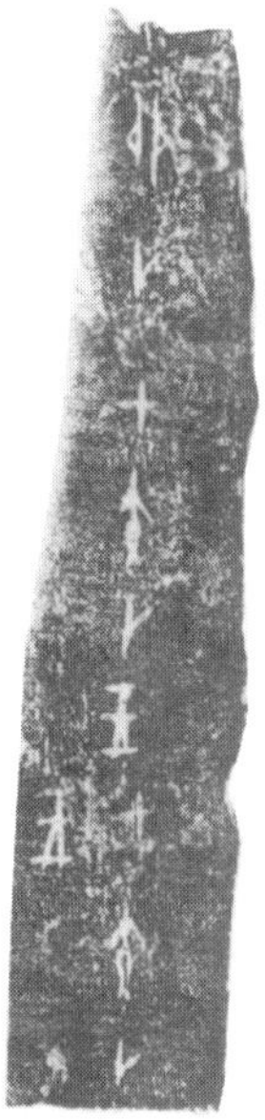

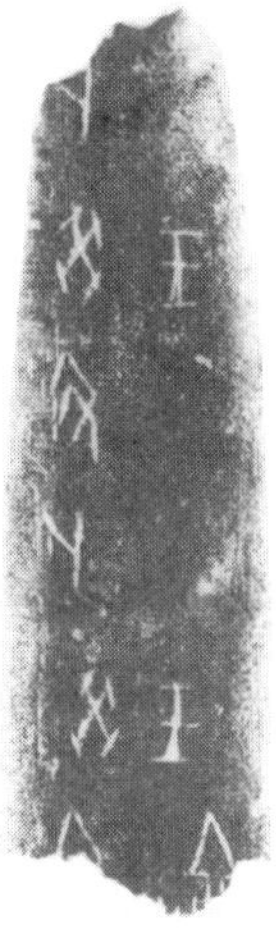

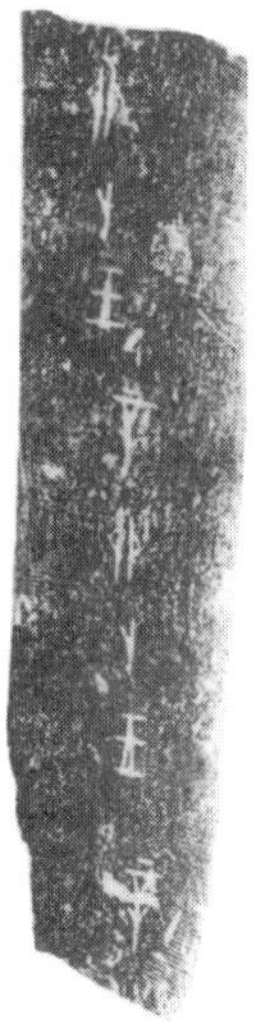

殷虚書契續編卷六

二十九

殷虛書契續編卷六

殷虛書契四編

殷虛書契四編

戊子孟夏　商衍瀛署

四編序

頤自丁亥季夏移家遼市，回憶旅津八年，再值亂離，學業日荒，内省茲懼，私此後將鍵戶讀書，冀守先人之訓。乃浮沉迄今，誦習之志，竟為物移。今歲季春，偶於廠肆獲殷虛甲骨二百餘片，傳出自某故家舊藏，其文字皆未著錄者，爰節衣食之資以易之，擇其精尤手自氈墨，又益以友人曾君毅公所藏八十餘片，遵先人之編類，合為一卷，顏之曰殷虛書契四編。更書其端曰：殷契文字之學，為近卅年新學識之一，先人闢草萊為康莊，近世髦彥益宏斯學，頤不肖，未能紹箕裘之業，今此冊所載，聊補前三編之不及。

先人恆言，甲骨出土，即逐漸滅，今日所見，
不思有以流傳將來，倘述爲，則是前人之所未及見
者。我輩有繼表編訂之責，故此編一遵成例，分爲十
類：一曰卜祭，二曰卜告，三曰卜享，四曰卜出入，五曰
卜田獵，六曰卜征伐，七曰卜年，八曰卜風雨，九曰
雜卜，十曰甲子表。是編不及前三編之富，然体例略
備焉。至　先人考訂甲骨，博稽經史，啓千古之扃
鑰，導後世以指歸，近世學者之所究，能以新知并舊
聞者，尚不多遘。惟昔日　先人之述卜法曰：卜以龜，
亦以獸骨，龜用腹甲，而棄其背甲。（見殷虛書契考釋卷下）

今案近人在殷虛所發掘有大龜腹甲十版完具一見知是腹甲可為前言之佐證又有背甲四皆中破存半作半規形表裏皆刻卜辭（見中央研究院刊殷虛文字甲編）則是龜甲腹背皆用昔年僅見殘片未能辨別且腹甲整用背甲則中破而用之是則可益蒼甸考也今証以此編所載如第十八第廿第廿九第五十諸片均是背甲殘片往年前三編所載背甲殘片亦不勝惜當時未得徵之耳是其微末足益蒼甸者此編中闕于殷世系厂史卜辭文字均有傳于專家之取徵足新義之或益前此之不足計合前三編所有甲骨去

甚富也，凡得五千六百二十餘片，傳世甲骨之寫錄，已得其半矣。

殷虛書契四編卷上

羅福頤

001

002

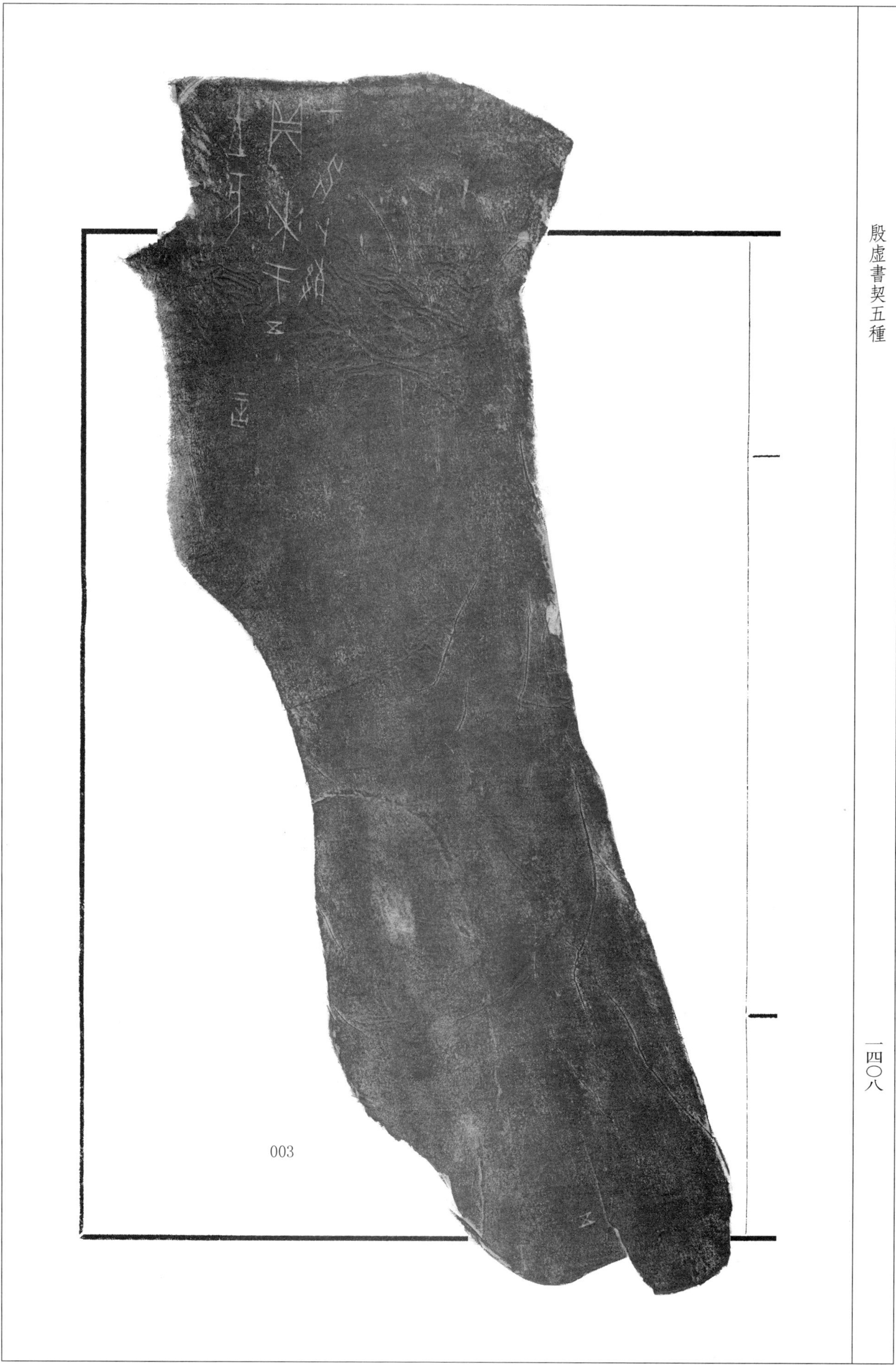

003

殷虚書契四編

004正

004反

005

006

007

殷虚書契四編

009

010

008

011

012

013

殷虚書契四編

015

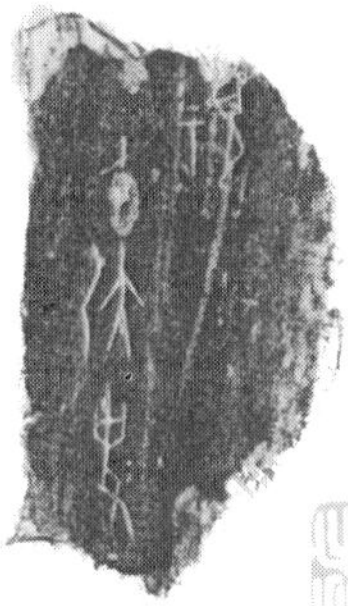

016

014

017

018

殷虛書契四編

019

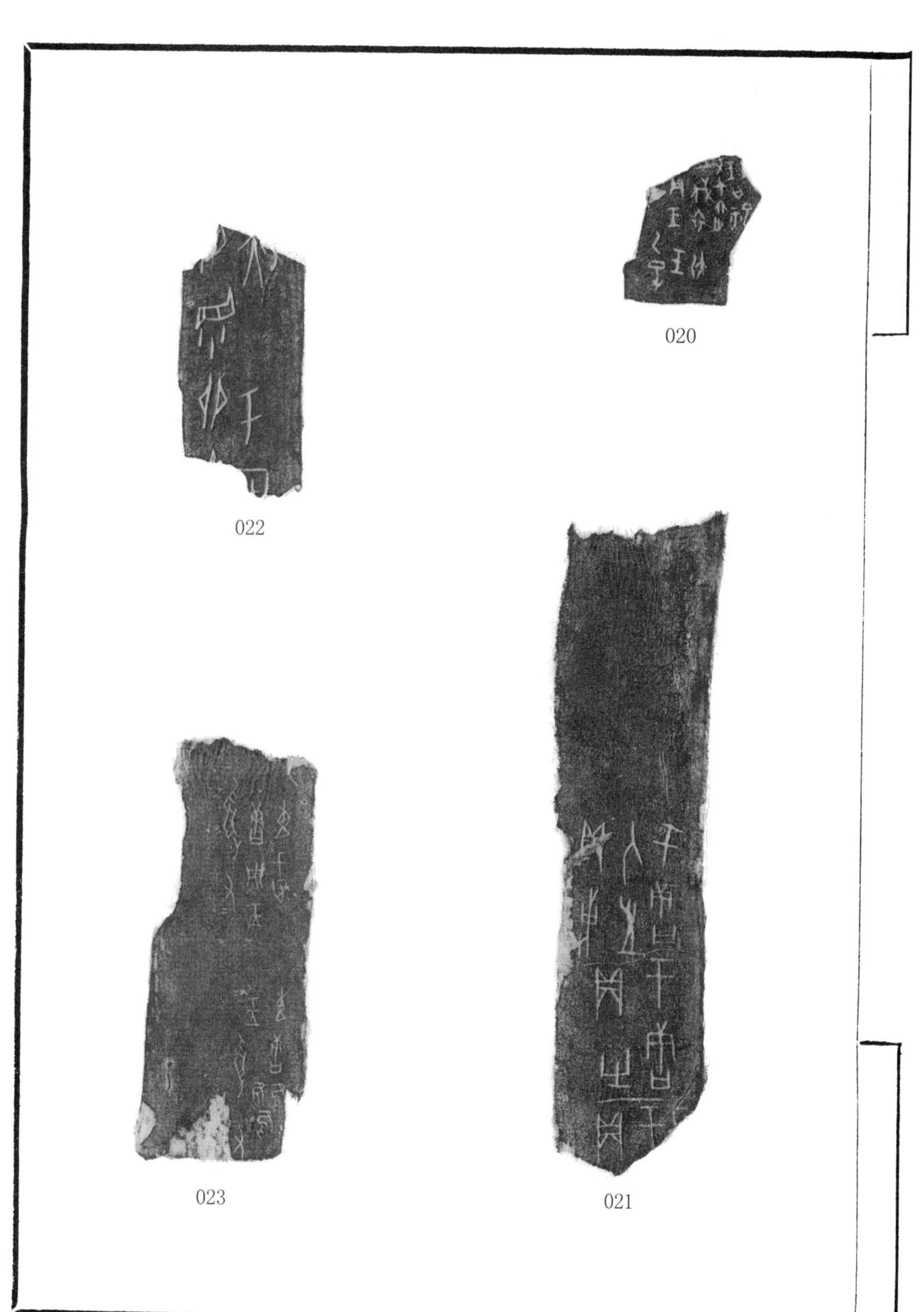
020

022

021

023

殷虚書契四編

024

025

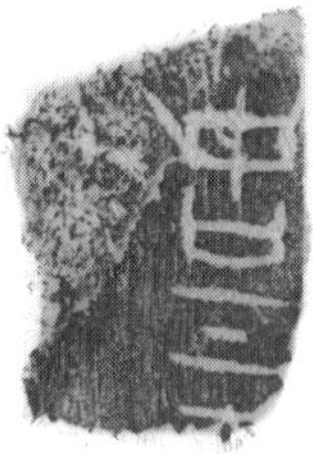

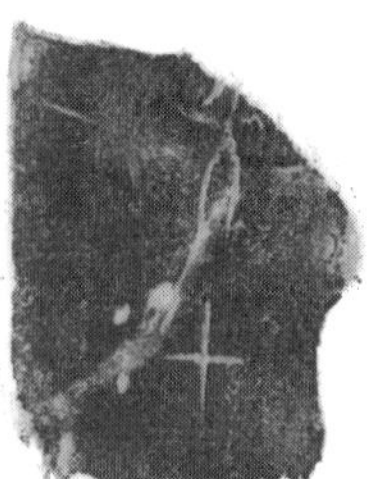

026反 026正

028

027

殷虛書契四編

031

029

032

030

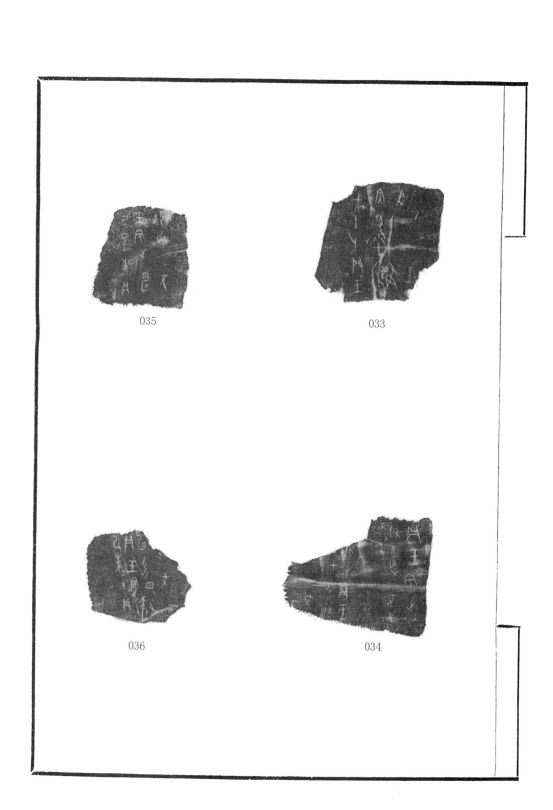

035

033

036

034

殷虚書契四編

037

039

038

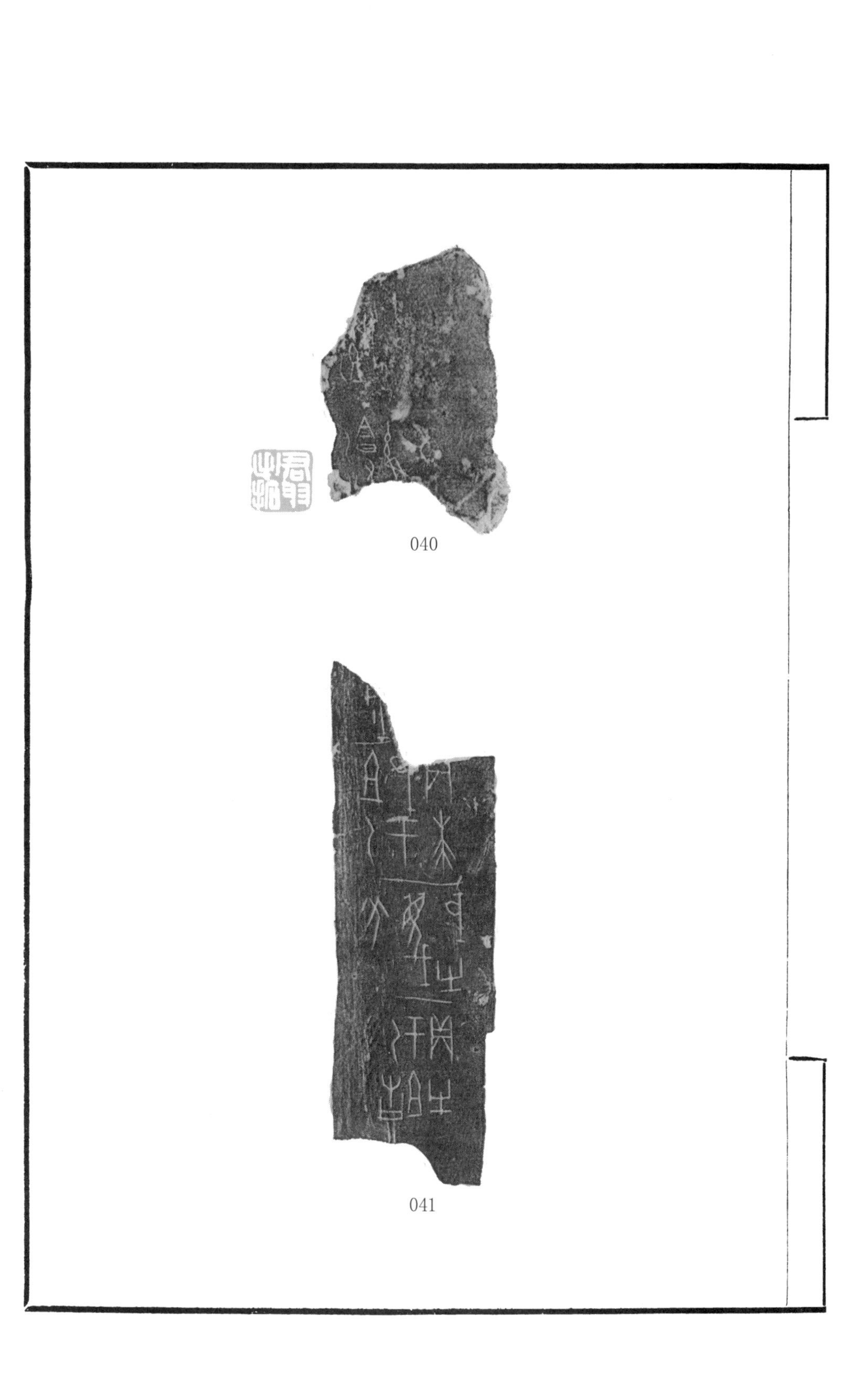

040

041

殷虚書契四編

044

042

045

043

046

047

殷虛書契四編

050

048

051

049

054

052

055

053

殷虛書契四編

058

056

059

057

060

061

062

065

063

066

064

069

067

070

068

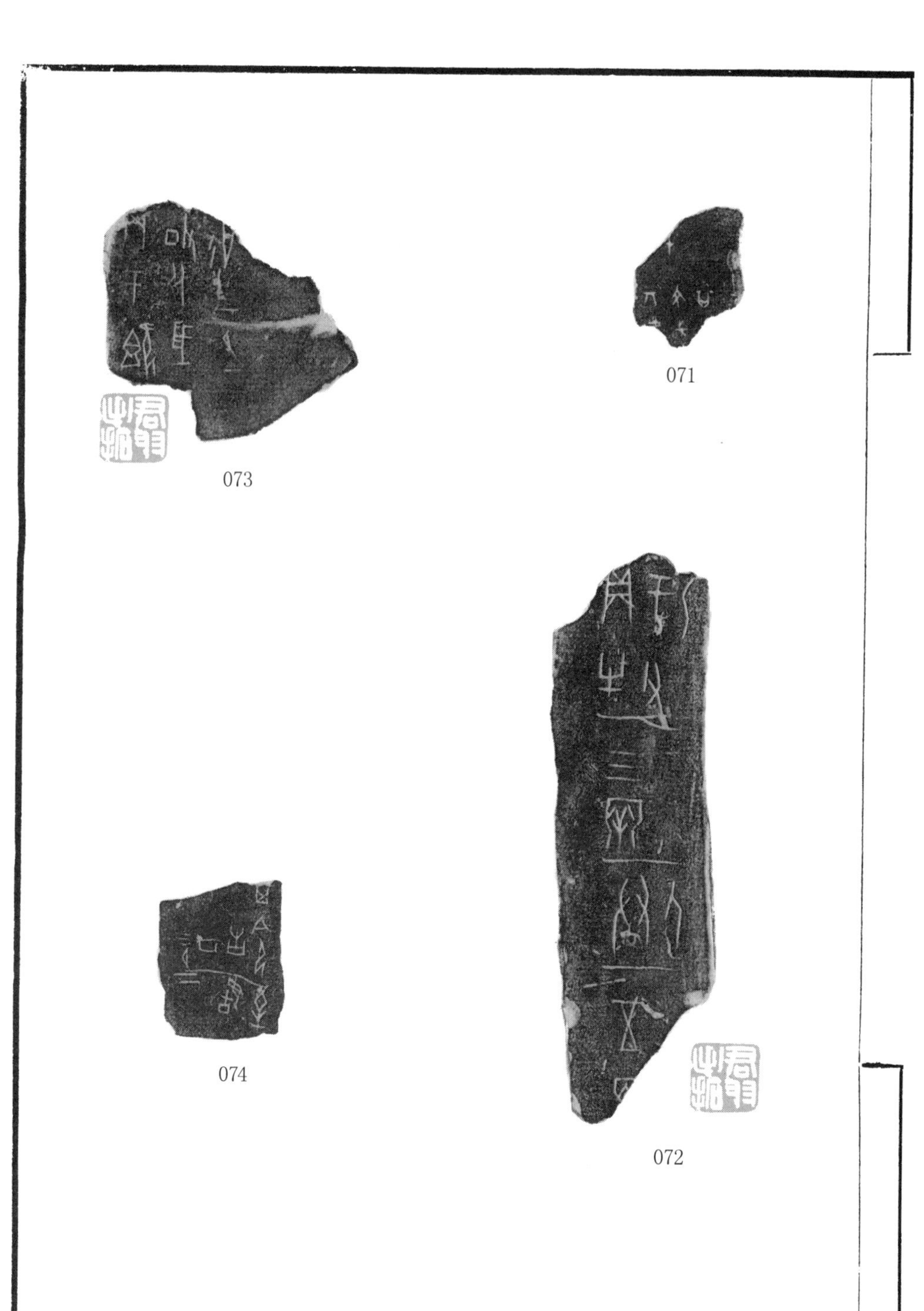
073 071 074 072

殷虛書契四編

075

077

076

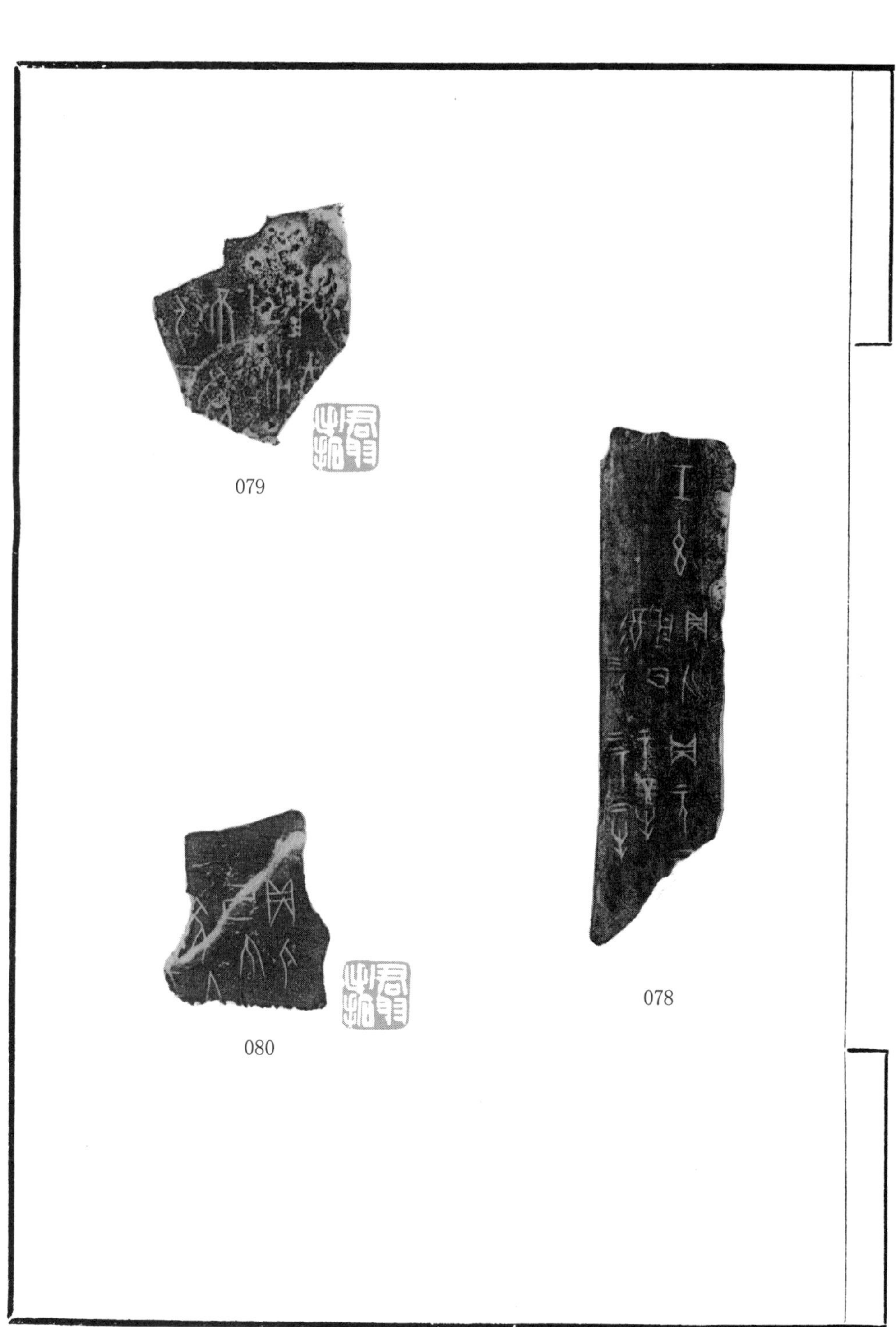

079

080

078

殷虚書契四編

081

082

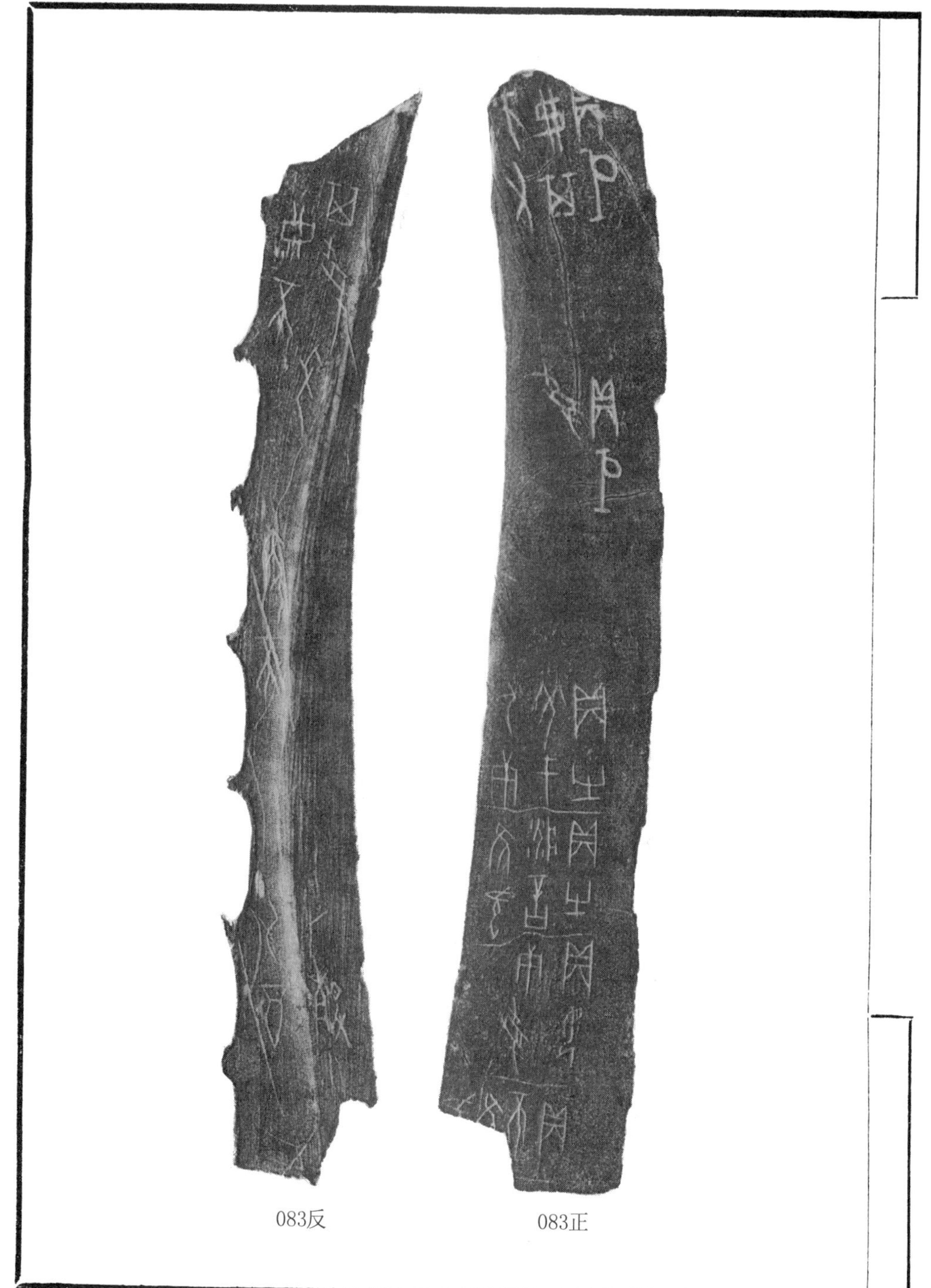

083反　083正

殷虚書契四編

086

084

087

085

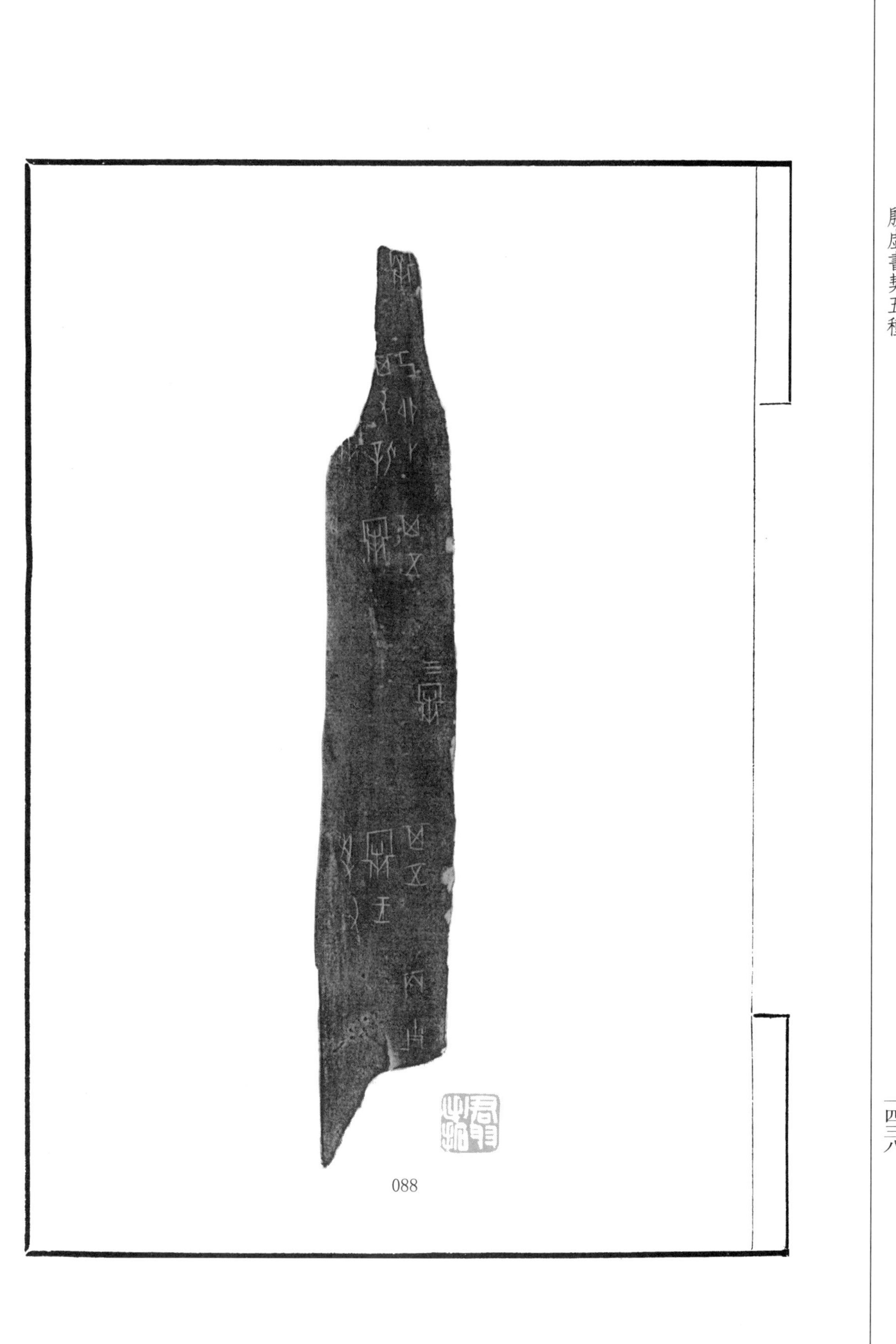

088

089反

089正

090

093

091

094

092

殷虛書契四編

097

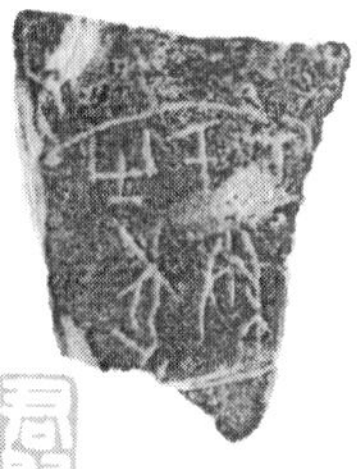

095

098

096

099

101

100

殷虚書契四編

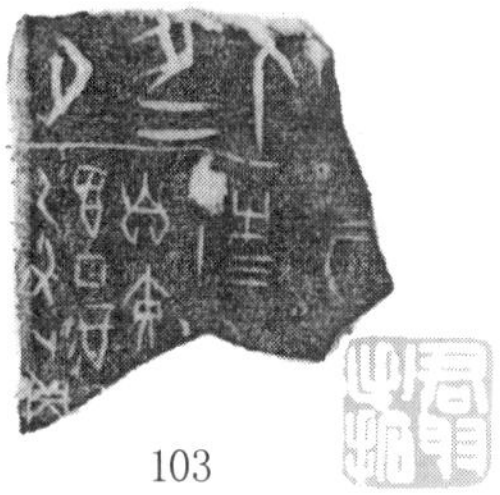

103

102

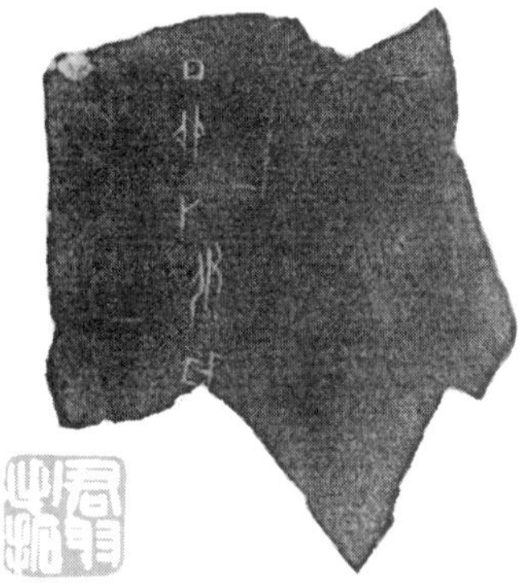

104

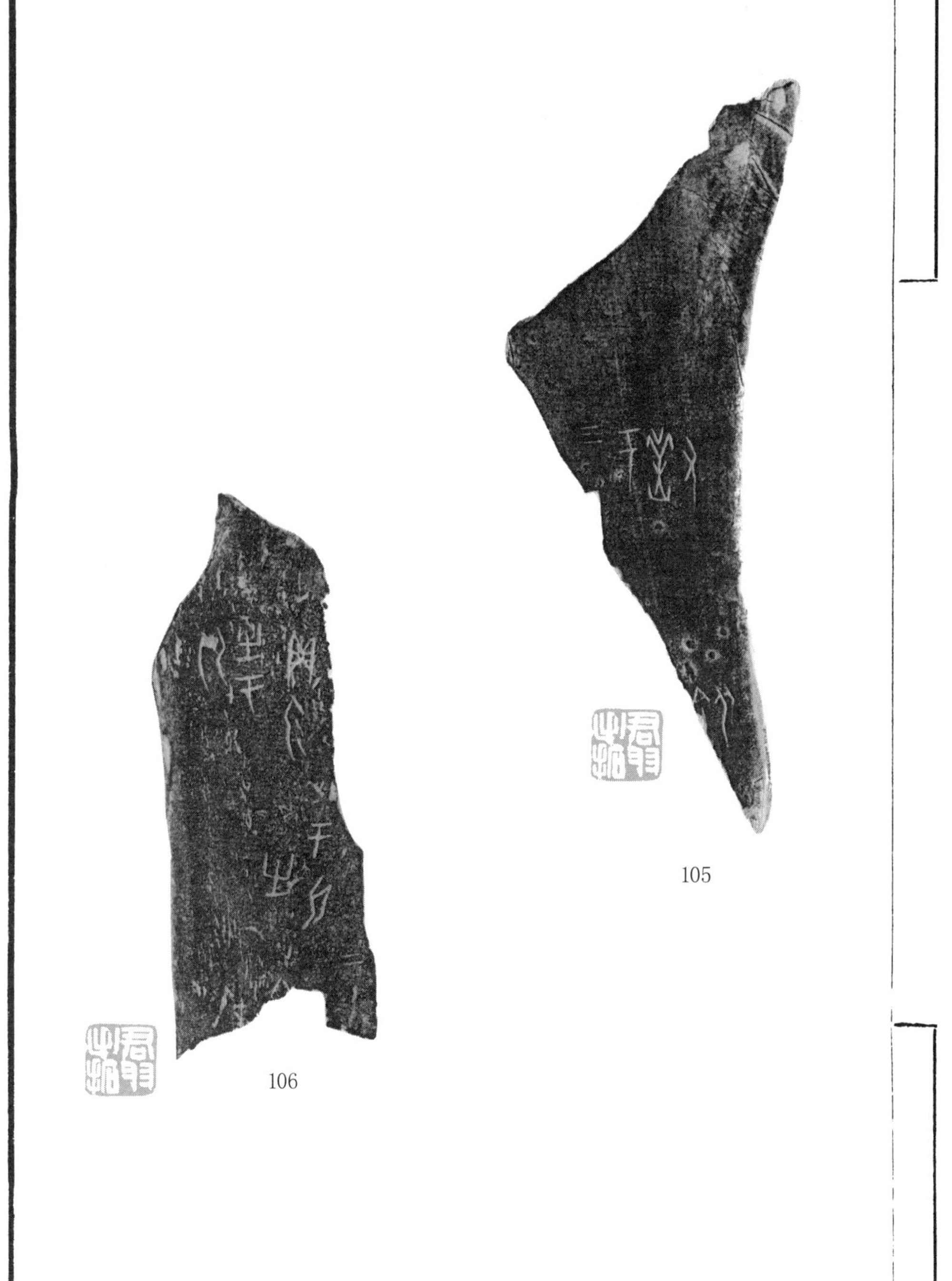

105

106

107

108

110

111

109

殷虚書契四編

114

112

115

113

117

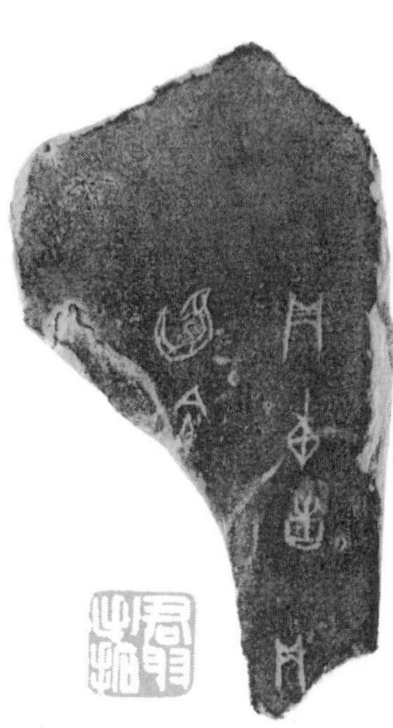

116

118正

118反

120

122

121

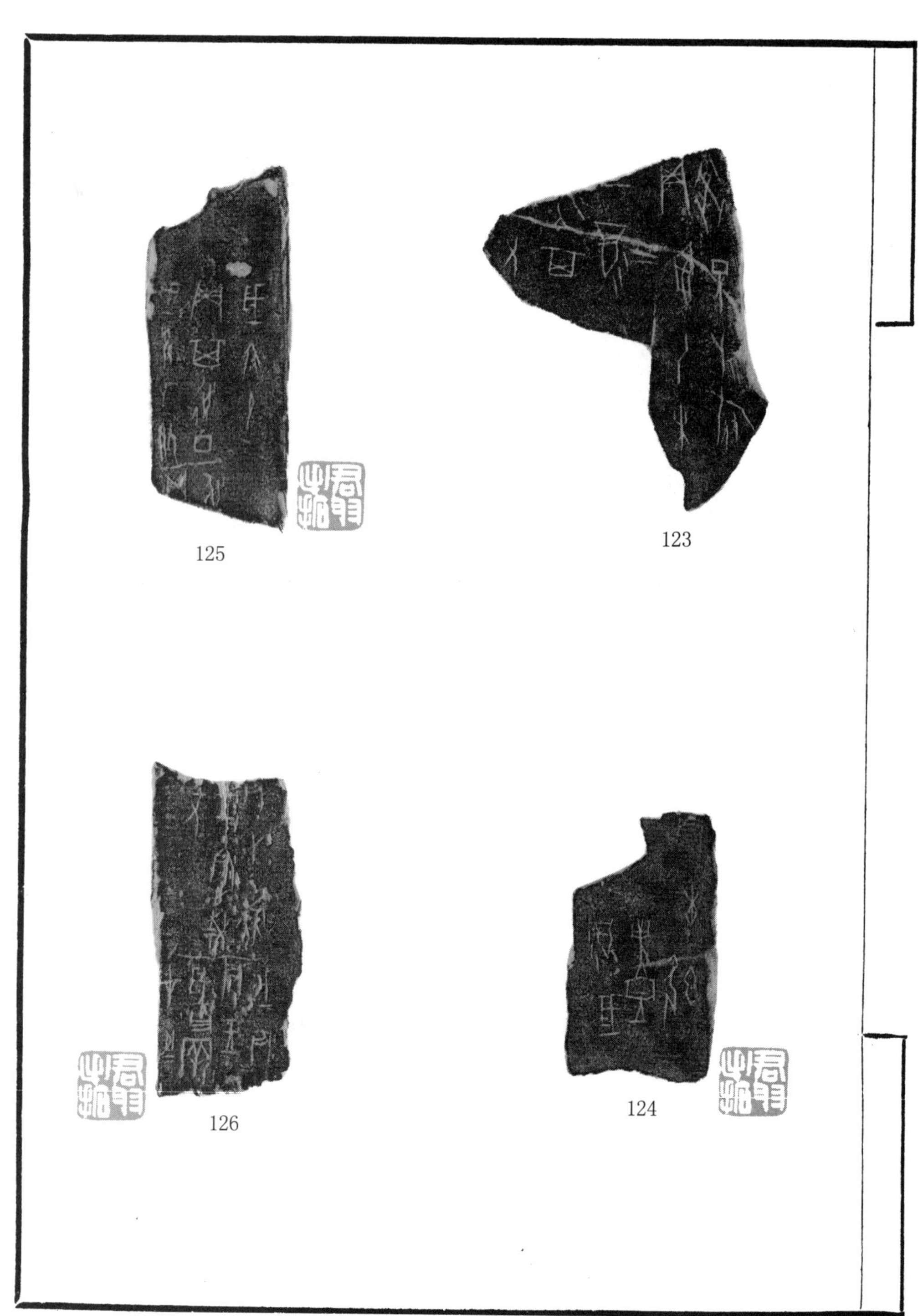
125 123 126 124

殷虛書契四編

129

127

130

128

131

132

殷虚書契四編

133

134

137

135

138

136

殷虚書契四編

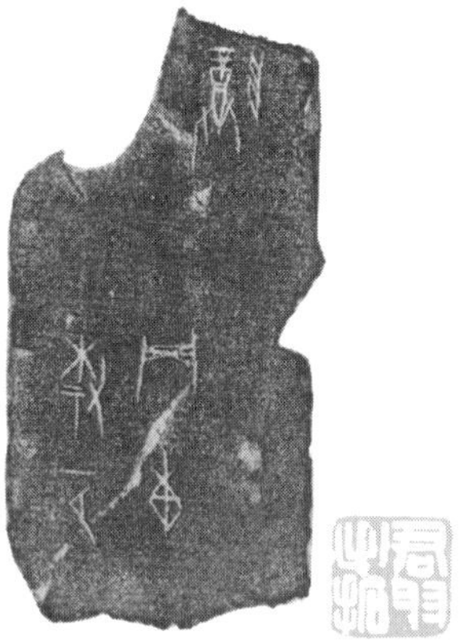

139

141

140

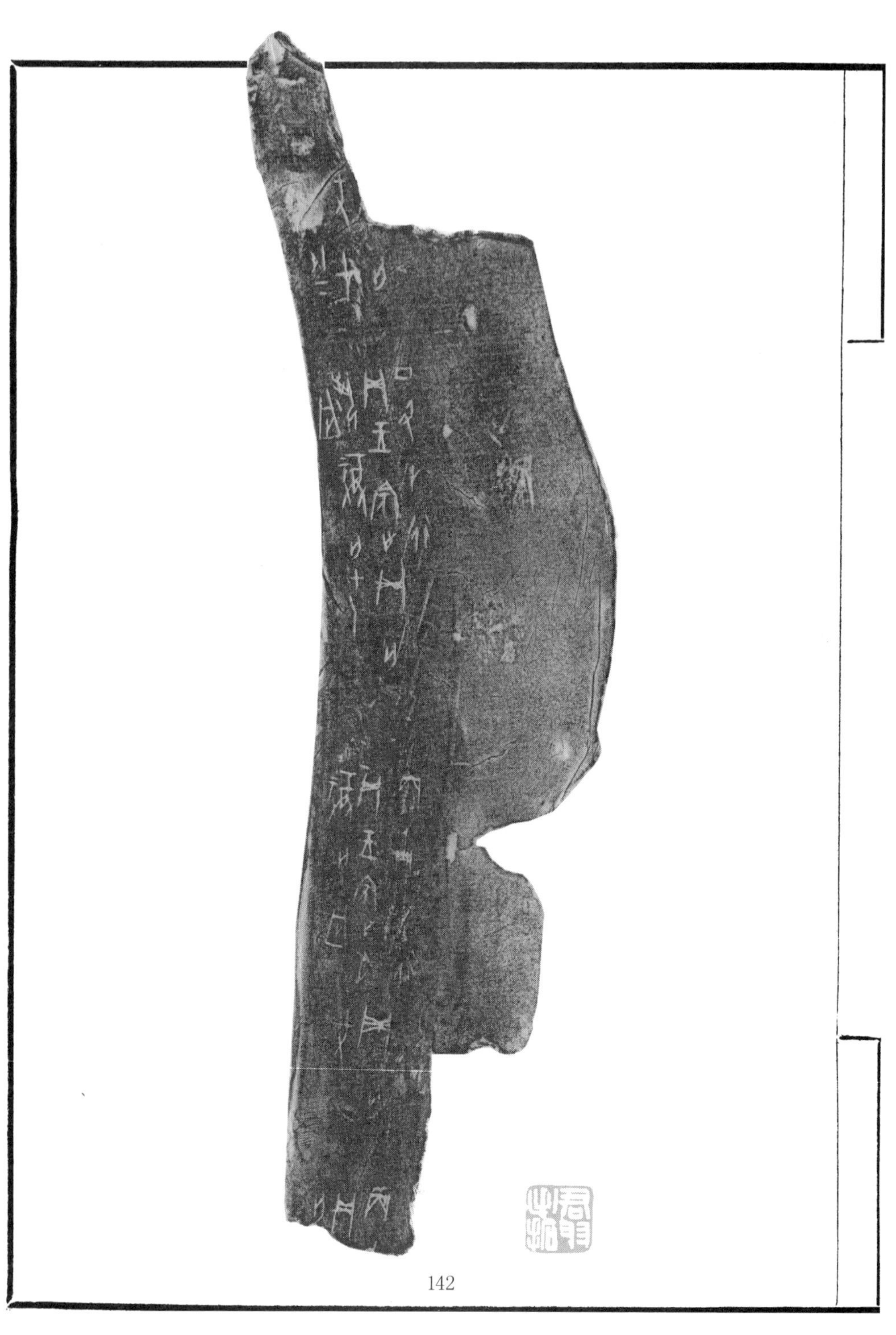

142

殷虚書契四編

145

143

146

144

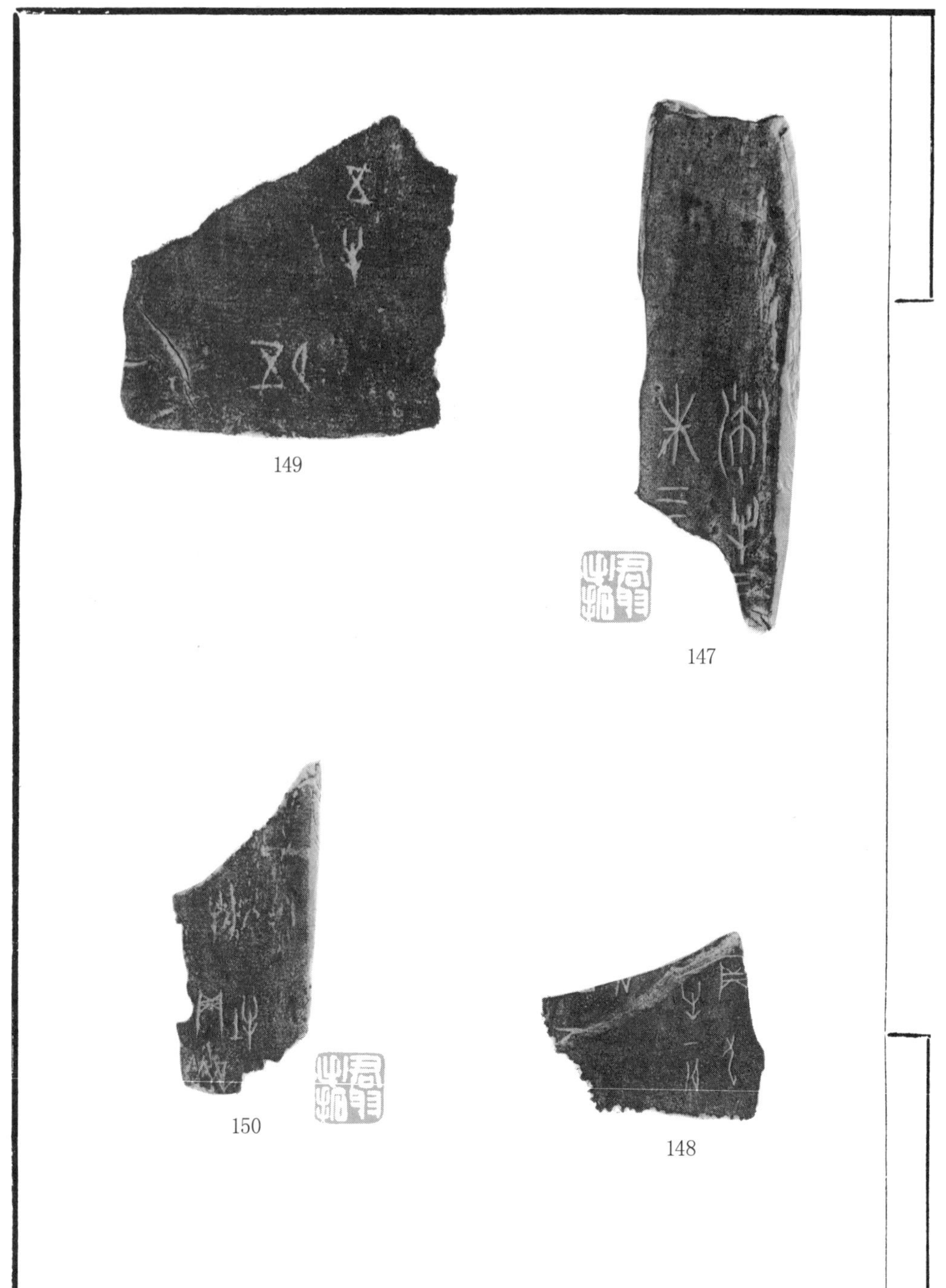

149

147

150

148

殷虚書契四編

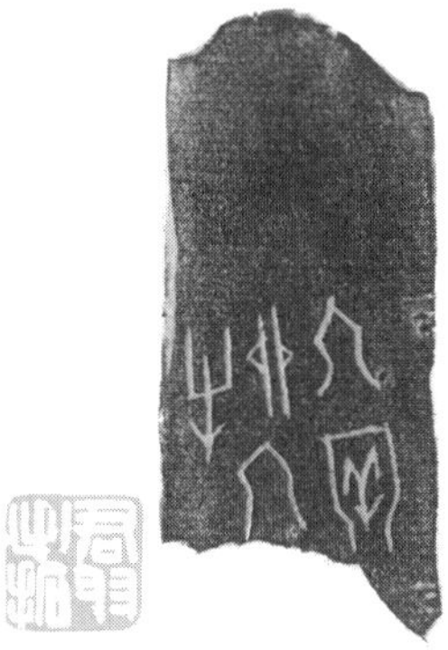

152

151

153

154

155

殷虛書契四編

158

156

159

157

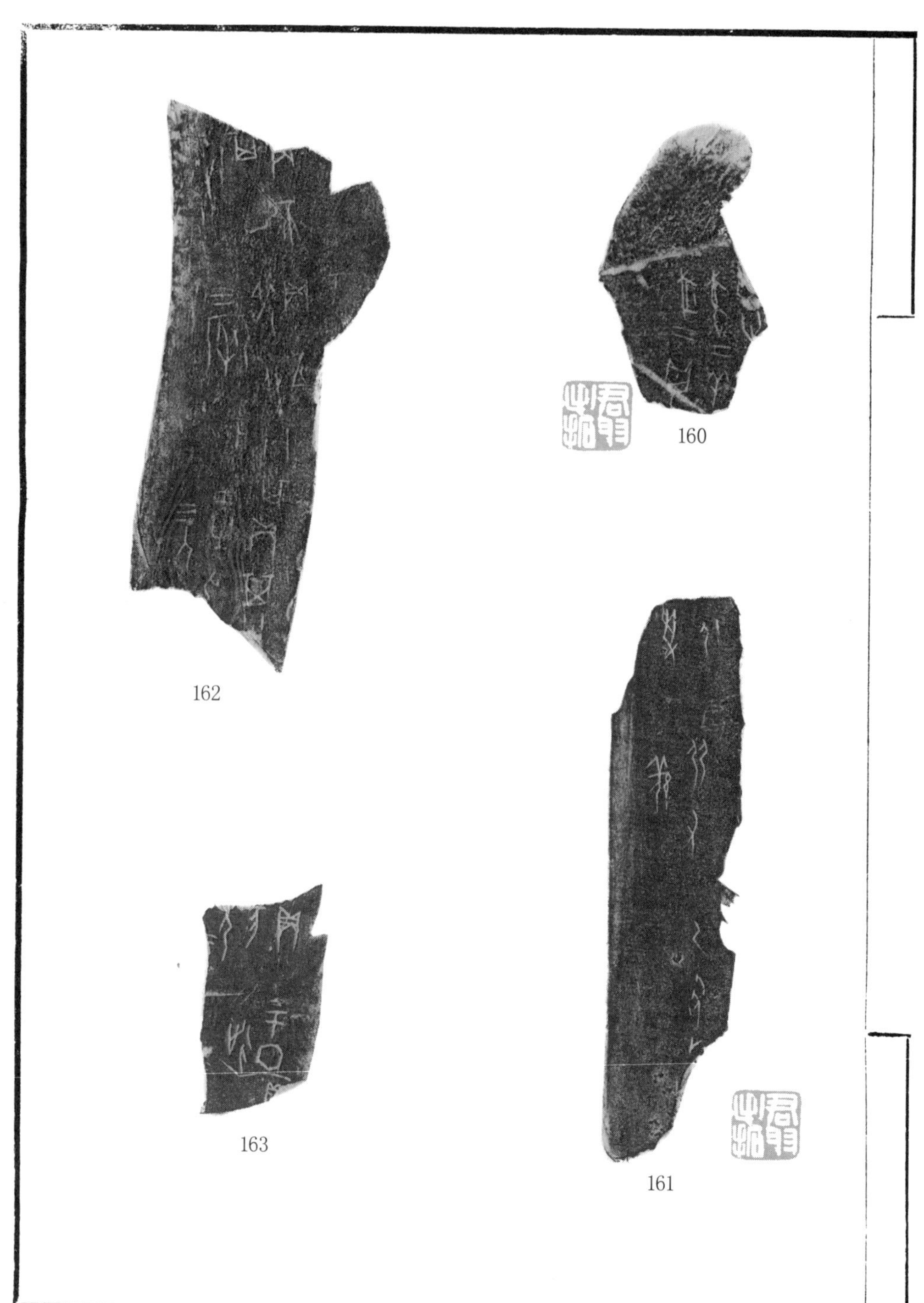

160

162

163

161

164

166

165

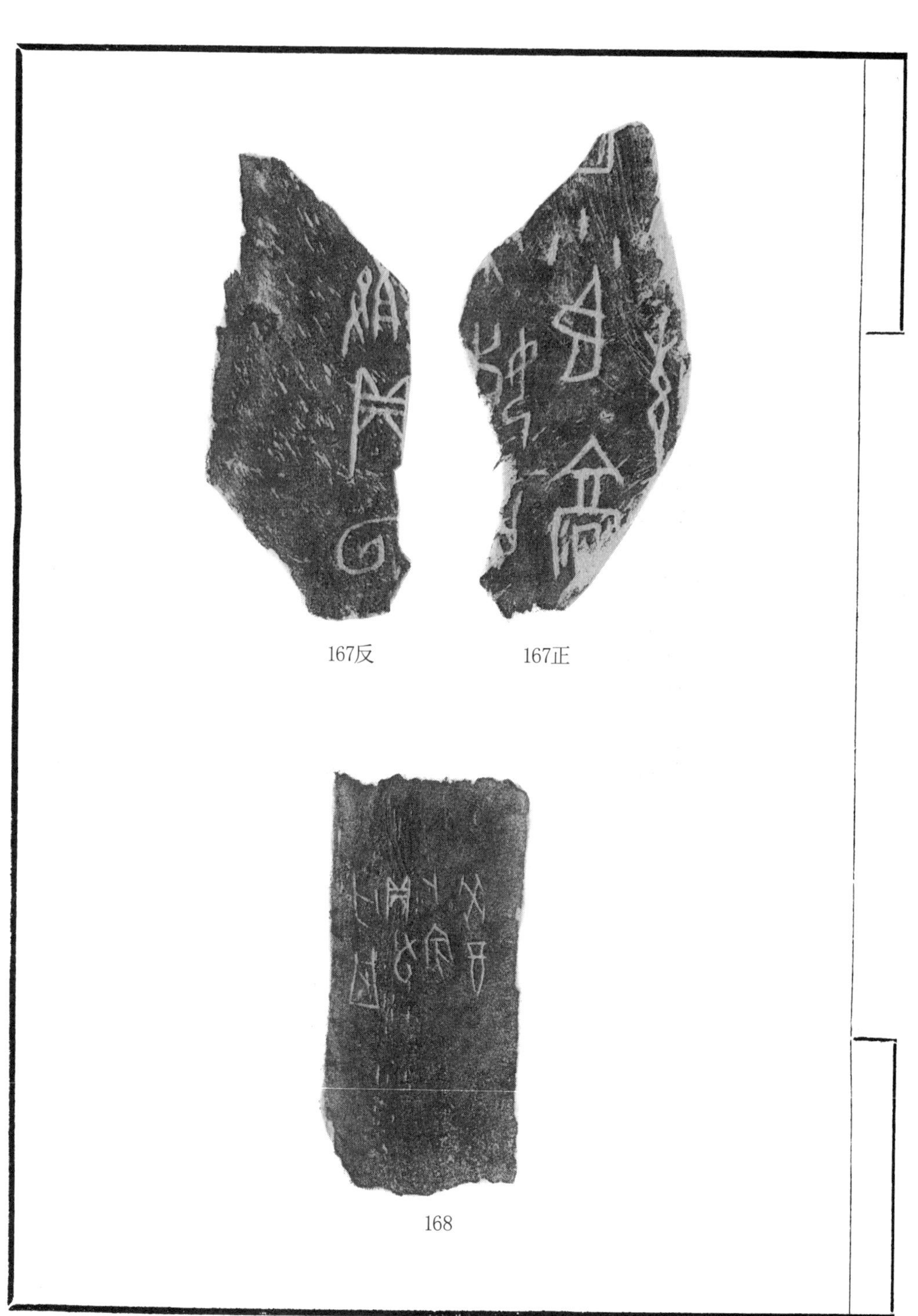

167反　167正

168

殷虛書契四編

170

169

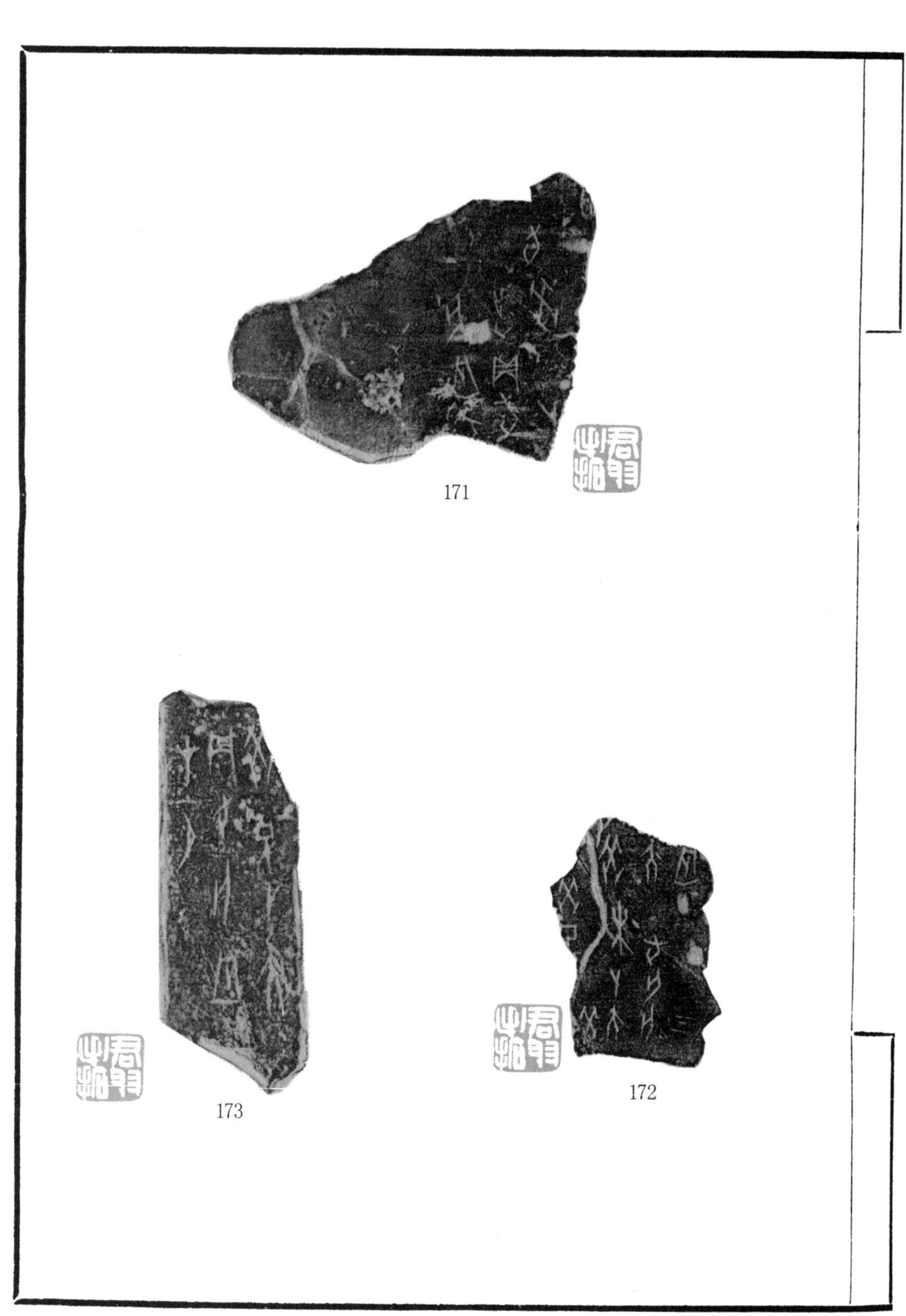

171

172

173

殷虛書契四編

175

174

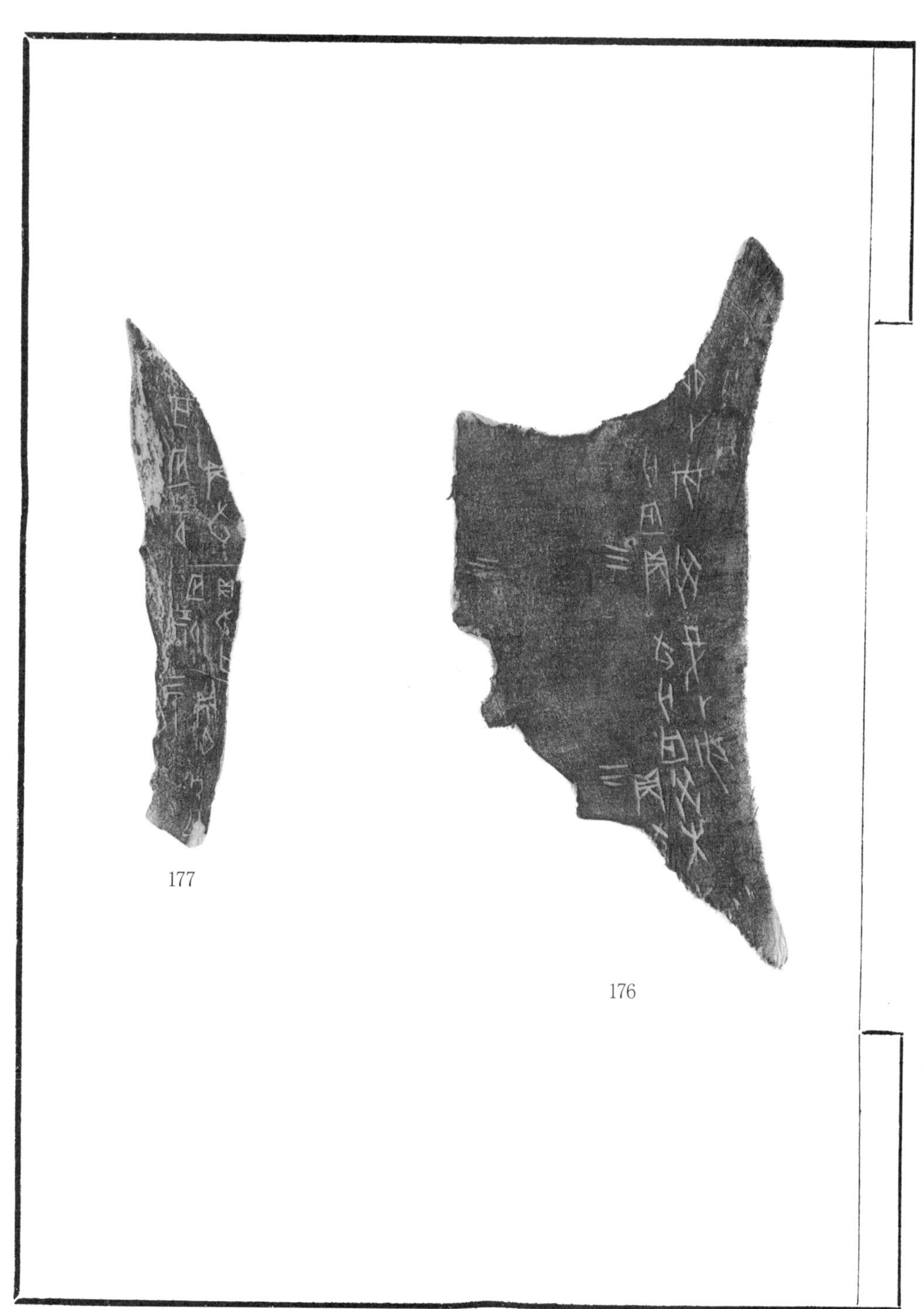

177

176

殷虛書契四編

179

178

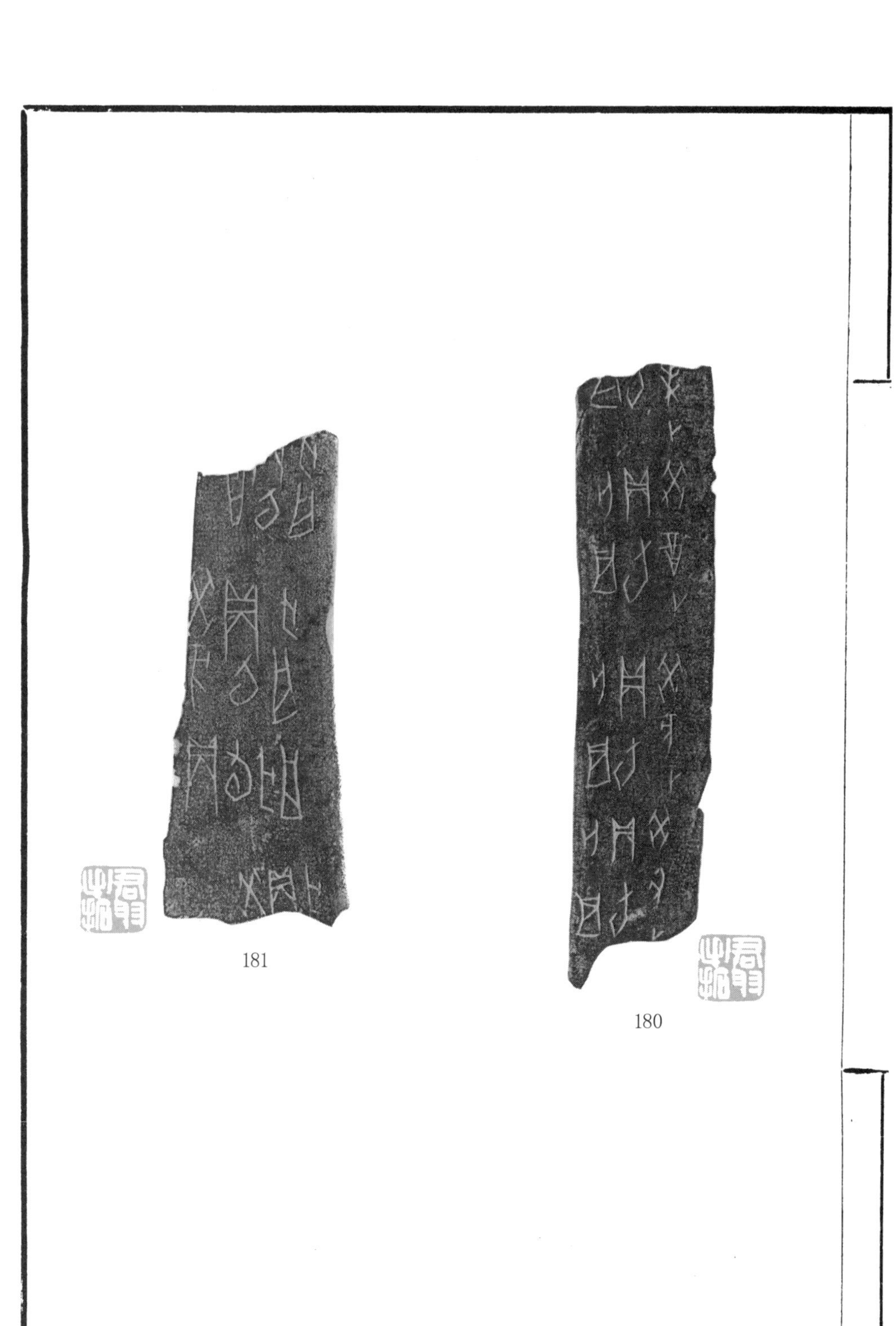

181

180

殷虚書契四編

182

184

183

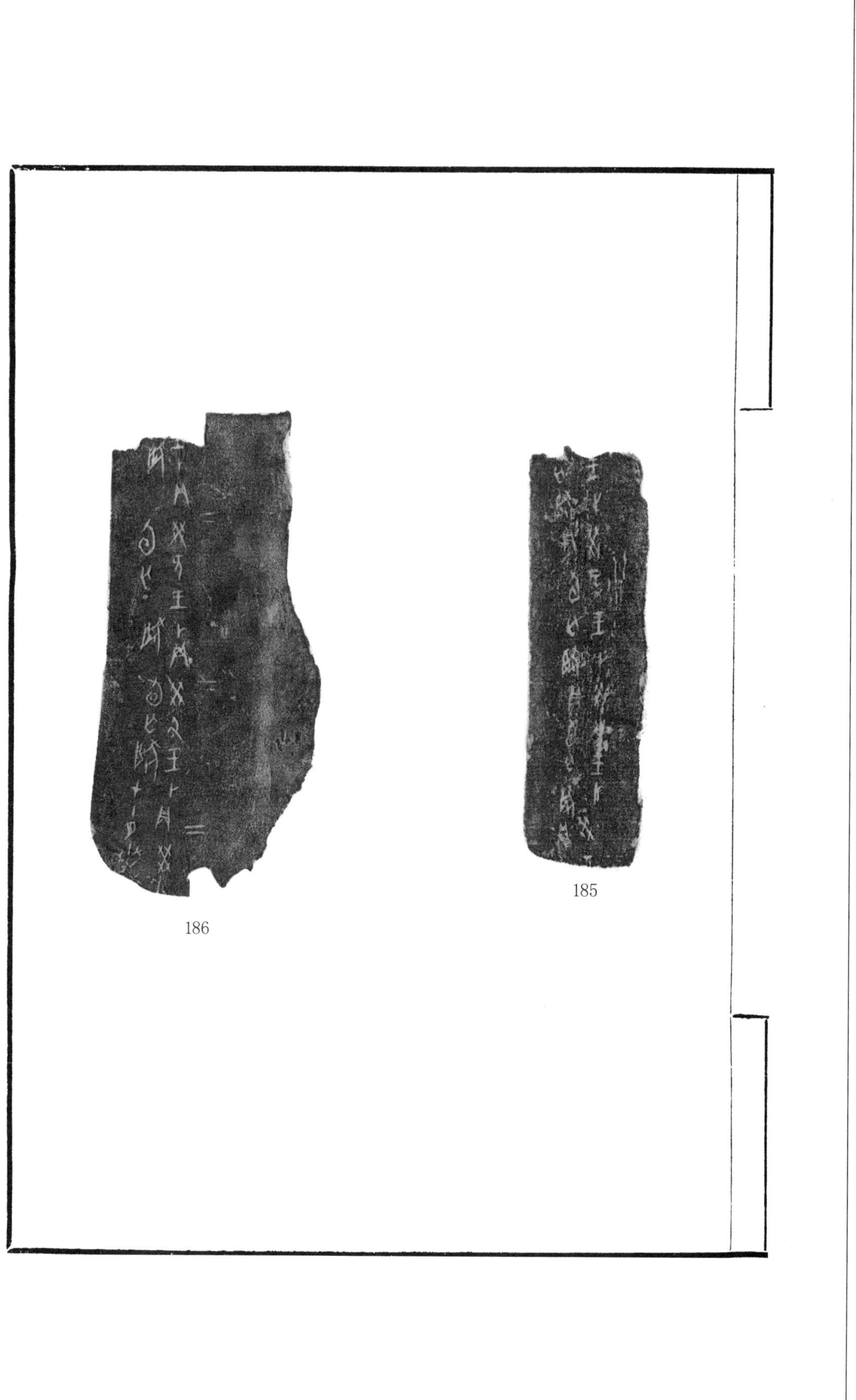

186

185

殷虚書契四編

188

187

189

191

190

193

194

192

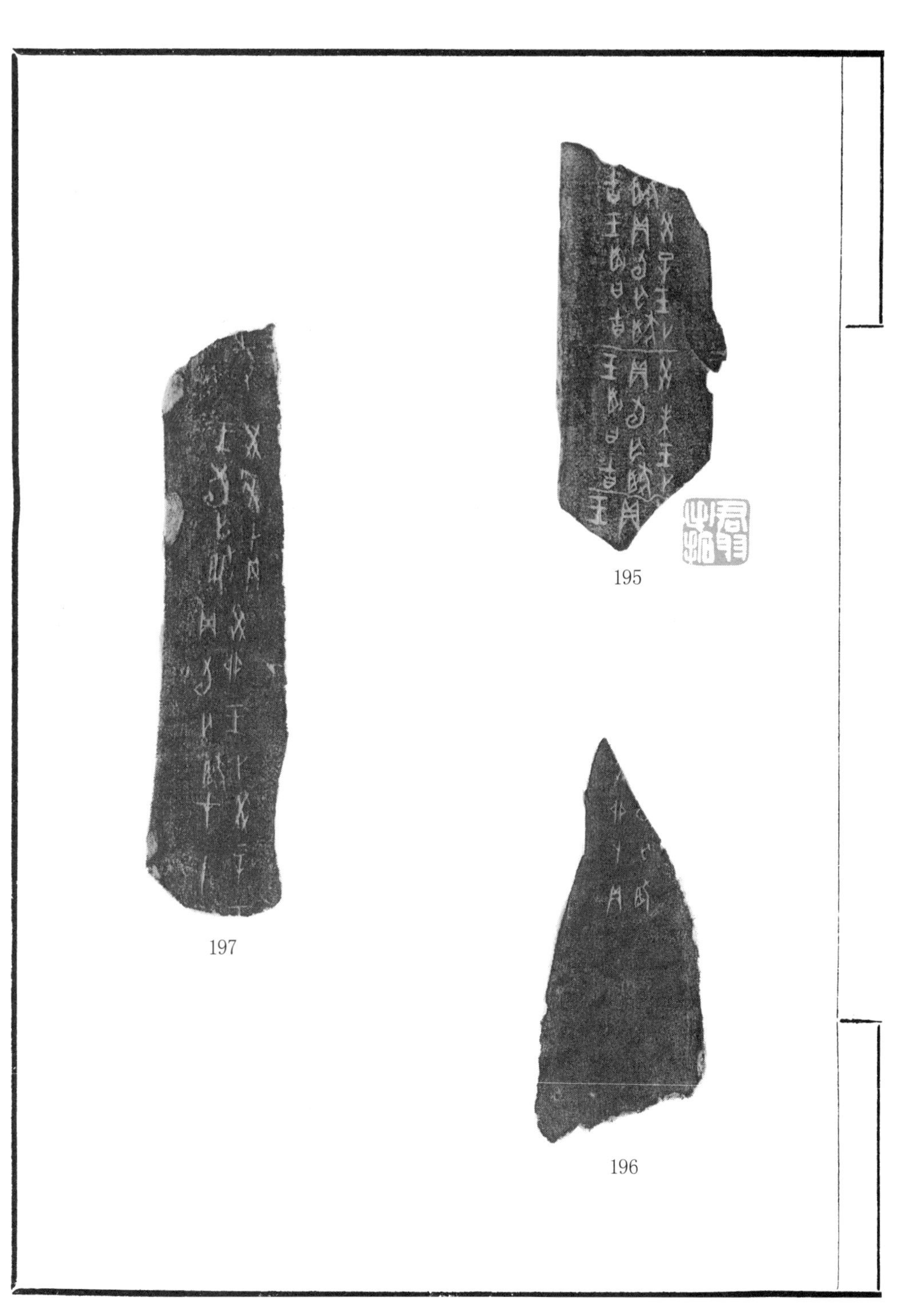
195
197
196

殷虚書契四編

200

198

201

199

202

殷虚書契四編

204

203

205

208

206

209

207

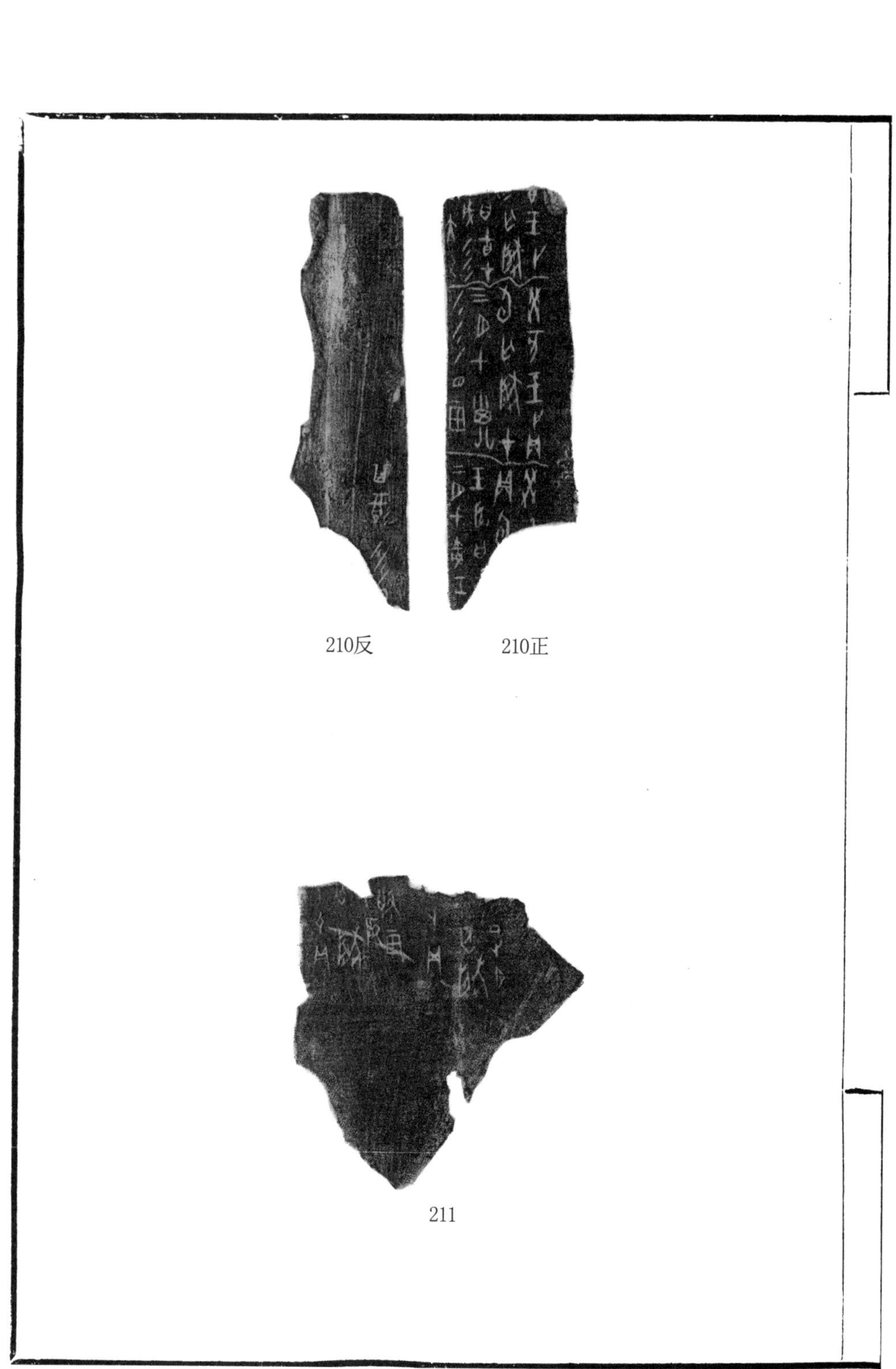

210反　210正

211

殷虚書契四編

212

213

215

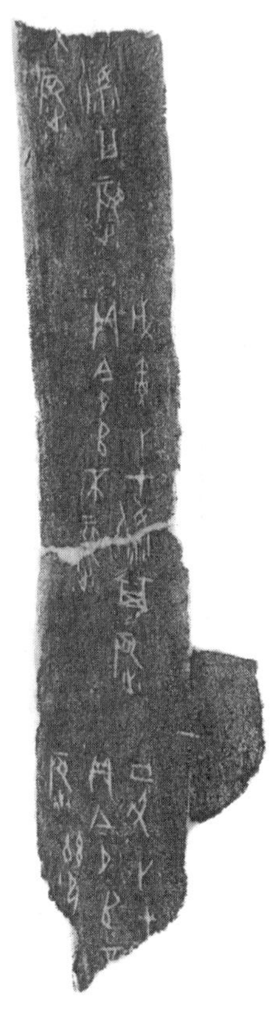

214

219

217

220

218

223

221

222

226

224

227

225

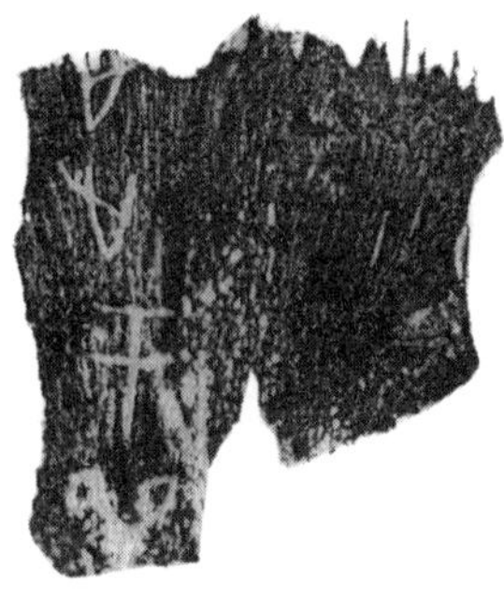

228反

228正

229反

229正

230

232

231

235

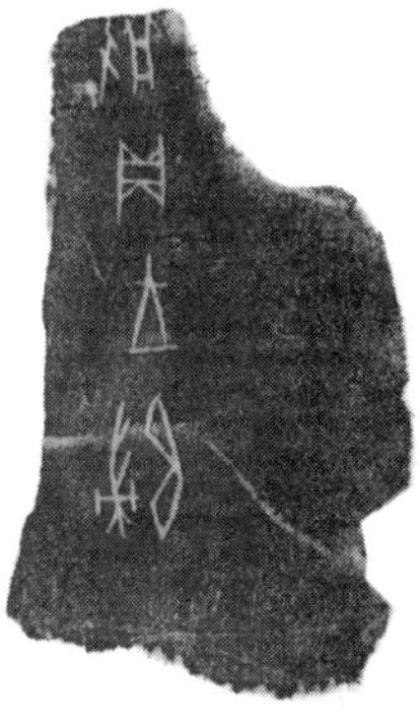

233

236

234

237

238

239正

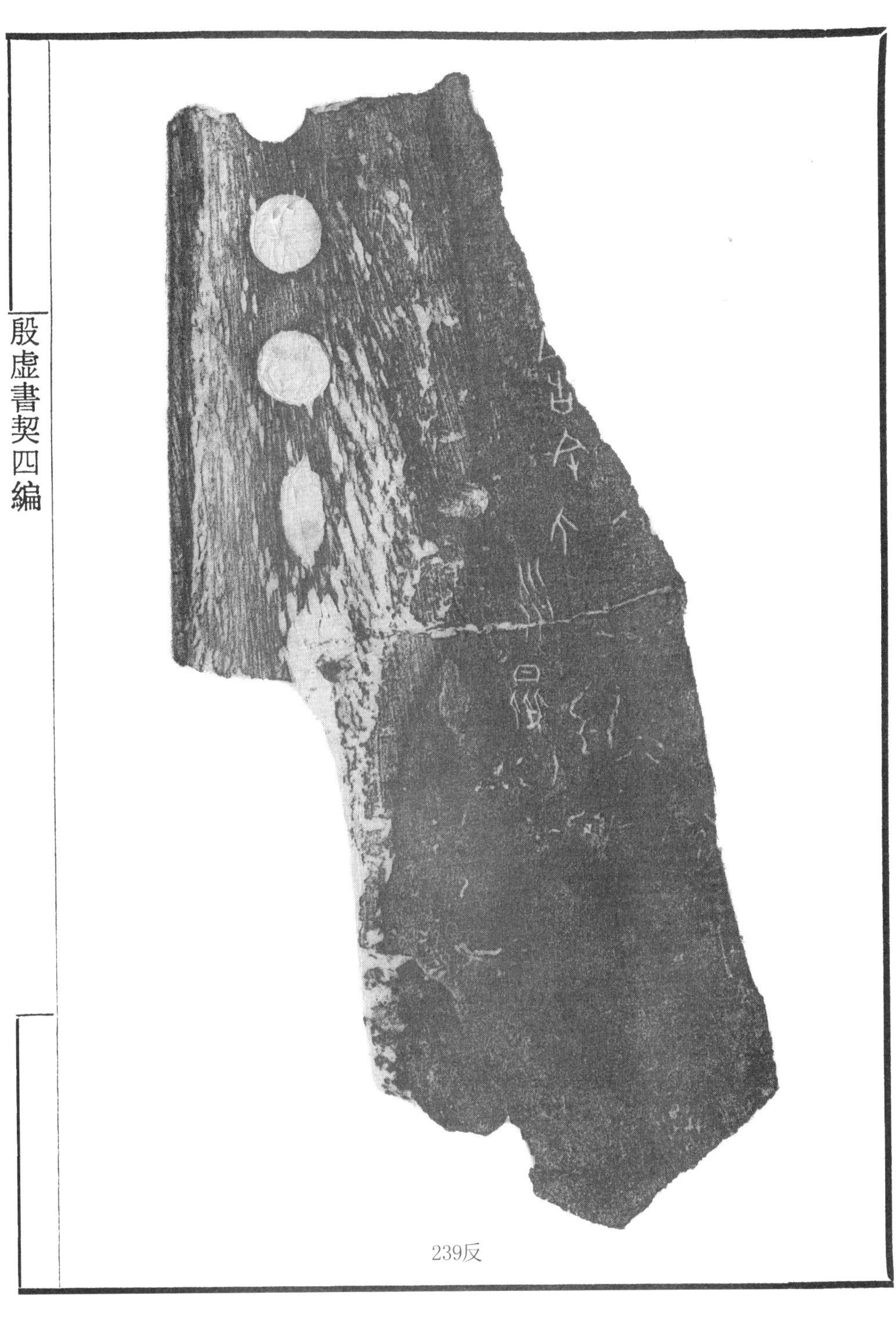

殷虚書契四編

239反

殷虚書契四編卷下

240

243

244

241

242

羅福頤

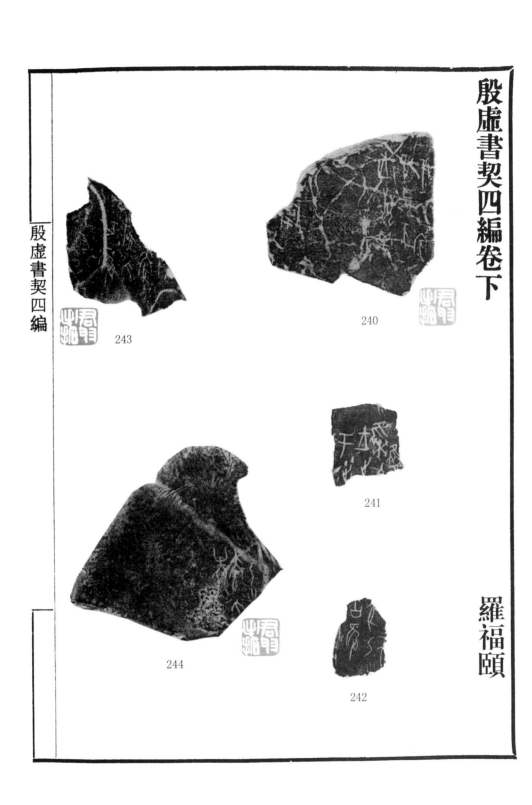

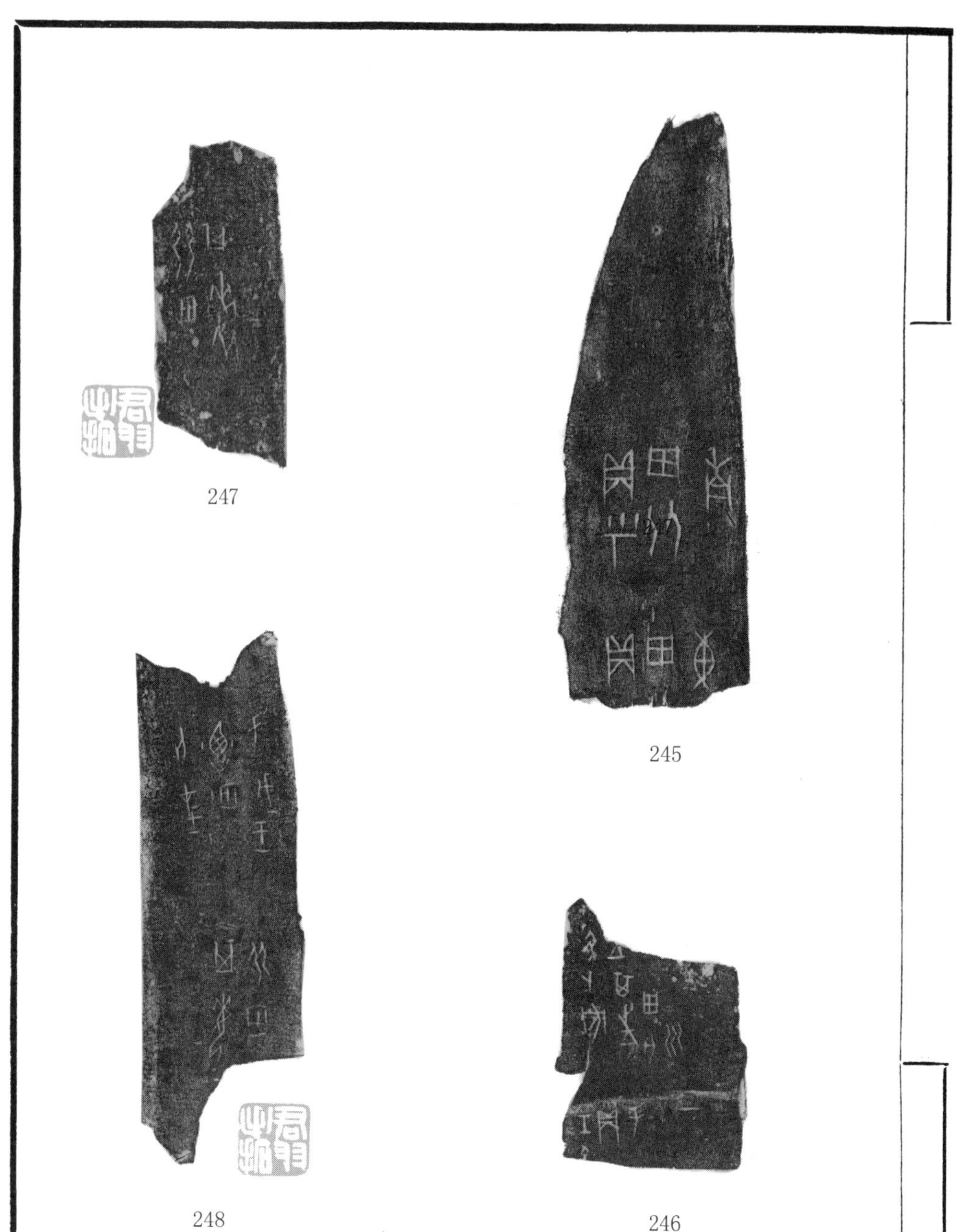
247
245
248
246

殷虛書契四編

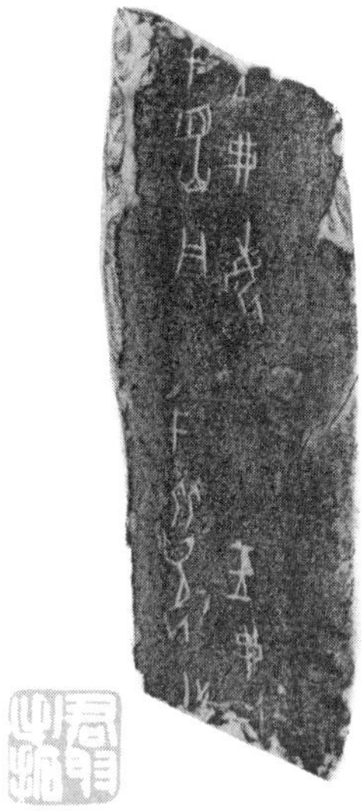

251

249

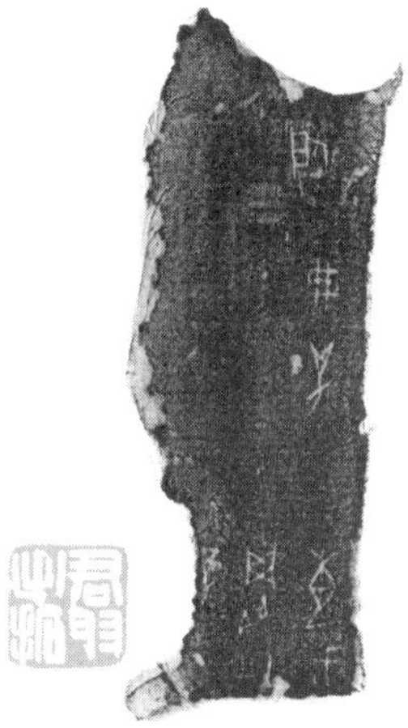

250

253

252

255

254

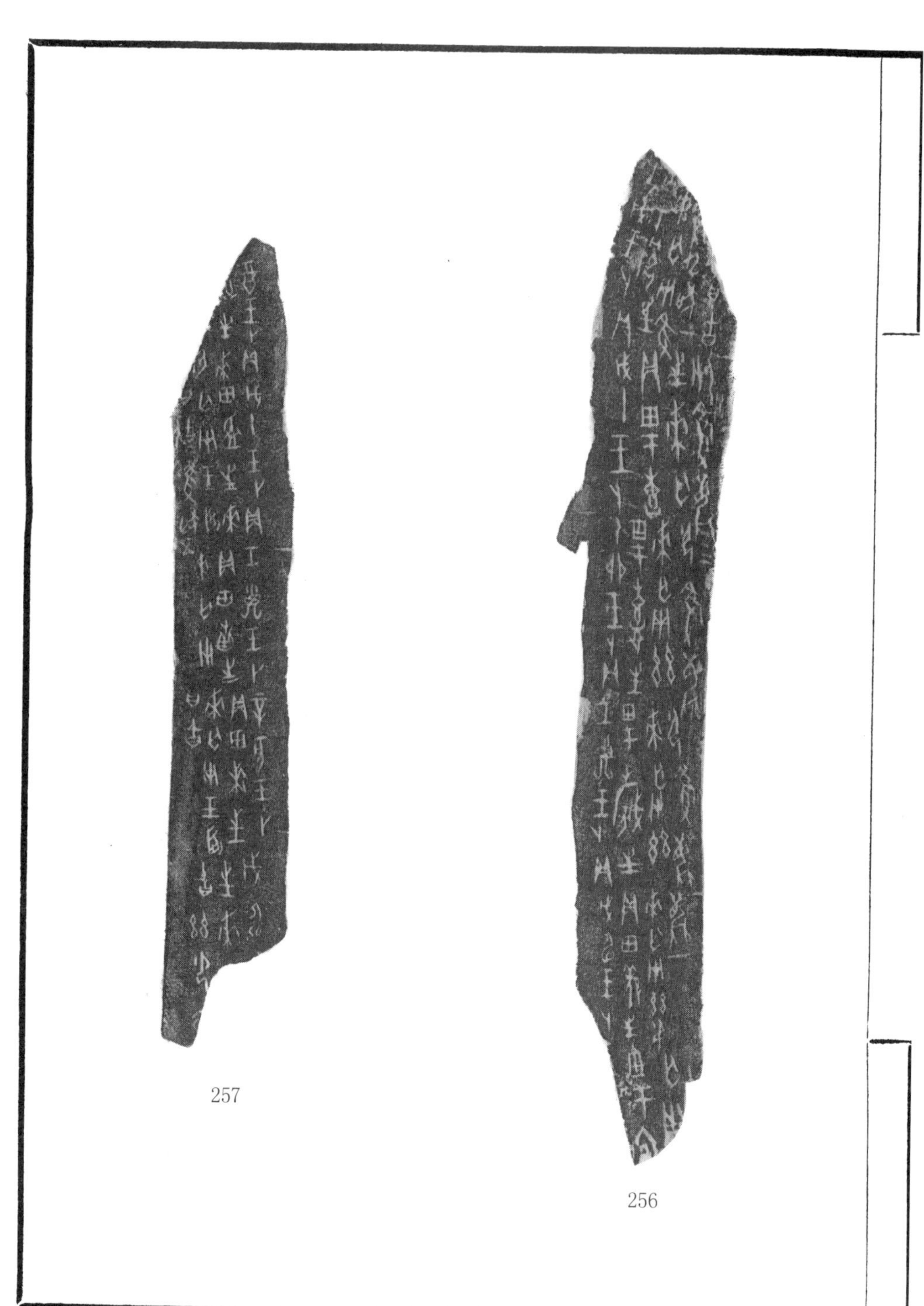

257

256

殷虚書契四編

258

260

259

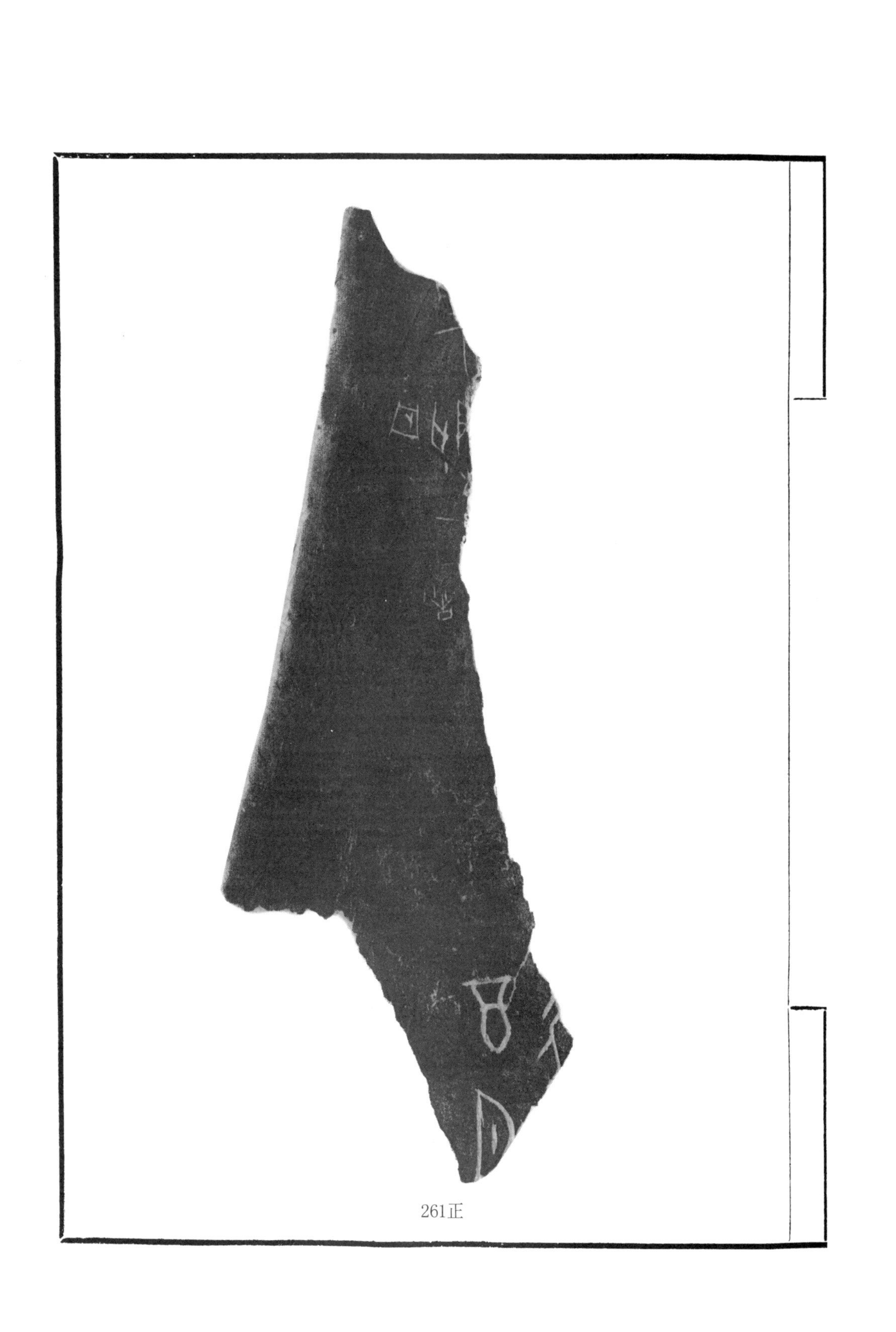

261正

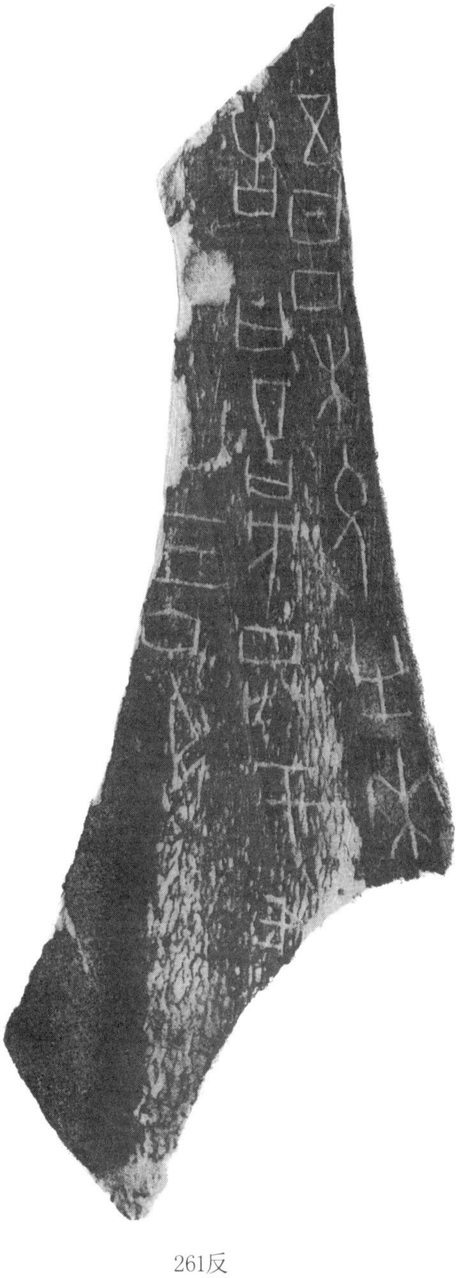

261反

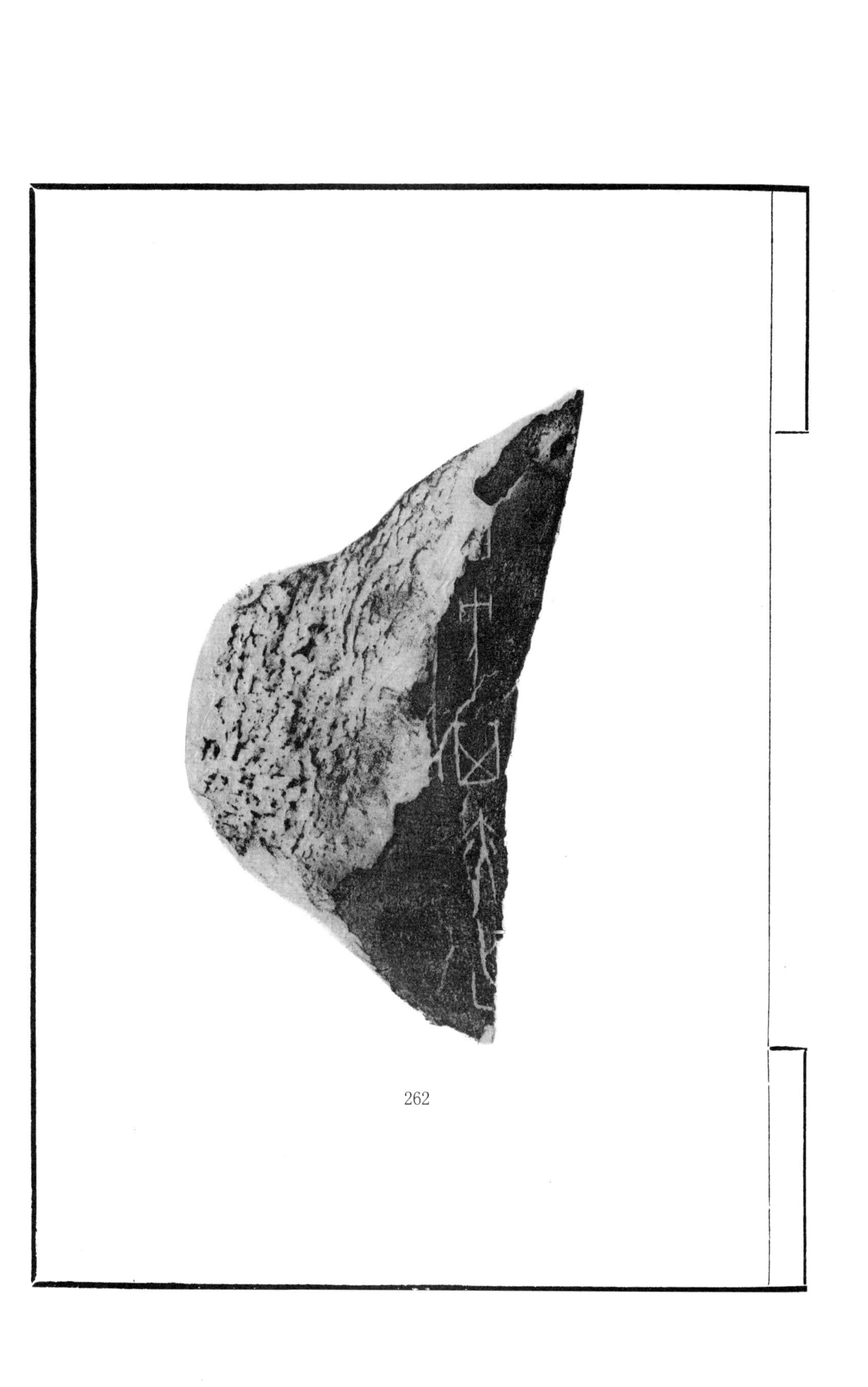

262

264

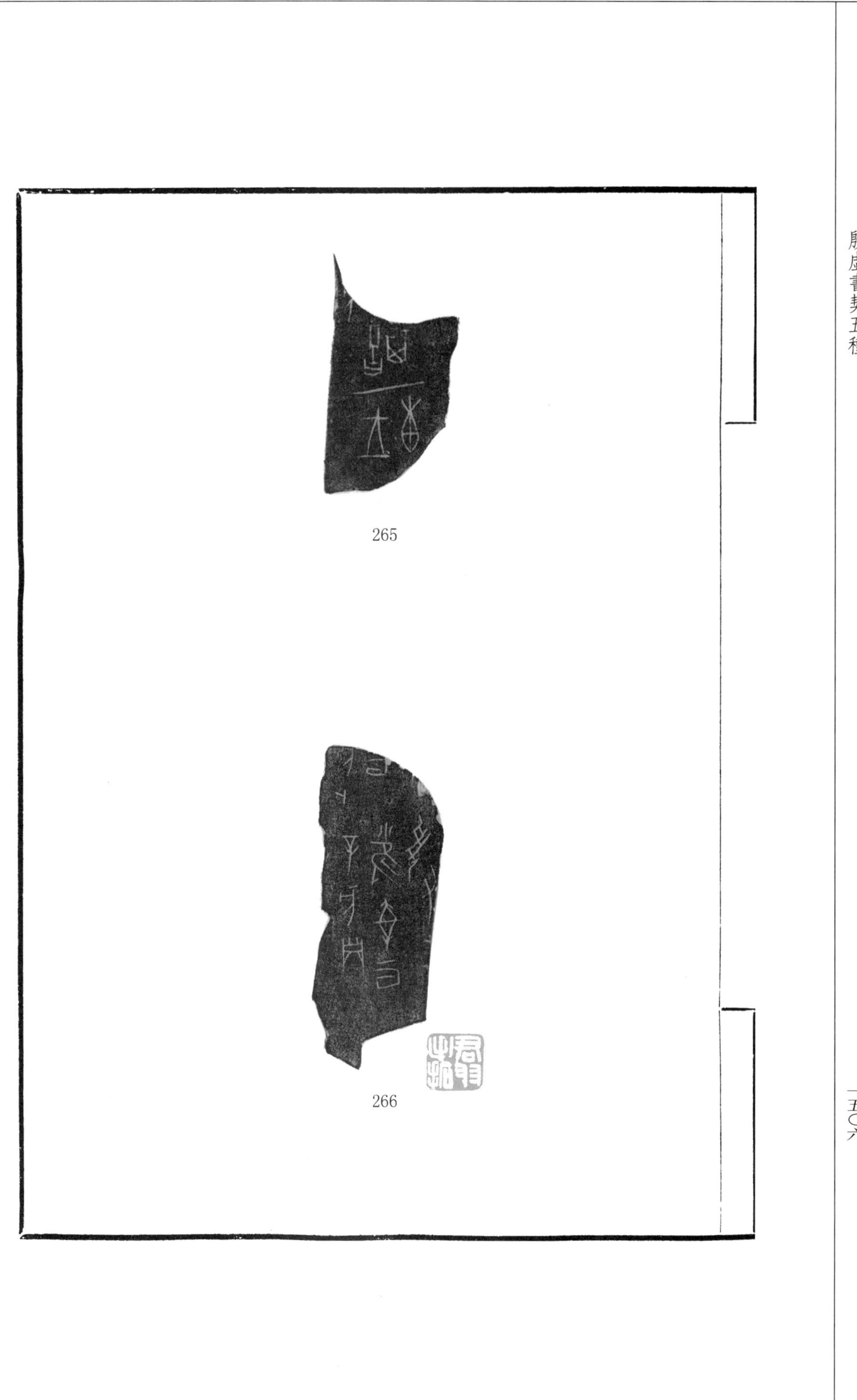

265

266

267

268

殷虚書契四編

270

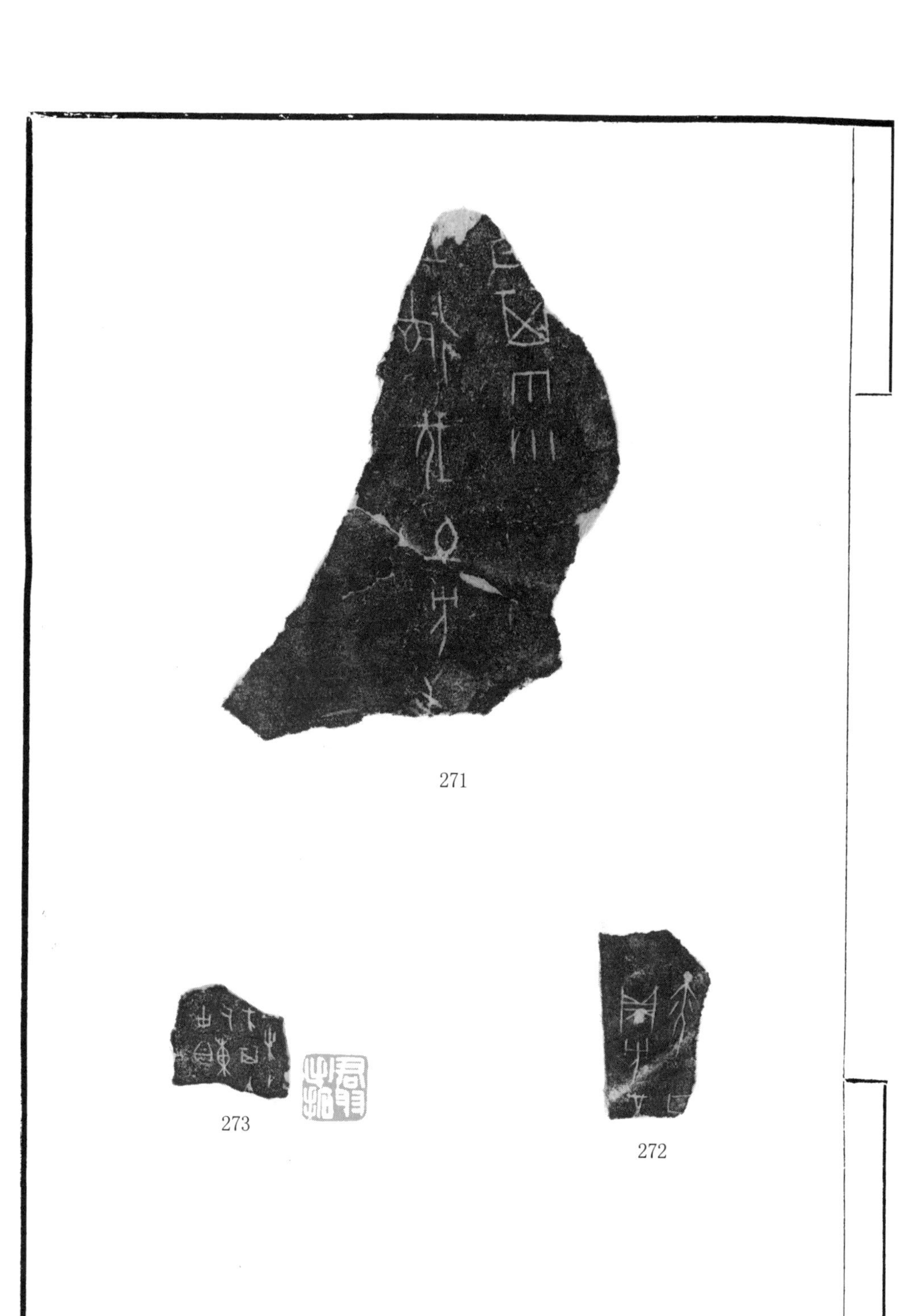
271
273
272

殷虚書契四編

276

274

277

275

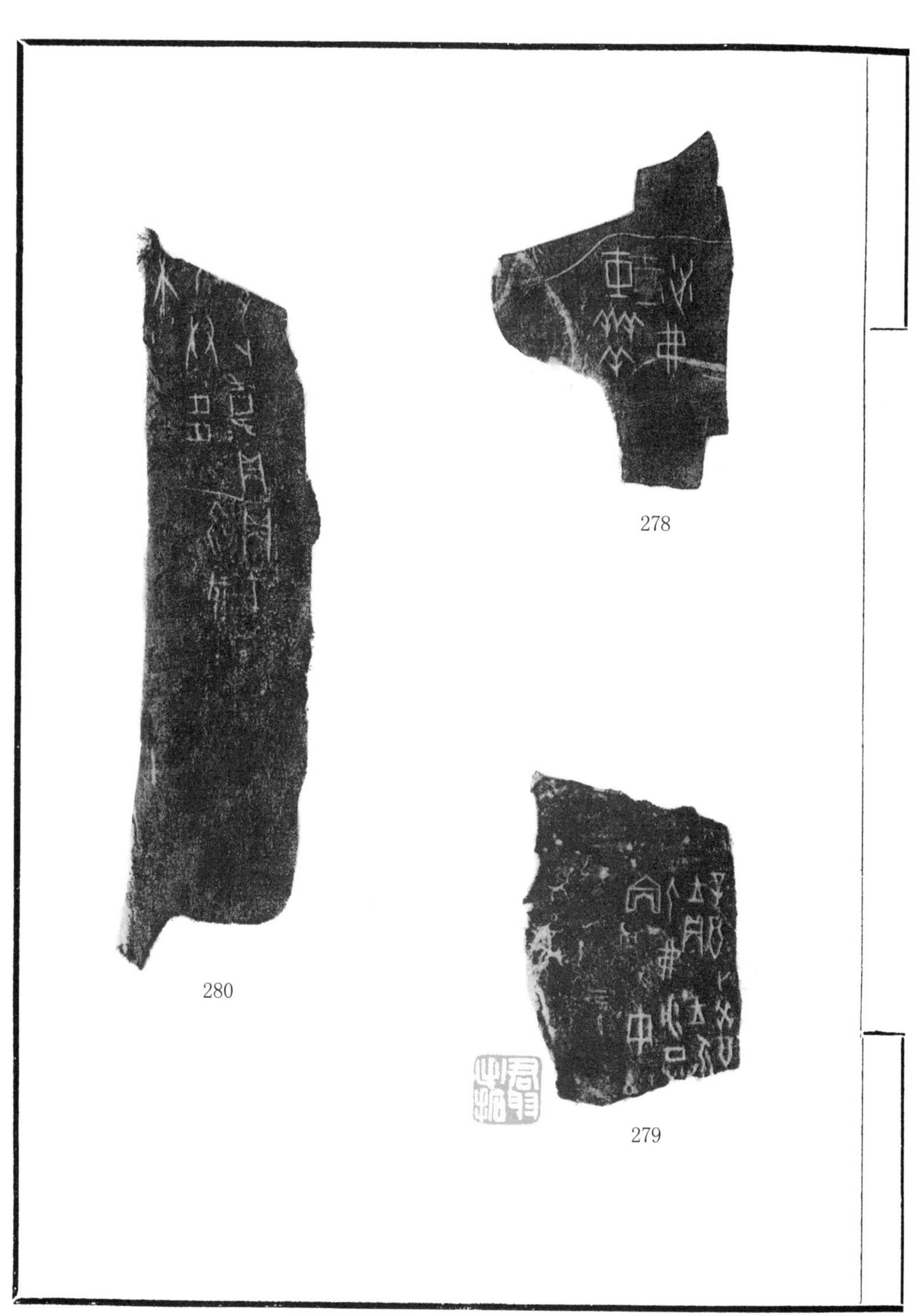

278

280

279

殷虚書契四編

281

282

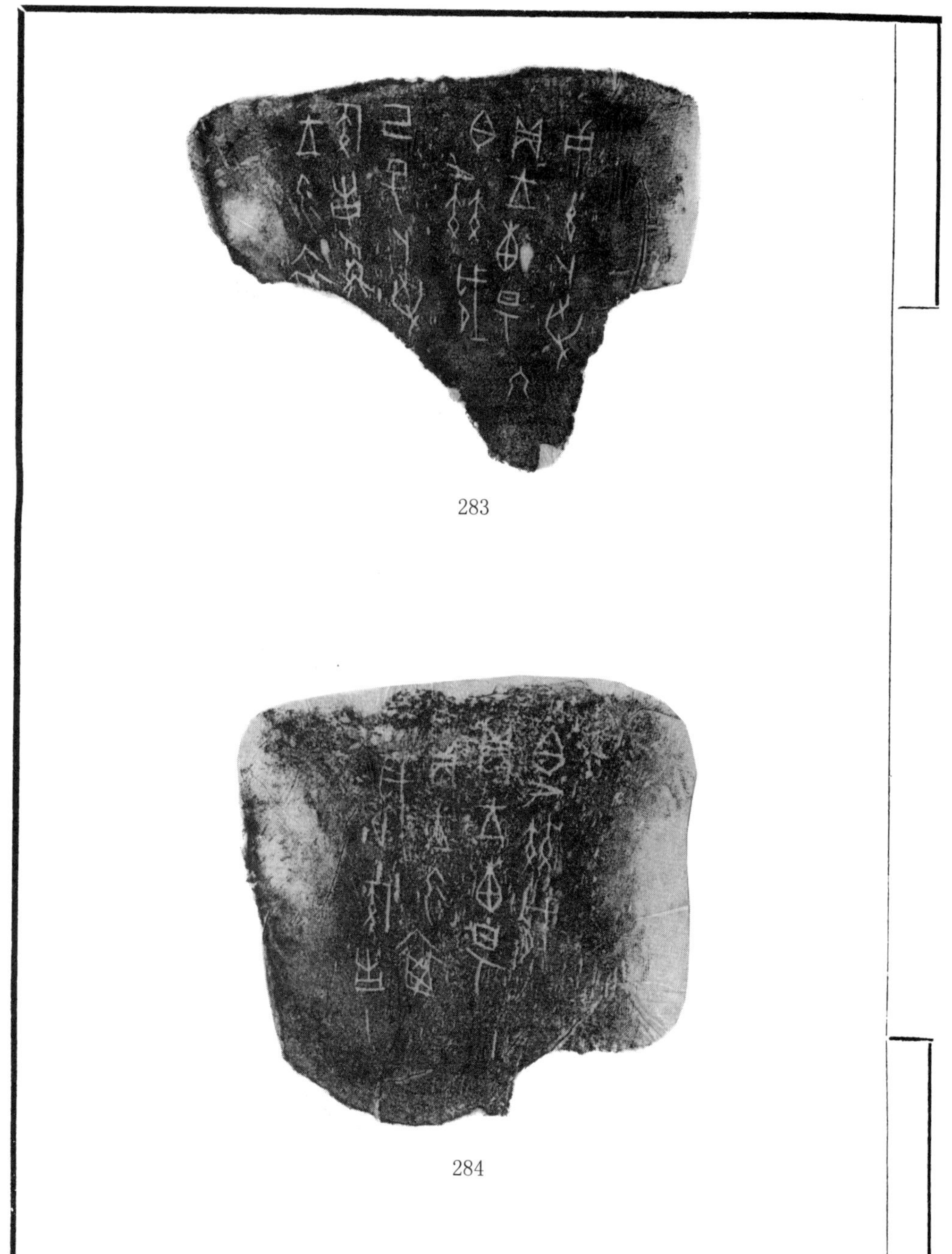

283

284

殷虚書契四編

286

285

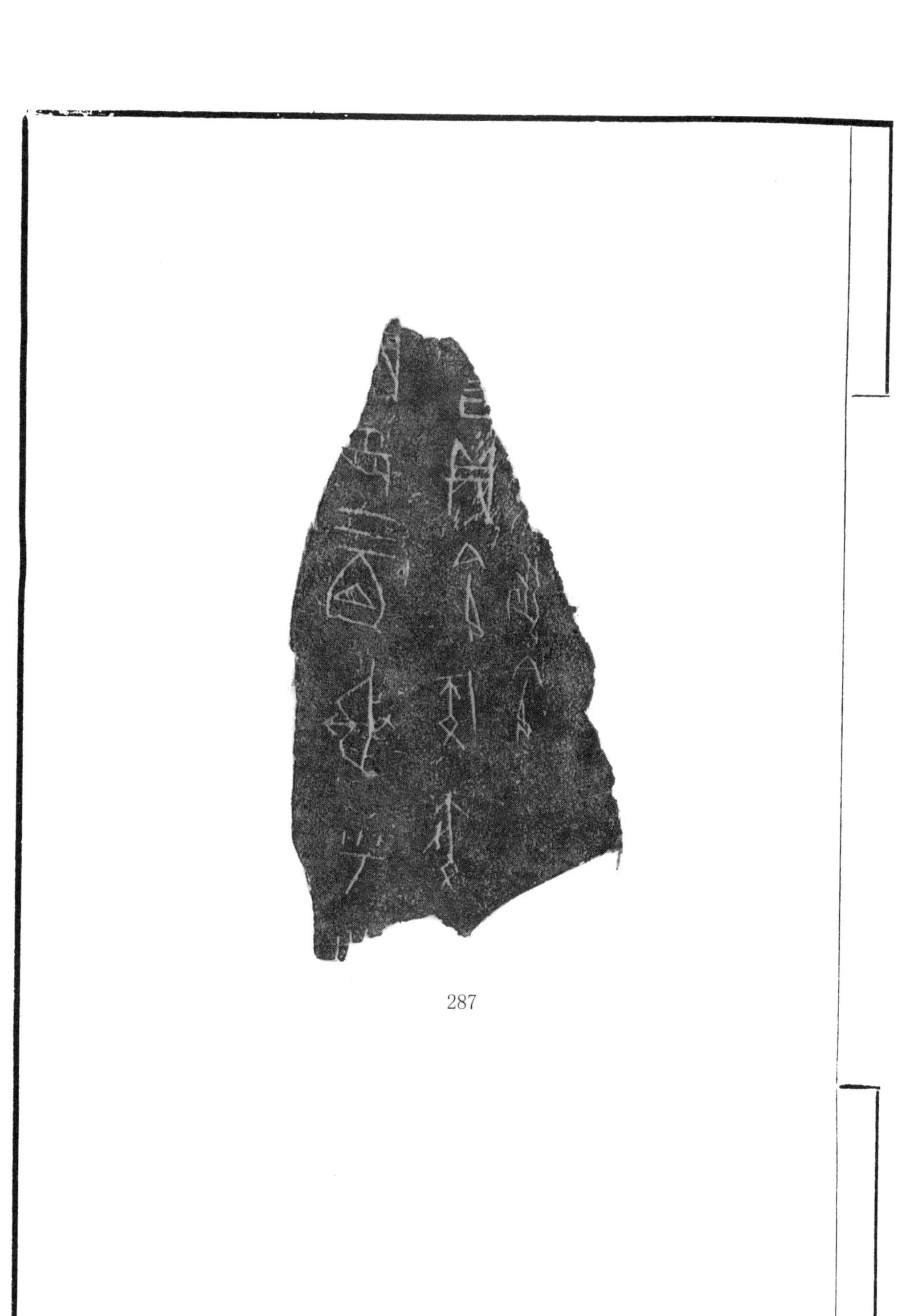

287

289

290

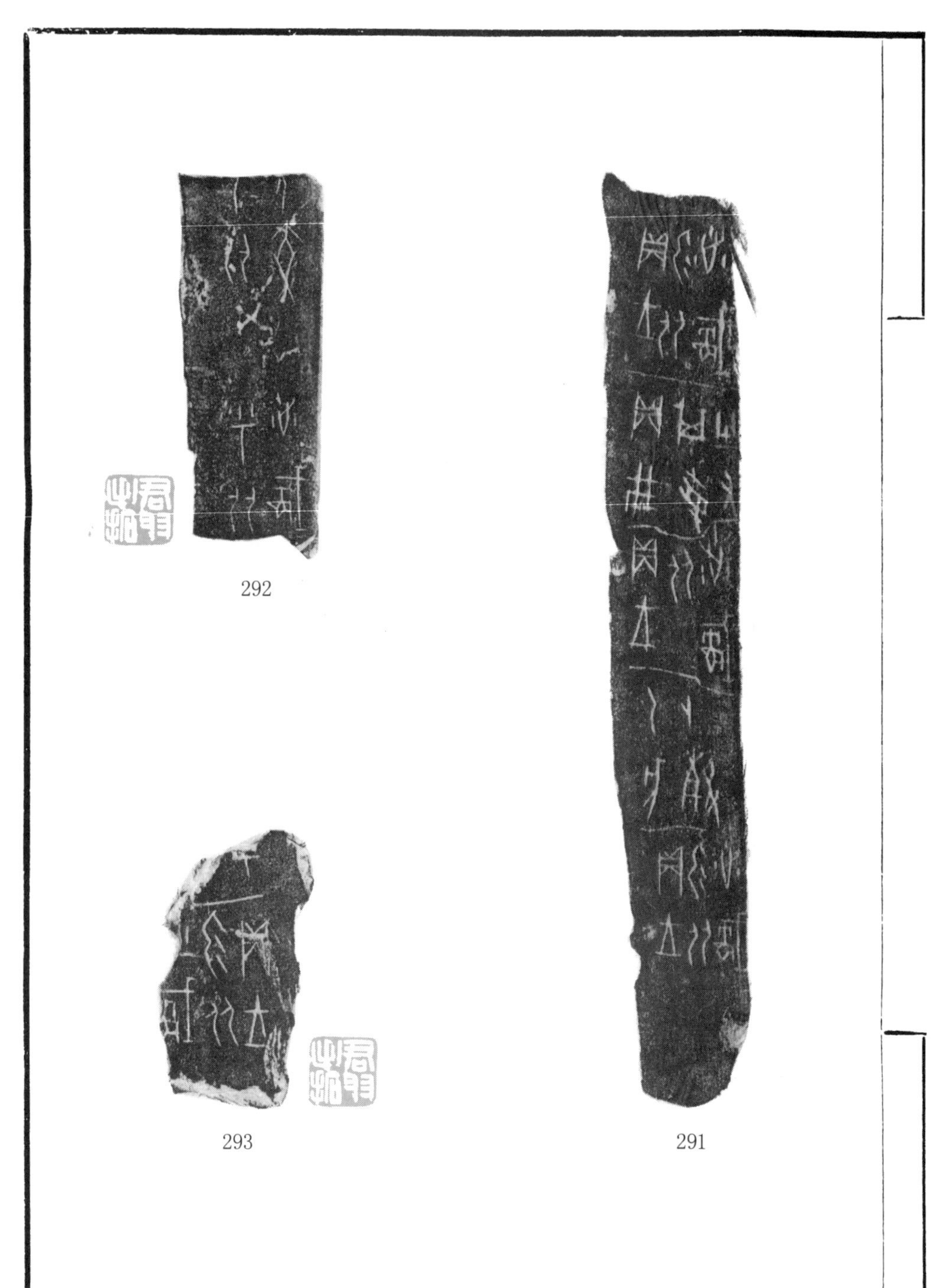

292

293

291

殷虛書契四編

295

296

294

297

299

298

殷虚書契四編

300

301

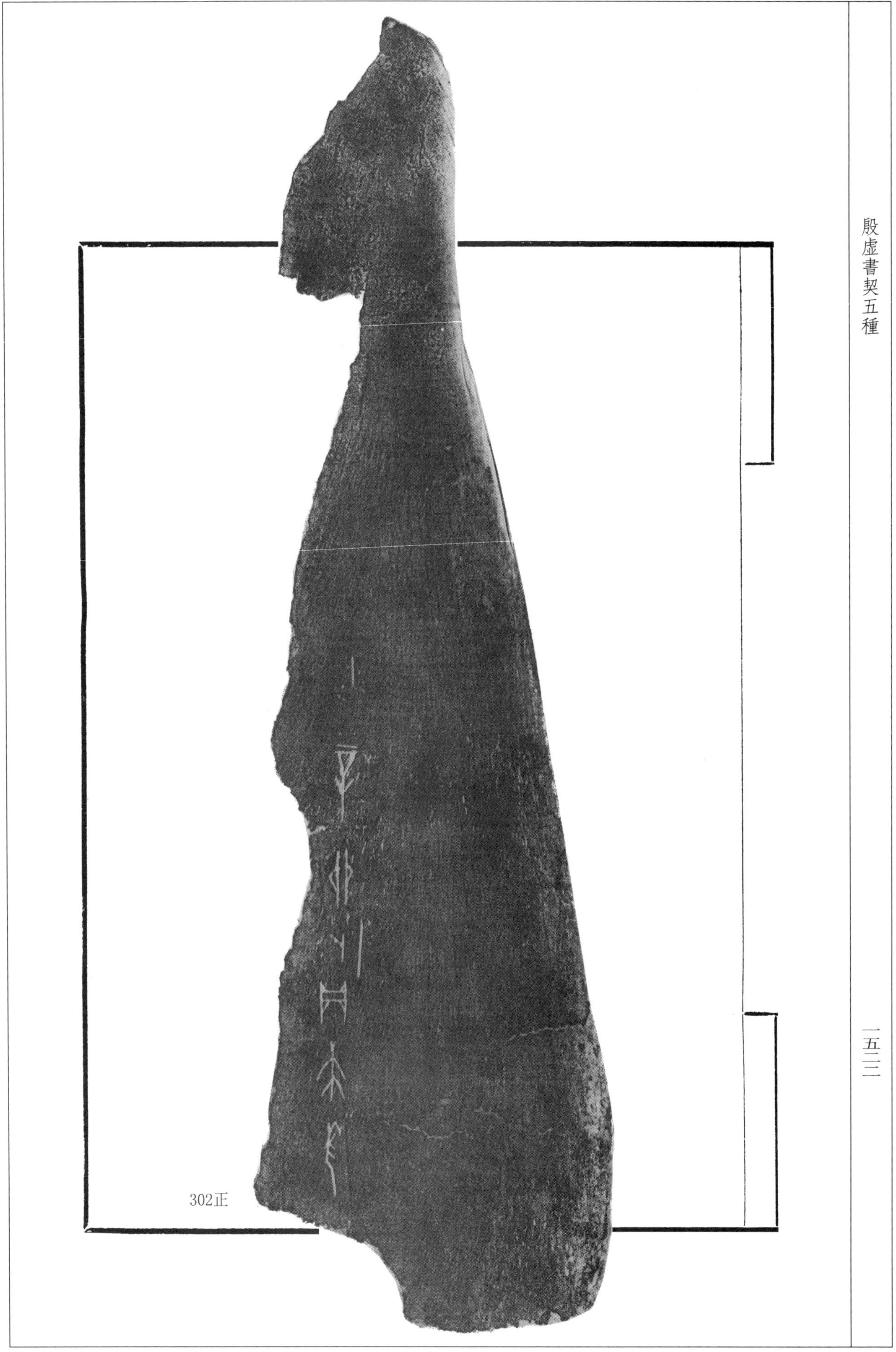

302正

302反

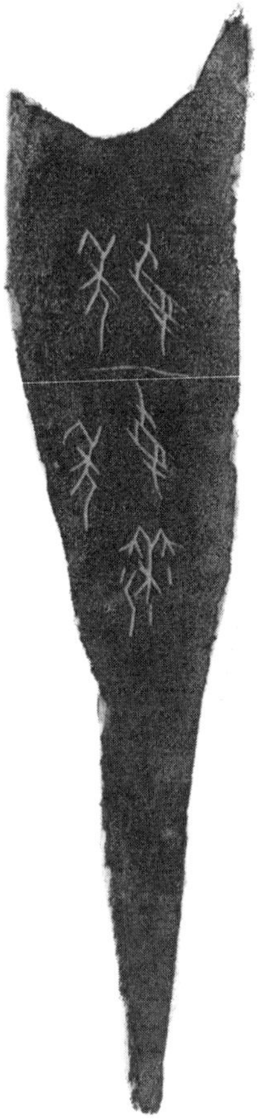

304

303

殷虛書契四編

305

306

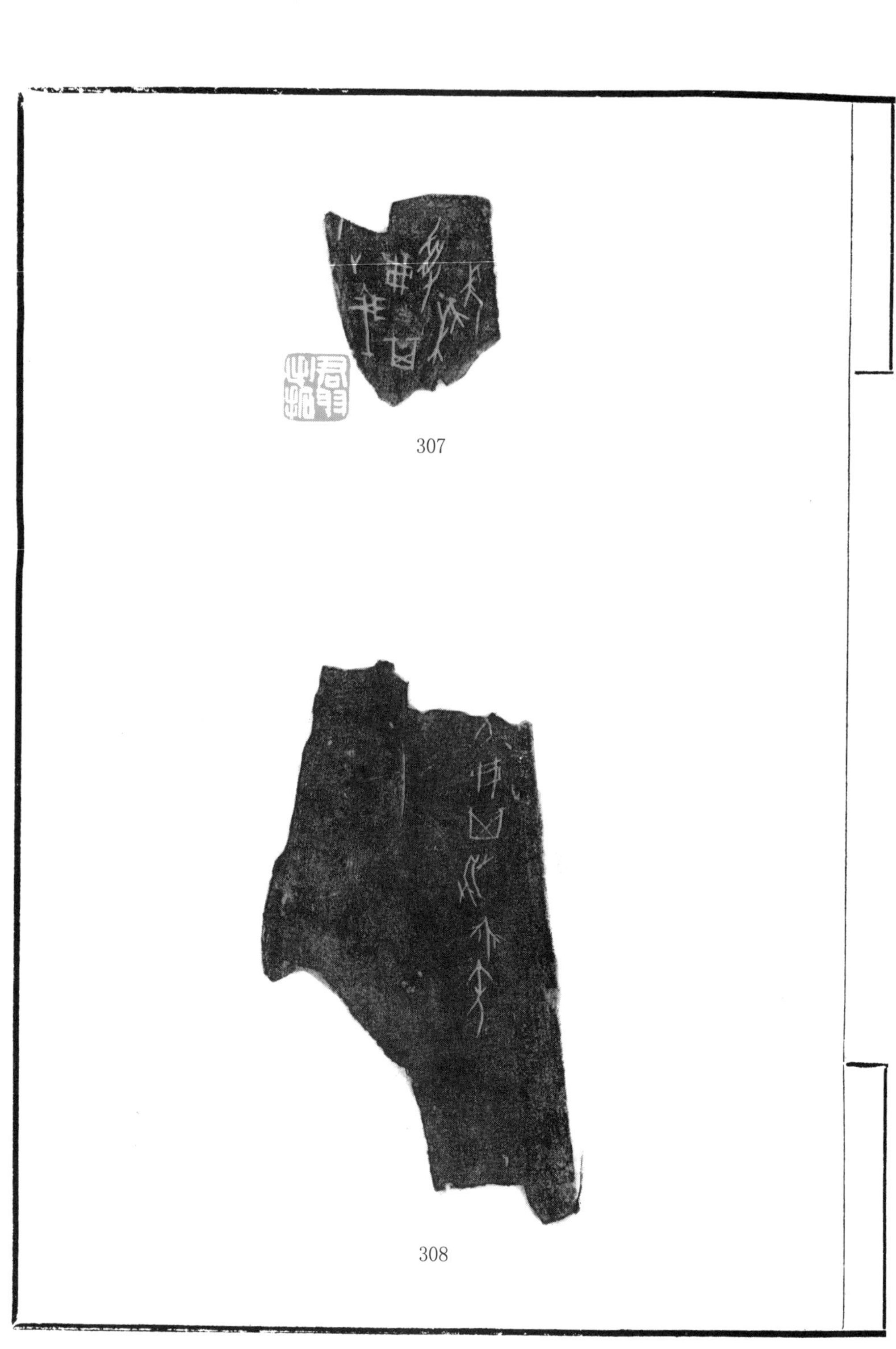

307

308

殷虚書契四編

311

309

310

312

殷虚書契四編

314

315

313

317

318

316

殷虛書契四編

319臼

319正

322

320

323

321

殷虛書契四編

324

326

325

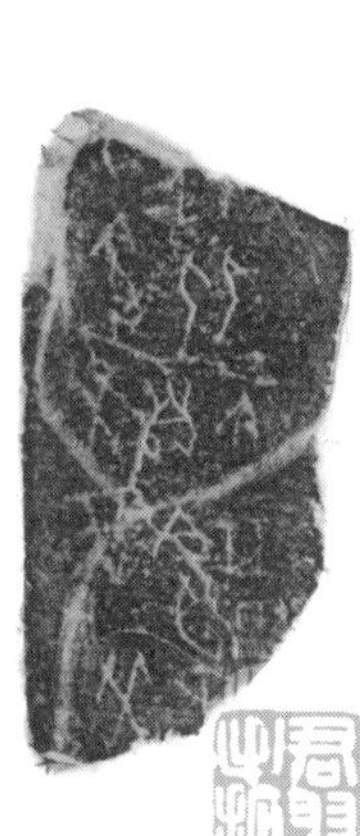

327

329

328

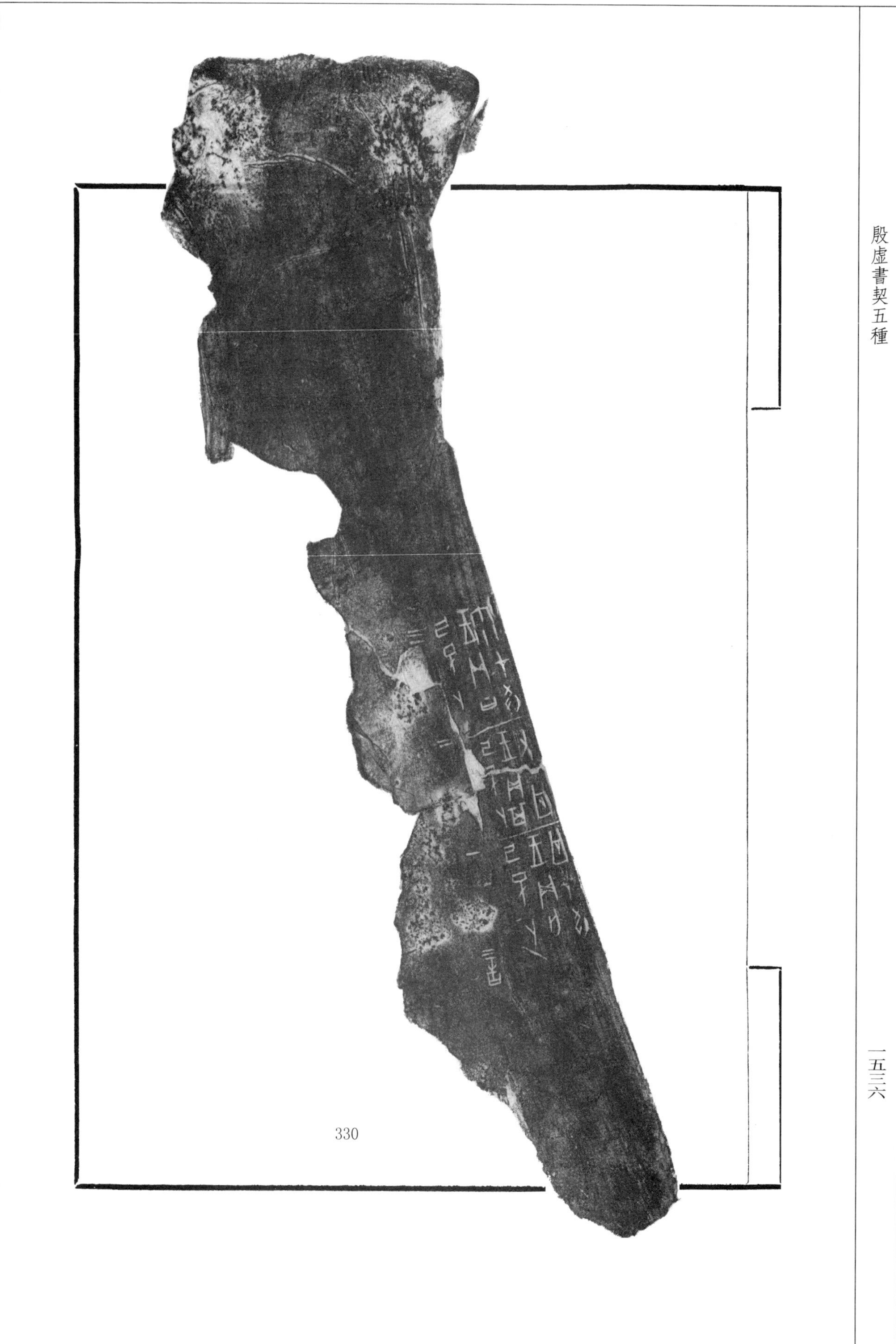

330

殷虚書契四編

331

333

332

335

334

336

殷虛書契四編

338

337

339

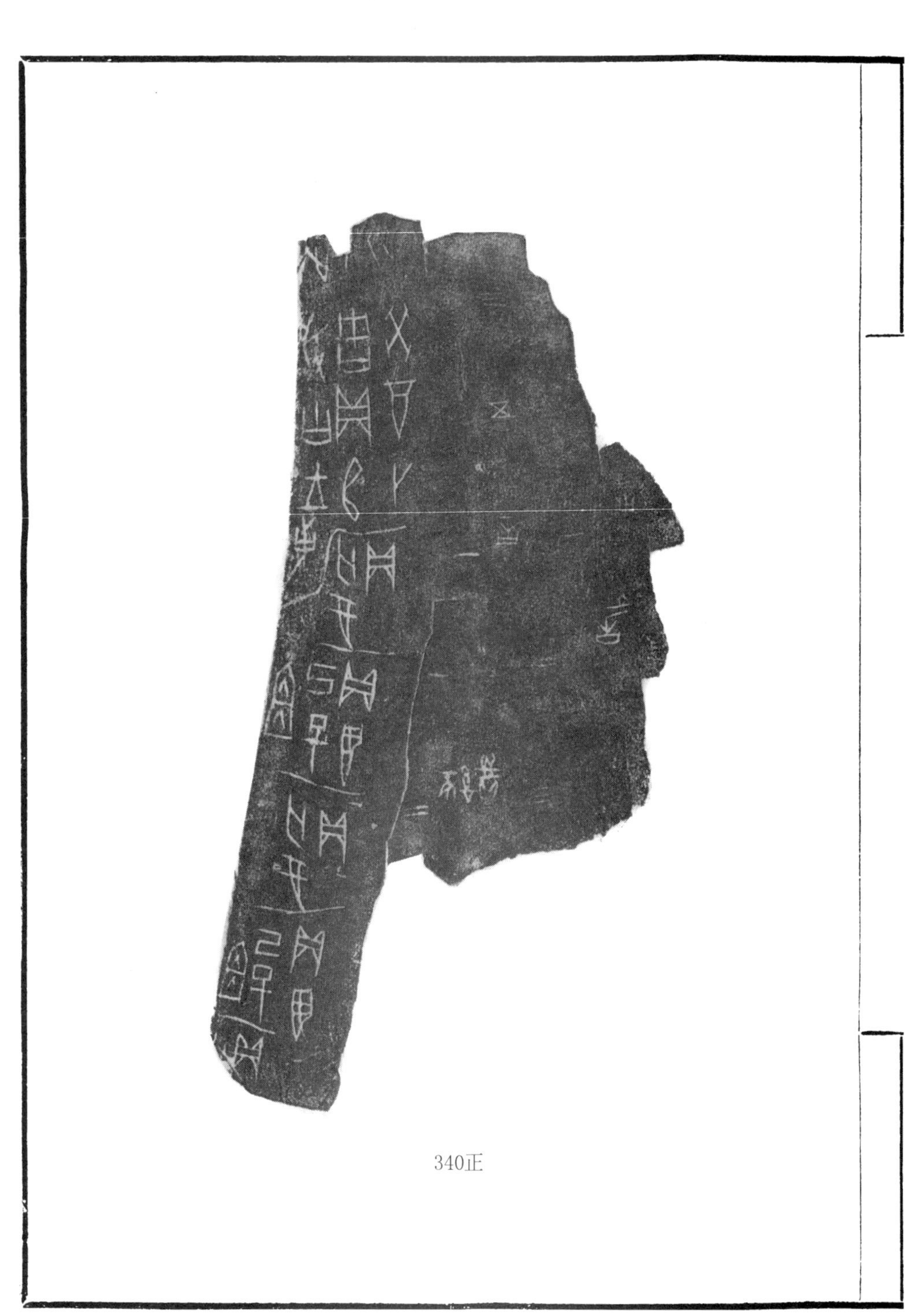

340正

340反

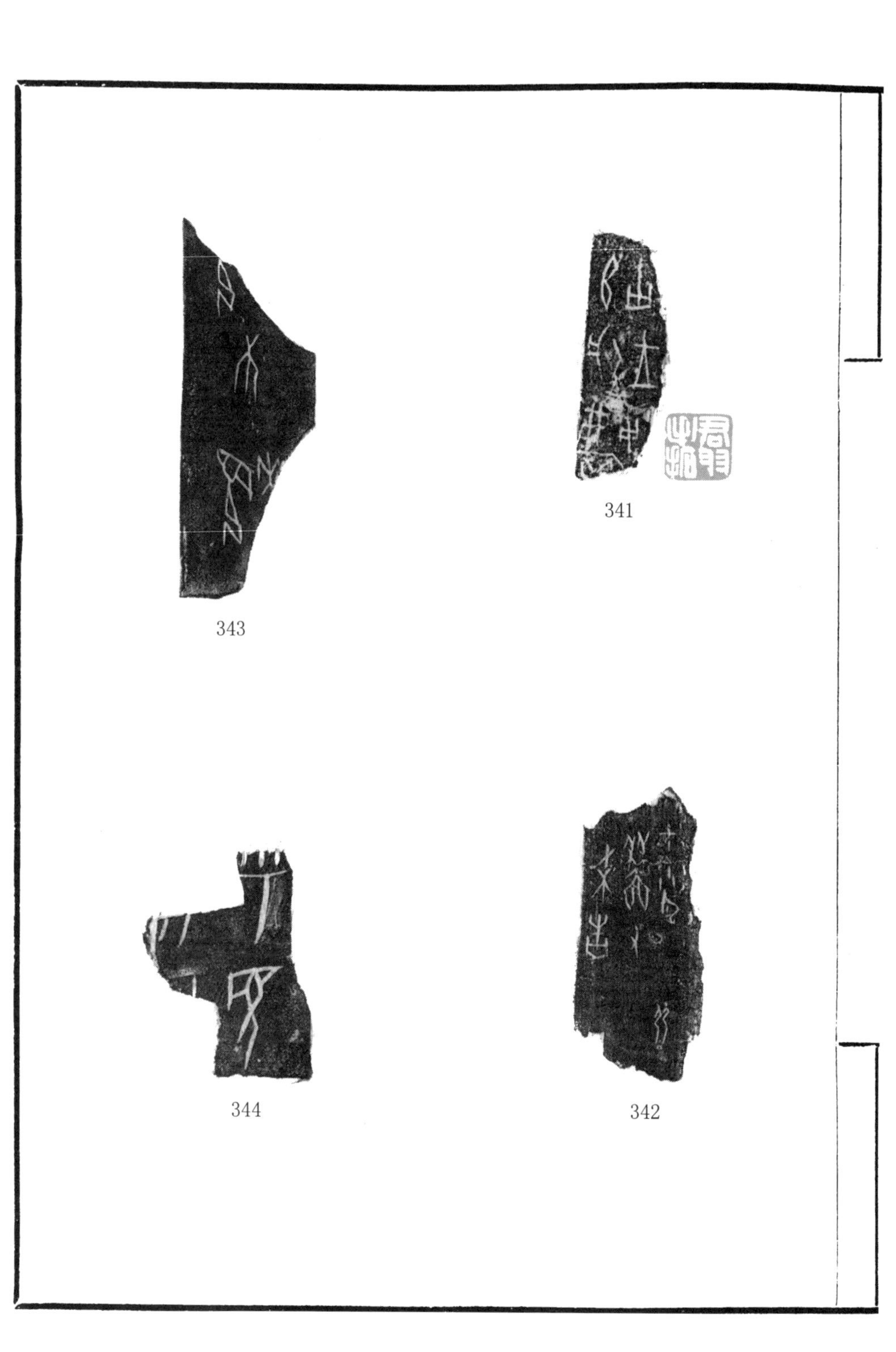

343

341

344

342

346

345

347

348

殷虛書契四編

350

349

351

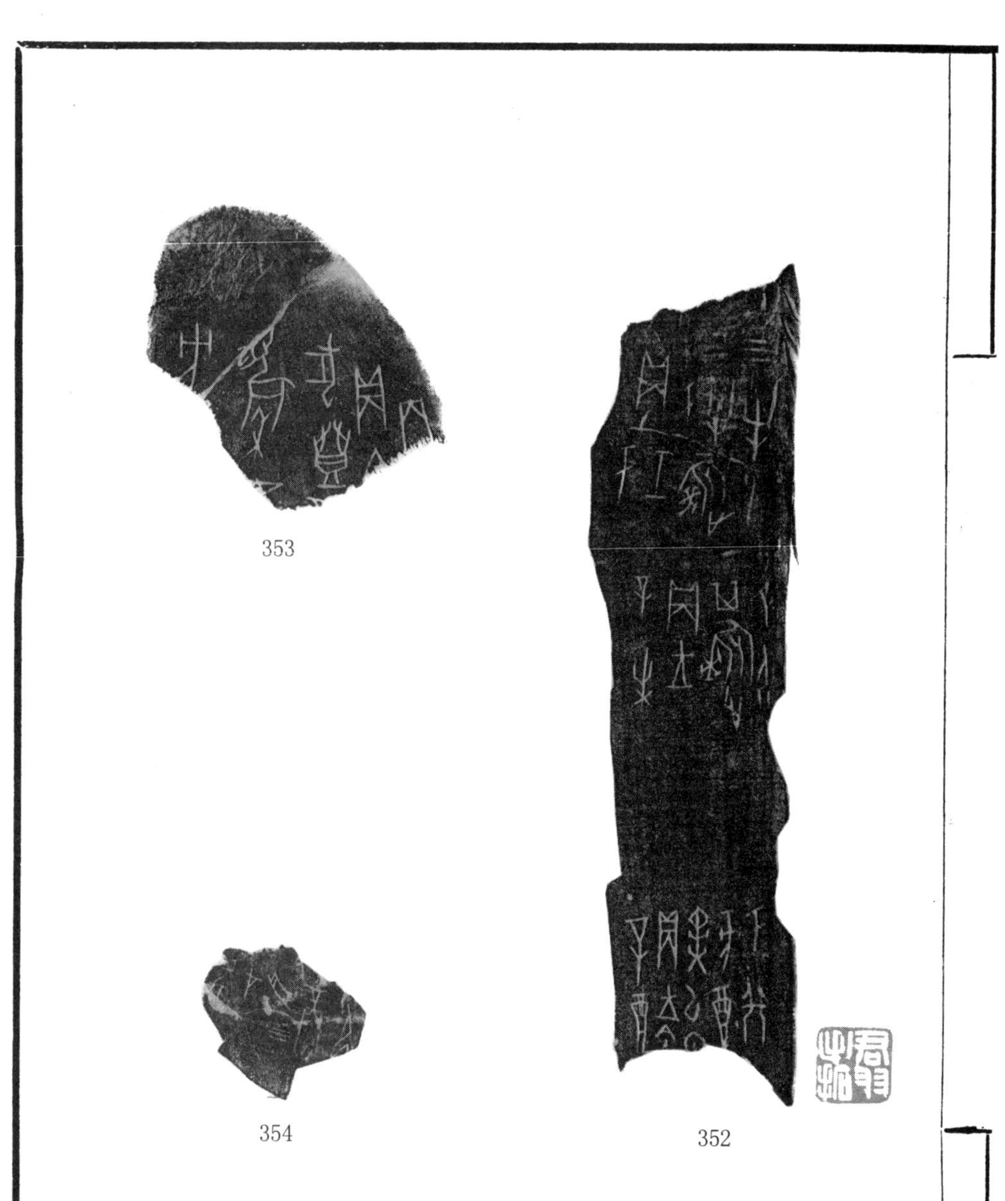

353

354

352

殷虚書契四編

357

355

358

356

359反

359正

殷虚書契四編

362

360

363

361

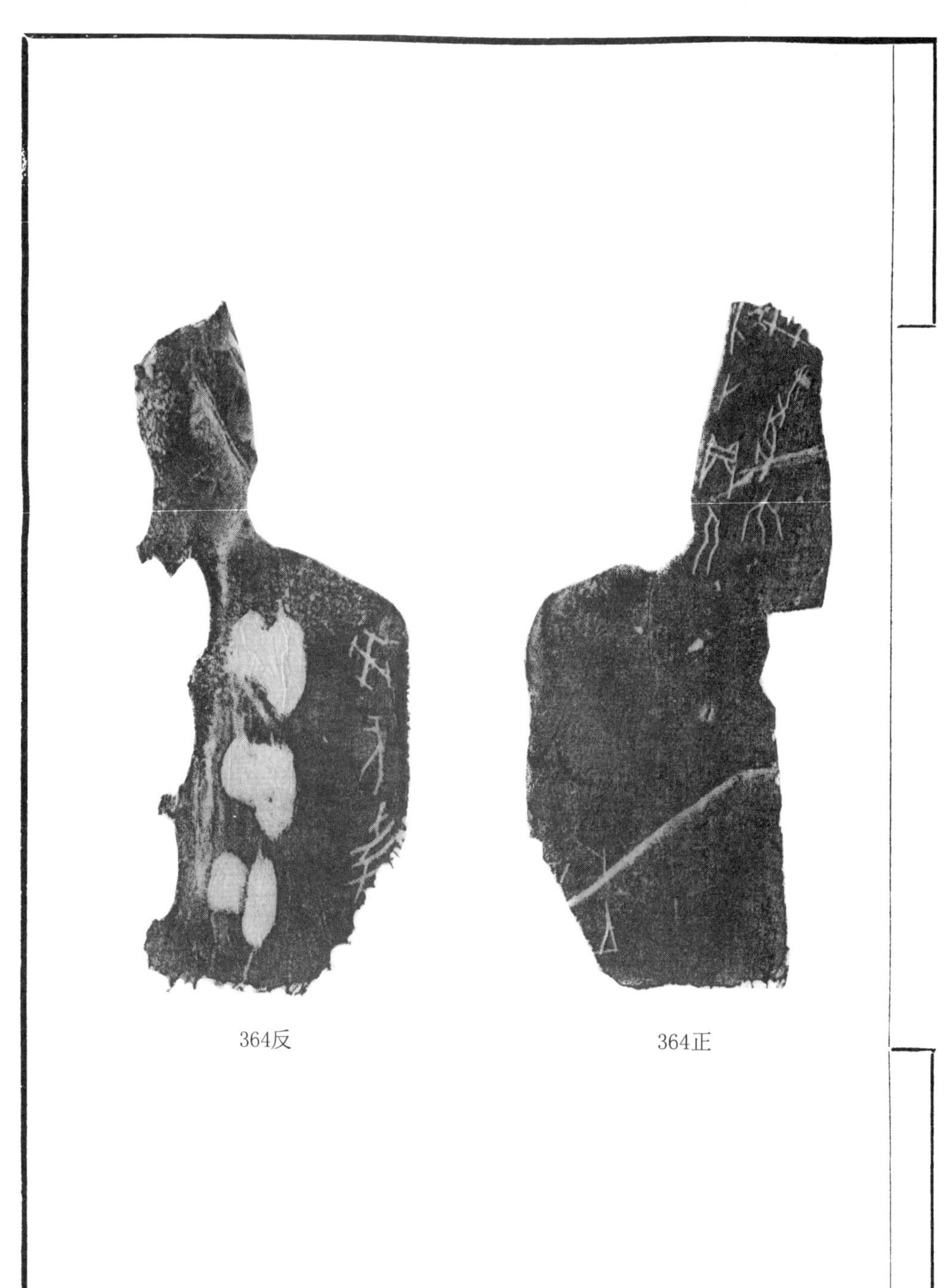

364反　　364正

殷虚書契四編

367

365

368

366

370

369

371

373

372

374

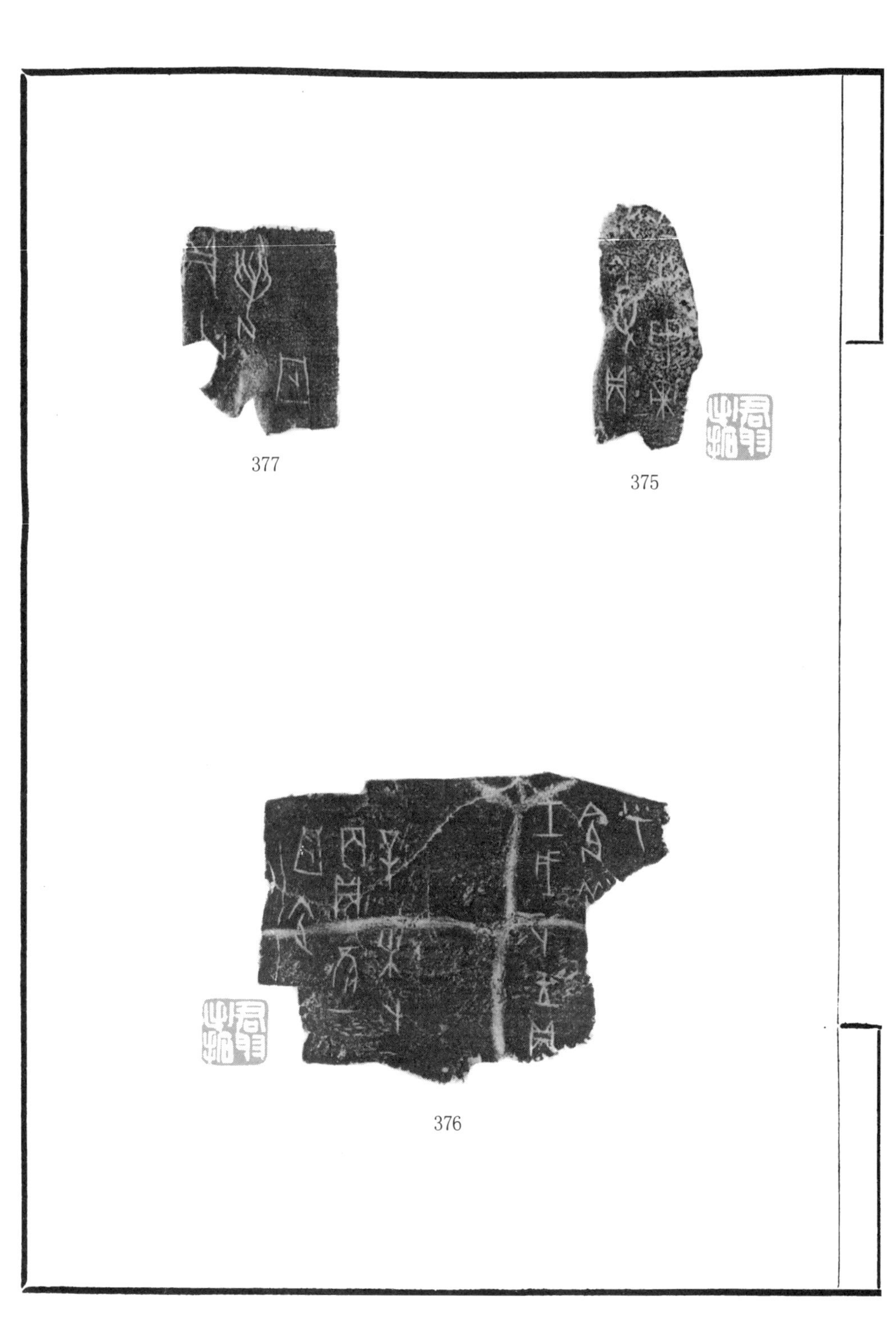
377
375
376

殷虚書契四編

378

379反　379正

380反　380正

381

382

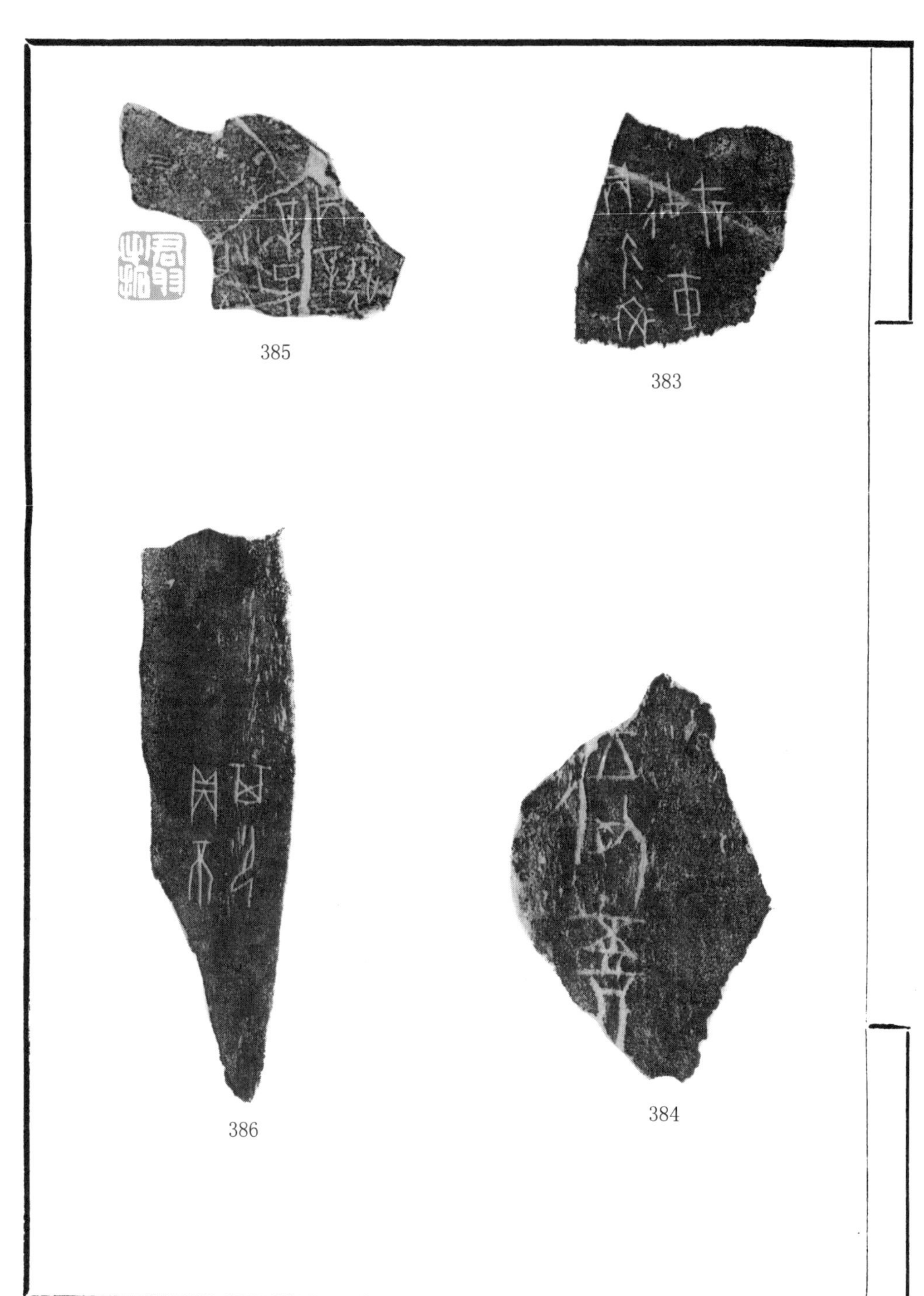

385 383 386 384

殷虛書契四編

387

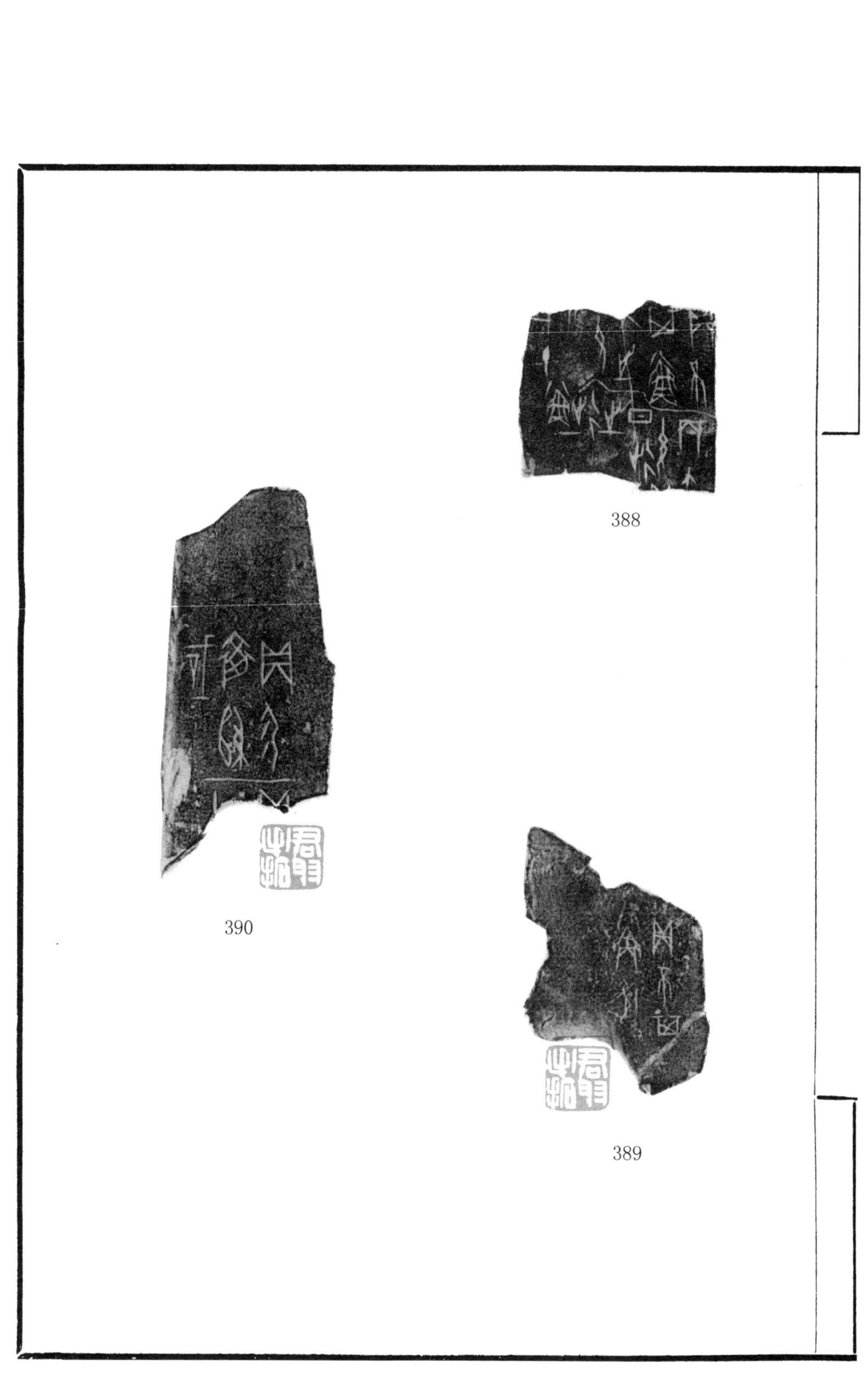

388

390

389

殷虛書契四編

391

392

393

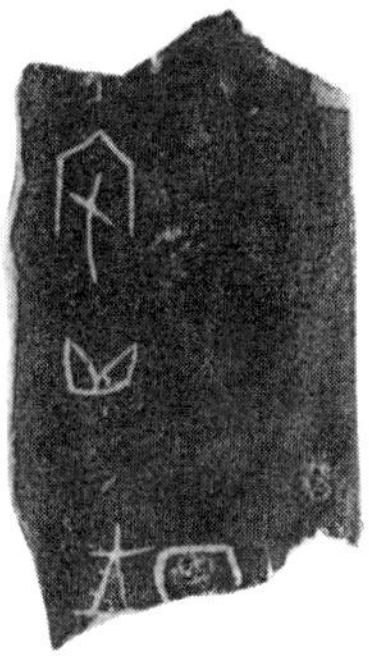

394

395

殷虚書契四編

396反

396正

398

397

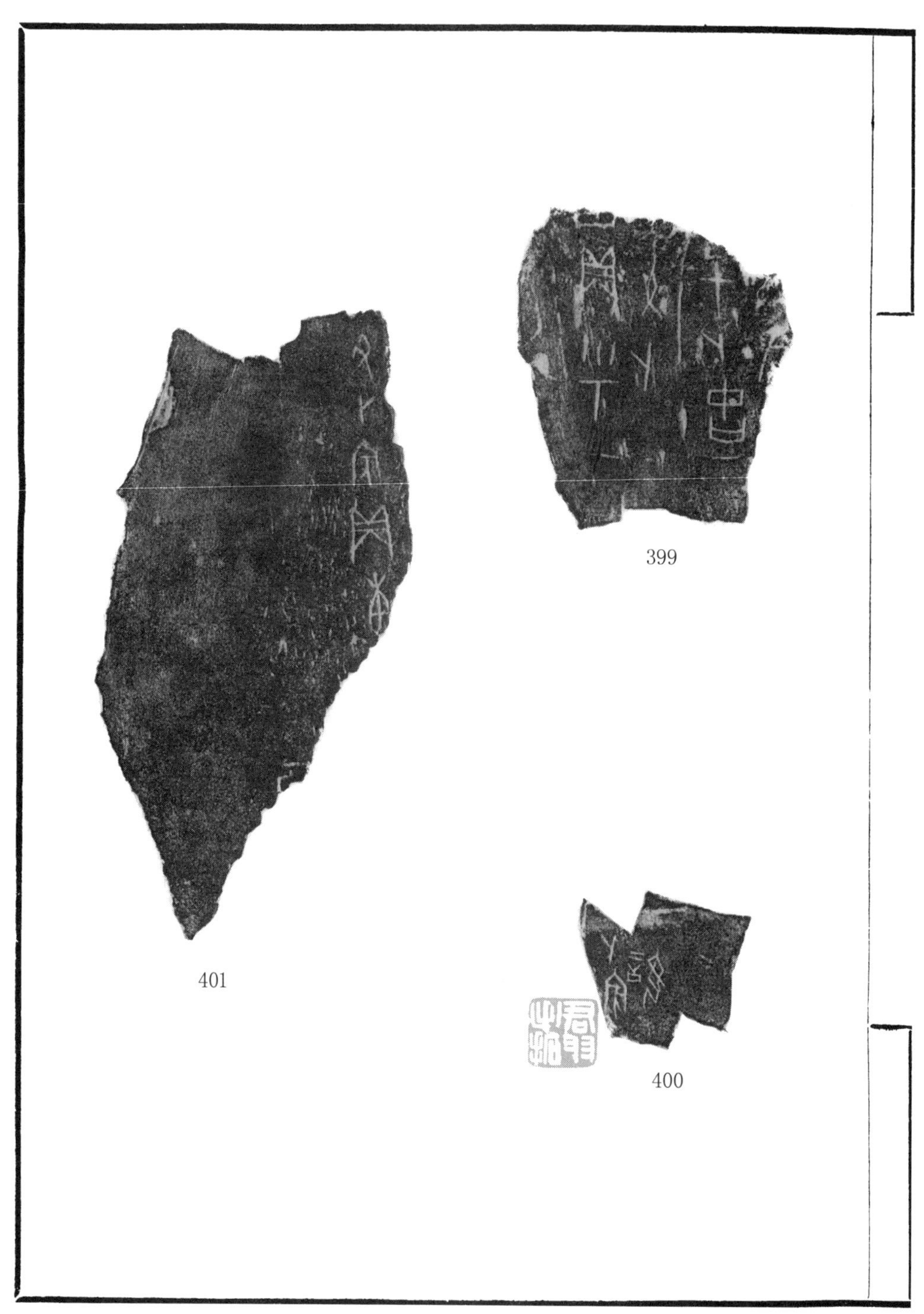

399

401

400

402

404

403

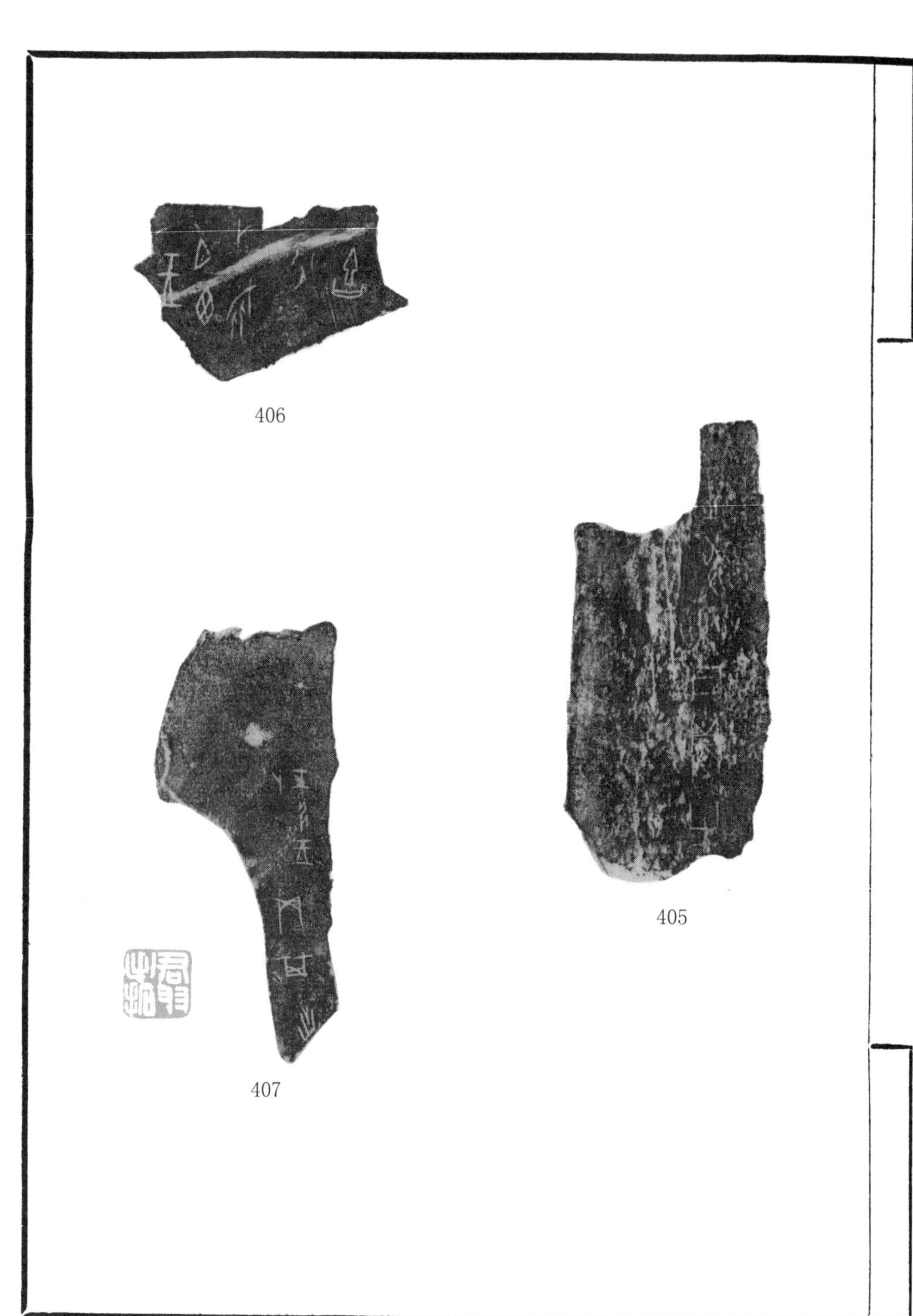

406

405

407

殷虛書契四編

410

408

409反

409正

413

411

414

412

殷虛書契四編

416

415

417

418

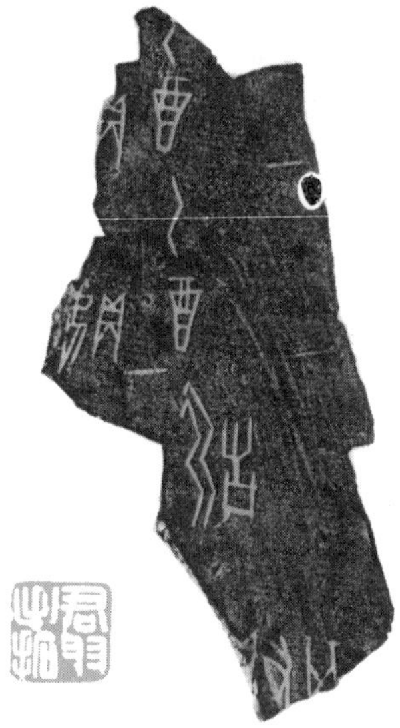

420

419

殷虛書契四編

421

423

424

422

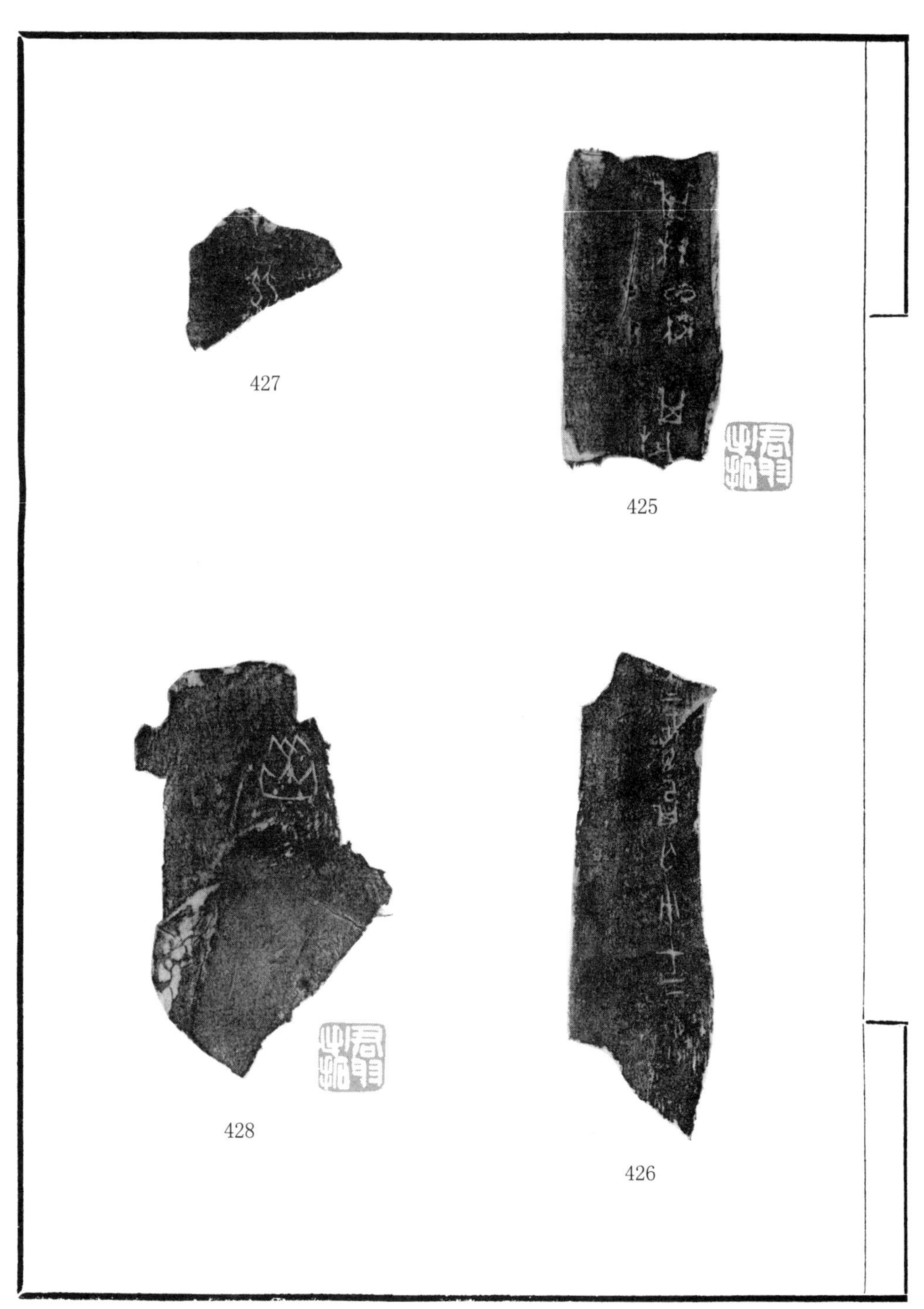

427

425

428

426

殷虚書契四編

430

431

429

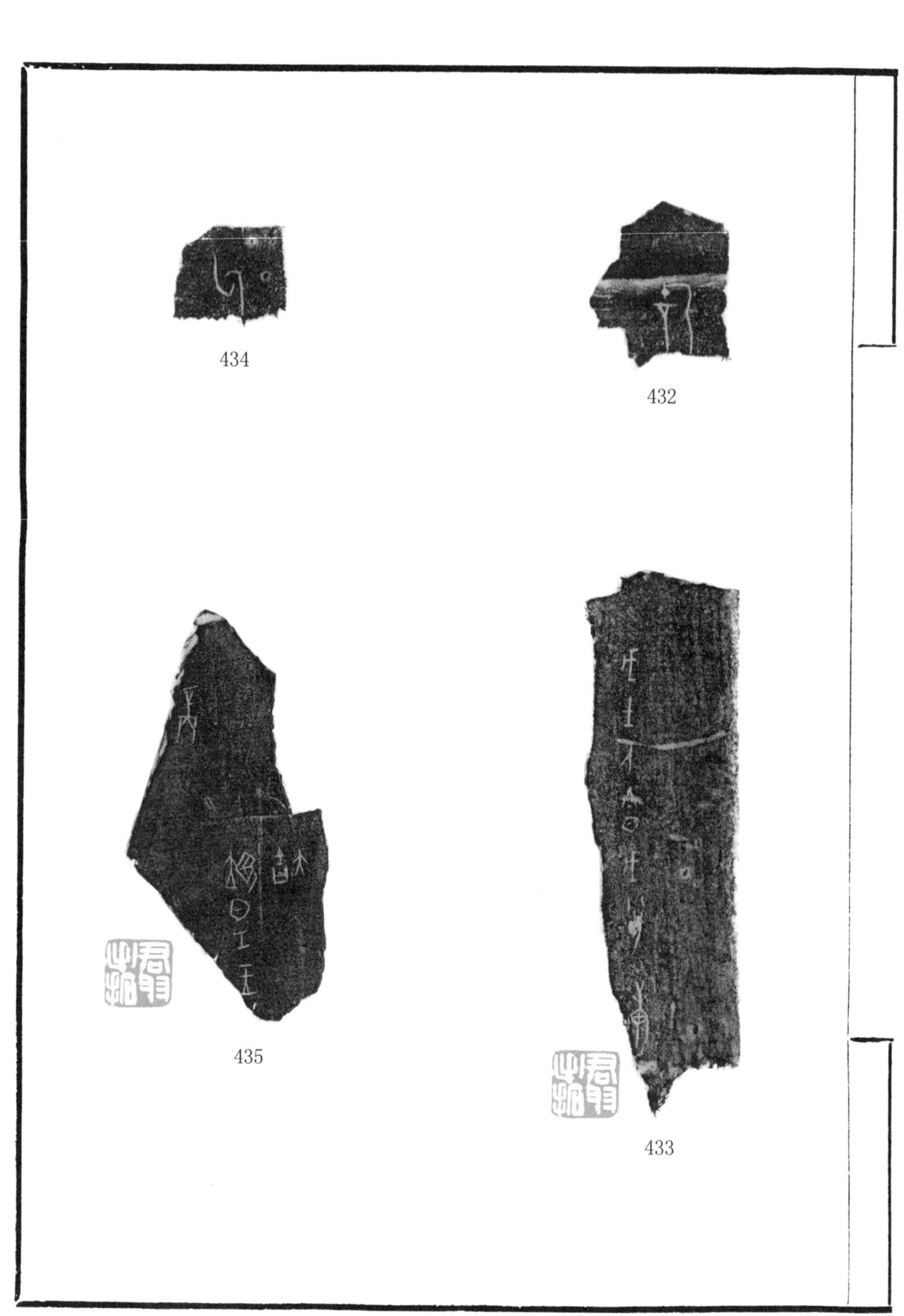

434

432

435

433

殷虛書契四編

436

437

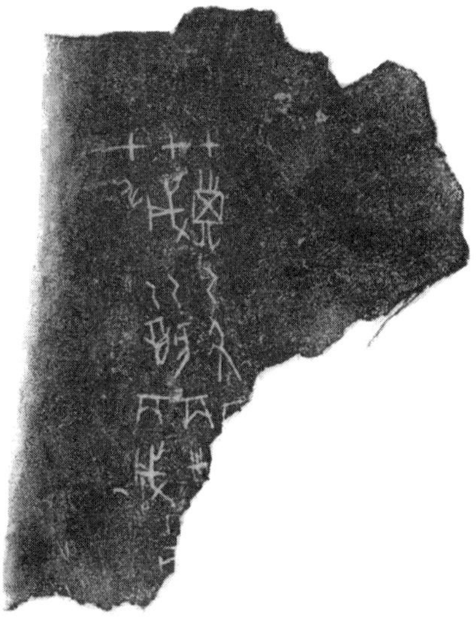

438

殷虚書契四編

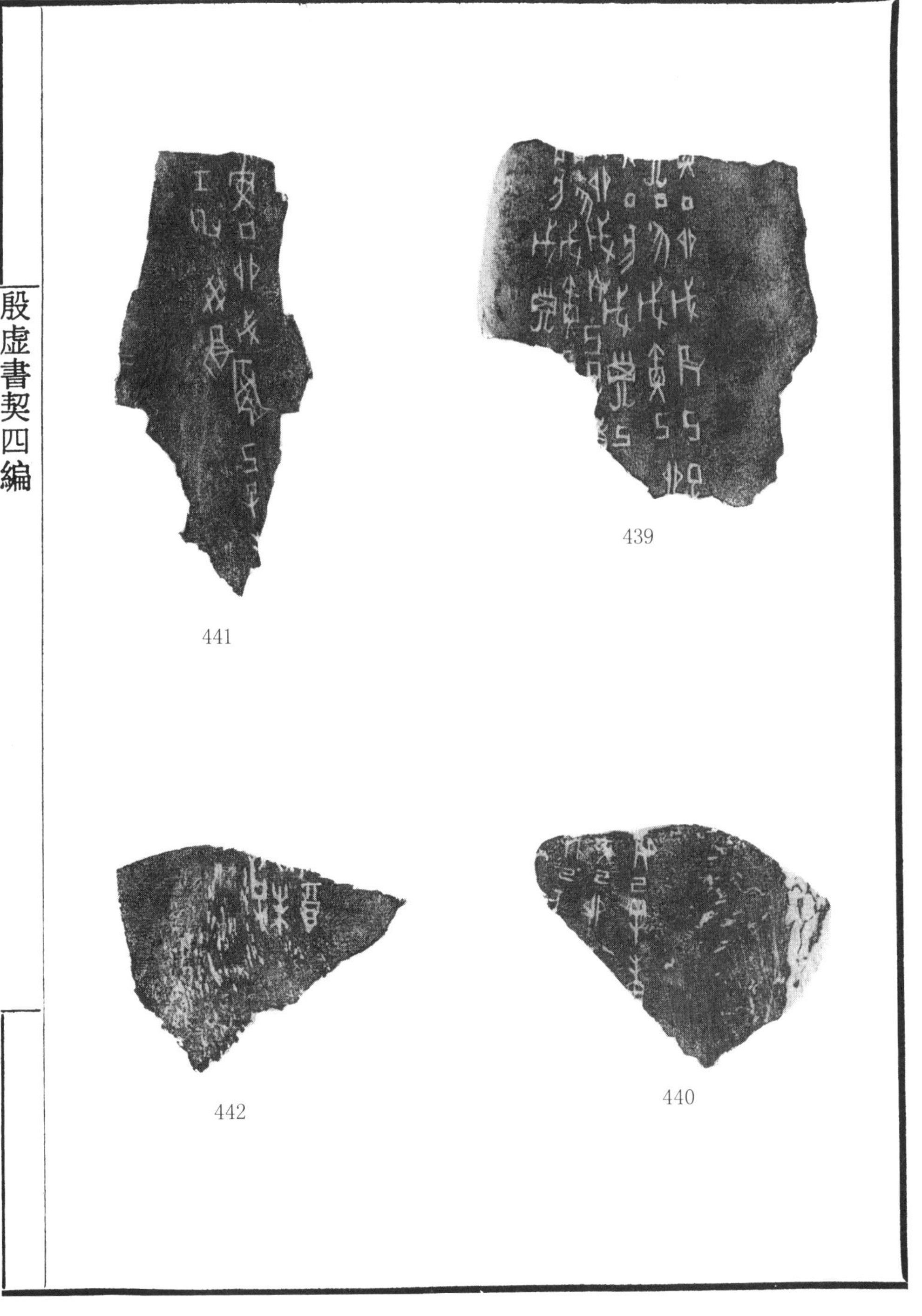

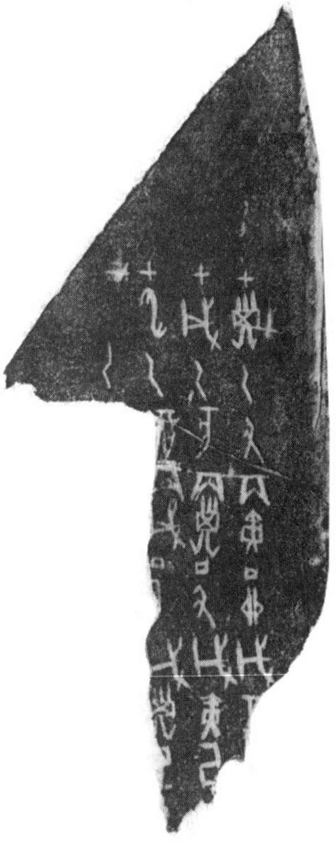

443

444

殷虚書契四編後記

羅琨

《四編》完稿於一九四八年，一九六五年原書稿歸中國社科院歷史所，爲編輯《甲骨文合集》提供了部分拓本，可見《甲骨文合集材料來源表》「選定號」一欄。這裏是一九八一年的重編增訂本。

原稿歸歷史所的經過，父親在一九六七—一九六八年間的一份外調材料中，曾有過記述，説：

在歷史所到故宫拓甲骨的那一年，我遇見胡厚宣，他同我説聽説我編了《殷虚書契四編》，他要借看，我告以這大半已歸北大，其中有一部分是容庚的，今在廣州博物館了，大多數是你們看過的拓本。他説還是要借用一下，後來我借與他了，隔了不到兩個月，他送三四十元來，説《四編》歷史所已留了，要我寫一收據與他。

歷史所《甲骨文合集》是一九五九年三月立項、進行籌備工作，一九六〇年因國家機關幹部下放鍛煉以及機關精簡、分流幹部，工作一度中斷，一九六一年重新組建「合集組」，全面展開著録書校重和調查、選拓甲骨的工作，期間雖有中斷，但在一九六五年曾集中進行收集資料工作，去故宫拓甲骨是在這一年的七八月。當時我因去農村四清，沒有參加《合集》工作，但《四編》歸歷史所的經過不止一次地聽母親講過，還説到胡厚宣先生對甲骨資料收集的執著是爲當時學術圈内所共知的，所以對此並不很感意外，只是出借前注意了留下一套拓片。

父親這一段記述的意義，在於提及這批甲骨的現藏地，傳世甲骨由於失去了地層關係和共存遺迹遺物，極大影響了資料的完整性，因而其來源和流向的記録成爲可稍事彌補的綫索。對此，父親在同一份材料中曾有比較細緻的記述，從而可知《四編》著録的甲骨，除《序》等所述包括了容庚和曾毅公先生的收藏外，還有自己的收藏，可考的主要有兩個來源，即旅順羅氏舊藏中的碎片和在京購買的不足二百片。關於前者，父親寫道：

（是）我從旅順出來時帶出來的，當時因甲骨甚多，有些手指頂大的上面雖有字，而字句斷續難讀，有的雖是中片，那上面只是甲子表，斷續不成文的，以至只有一二個字的，這類不少，在當時都認爲這是下脚貨，没有拓的資格，就用報紙包起來，放在書架底下抽斗内。我出旅順的那一年，我因爲它畢竟是甲骨，隨便帶出一包，小的碎的多，大約二百來片的樣子，這是我手邊舊有甲骨的來源。

父親離開大家庭是在一九三八年四月，遷居瀋陽，供職瀋陽博物館（今遼寧省博物館）。一九四七年夏，舉家遷徙北京，經唐蘭先生介紹入北京大學文科研究所。羅氏舊藏的這批甲骨，雖不曾著録，但從《四編》著録總片數看，多數不曾入選。選編的主要是在京收集的一批甲骨。即父親所説：

一九四七年冬間，我買到一小票甲骨，去了它假的一部分，不足二百片，我又在其中合併了兩片。有一天我遇見了曾毅公，我告以這事，他在第二天就來我家看……當時我正在手拓墨本，記得當時他向我要拓本，我告以自己只拓兩份，你如要墨本，我可將原物借給你拓去，當時他也欣然接受……

從而可知，這一批甲骨收入《四編》者均爲父親手拓。今見收入《四編》的拓本中，還有一些加蓋「君羽手拓」印文，是我的四伯父手拓，《四編》的編輯是在一九四八年，四伯父是一九四九年遷居北京的，因此這些有「手拓」印文的拓本另有來源。從内容看多數今藏廣州博物館，如加蓋印文的本編第〇三九片，見於《甲骨文合集》二二八四七，《來源表》記：「著拓號（首次著録）：《甲骨續存》（一）一四九二；選定號（《合集》選用）：頌拓一二二二；原骨拓藏：廣東博物館。」又，同樣有「手拓」印文的第〇一六、〇一七、〇一八、〇四〇片，均曾著録於《甲骨續存》，《合集》選用亦爲「頌拓」，即容庚頌齋所藏甲骨拓本，《合集》所用的這批資料是上世紀七十年代晚期，容庚先生捐贈歷史所甲骨組的，從而可知收入《四編》加蓋「君羽手拓」印文的拓片多屬於容庚先生的收藏。此外，加蓋「手拓」印文的還有一些原骨今藏湖南博物館，如本編第〇〇四、〇一四片等，據《甲骨文合集材料來源表》，在《合集》問世以前，這兩片甲骨都不曾著録過。

《四編》拓本原骨還有一些藏於國家圖書館，如《合集》三五五三九，《來源表》記「著拓號：《京

(一) 胡厚宣《甲骨續存》，群聯出版社，一九五五年。

津》〔一〕五〇一二；選定號：《四編》一三；重見：《北圖》二七〇八；原骨拓藏：北圖」，《四編》原稿的第十三片即本編第〇二九片。國圖所藏甲骨包含曾毅公舊藏，所以這應與《序》中所説《四編》著録的甲骨資料包含「友人曾君毅公所藏」有關。

關於自己收藏的甲骨去向，主要歸了北大和歷史所，其經過父親接著寫道：

> 後來，唐蘭也知道了，也看見我拓的拓本，他説你還要這個做什麼，北大現在收買，我代你介紹北大吧。後來我就選留約廿片，其餘的又加上手邊舊有的小塊甲骨，共湊了二百幾十片，一併轉讓北大了。

本編第〇二四片，《合集》首次著録，編爲一三四三片，原骨今藏北大，當即這批甲骨之一，甲骨歸北大的時間大約在一九四九年前後，當時家庭經濟壓力較大，正是需要賣書買米、賣書買奶粉的時候。歸歷史所的時間要晚一些，父親説：

> 一九六一年前後，歷史所向琉璃廠要收集甲骨，琉璃廠的傅大卣就向我要，我説我没有，解放前的一點也送人了，僅存幾片標本，傅還是動員我出售，後來我據僅有的十二片，又加些舊有碎小的共二三十片，售予傅了，聽説後來全歸歷史所。

《甲骨文合集材料來源表》「原骨拓藏」欄中所注的「所羅」，當即這一批。如本編第〇〇三、〇八三

〔一〕 胡厚宣《戰後京津新獲甲骨集》，群聯出版社，一九五四年。

片，分别見於《合集》一四七五〇、四四〇，亦爲首次著録，《來源表》記著拓號皆爲歷拓，原骨拓藏皆爲「所羅」。

以上記述甲骨去向的兩段文字，所言手邊留下的甲骨數量不同，是因爲中間還有一次贈與，約在五十年代：

有一天徐宗元與我談起，看我還有點甲骨，他極其羡慕，當時我説要再找怕不容易了，就從自己上次留存的廿片中選了幾片，又加上手邊舊有的小塊，大小共約一百片左右（包括碎片），全送與徐宗元了。

我的父親不喜交際，徐宗元先生是少數的摯友之一，一九七五年夏父親在《尊六室甲骨文字書後》寫下：該書爲徐先生所藏甲骨拓本「凡得二百六十四片」，包括父親贈與甲骨的拓片和先生自己後來的收集。更記：「君囊在中央民族學院任職，英年劬學爲儕輩之冠，頤於一九四八年方識君，一見如故，遂定金石交，時相過從，君不幸於一九六八年以疾就醫，突然物故……此甲骨拓本，過去君將爲考釋，故其編次，亦出手訂，屬草未竟，賫志没世，痛何如之。」一九七五年徐先生家屬以《尊六室甲骨文字》求教，父親遂寫下《書後》並複印留存。《甲骨文合集材料來源表》「原骨拓藏」欄中見有「所徐」，如本編第〇〇七、〇三八、〇四一片，均不見傳世甲骨著録書，《合集》分别收入，著録號爲二二六三四、三五六〇〇、六六一〇，記原骨拓藏：「所徐」，可知先生所藏甲骨後來悉歸歷史所。

父親晚年在承擔故宫研究工作之餘，加緊對自己主要成果的整理，由於《四編》已經出讓，更兼時間和精力原因，就没再考慮整理，而將「文化大革命」後，從故宫博物院退還的書籍文稿中檢出的相關資料交給了我，包括遺留少量揭剩拓片的初稿本，以及一包拓片。但是我能理解父親的心情——尤其是讀了《四編序》和《尊六室甲骨文字書後》，我知道雖然以自己的心血融入一個大成果爲安慰，卻不能没有些許的遺憾。

一九八一年父親體力日差，使人暗暗憂心，張永山和我商量，重編《四編》是我們可以做的事，在編輯《甲骨文合集》的過程中，限於當時條件，爲了保證印刷品質，出讓歷史所原稿的拓片被揭取了一些，原《四編》已經成了殘稿，我們手中的資料也不知是否齊全，復原是不可能的，但編輯思想也可以在原來基礎上做些變更，即將《序》所謂「擇其精尤」者編入《四編》，改爲將《殷虚書契續編》面世後，父親收集到的甲骨拓片「全選」編入《四編》。

因爲早在記録一九一一年尋訪甲骨的《洹洛訪古遊記》中，叔祖已記述過祖父關於甲骨碎片「其關係考古，則大小同等，初無二致」，「雖龜屑不令遺」的觀點，只是由於昂貴的印刷成本，成書想要精印，必須精選。一九一一年初，祖父從三萬片甲骨中，精選三千，和叔祖等人「寒夜擁爐，手加氈墨」，編成《殷虚書契前編》二十卷，只印了三卷，收於《國學叢刊》。一九一三年用珂羅版精印的《殷虚書契》只有八卷，兩千二百二十九片，壓縮了近三分之一；《殷虚書契後編》原編六卷，一九一六年印行時，也被迫減爲兩卷，至少壓縮了一半。精選的成果，尚難以全貌面世，何况是碎片。然而在編輯《甲骨文合集》工作中，《殷虚文字丙編》選片的上版是我承擔的，曾比較仔細閱讀過《殷虚文字乙編》的綴合成果——《丙編》，深感小片、碎片甲骨拓本儘量全選著録，是很有意義的，况且近世印刷業的迅猛發展，可以使這種「有意義」成爲「有可能」。

我們的這一想法和父親談過，並獲得同意，因此這一本《四編》收録的還包括了原《四編》選餘的和《四編》編成後收集的甲骨拓片（不包括父親曾經收藏卻未製作拓片的甲骨，因實物早已散佚），收録的拓片由二八〇餘版，增至四四四版，仍按原例編排，以遵從《序》中所言，並稍稍彌補父親的遺憾。

然而，有些是難以彌補的，如《序》中有「如第十八、第二十、第三十九、第五十諸片，均是背甲殘片」，由於重排次序已打亂，本編中的上述片號的原片已難查詢，而不見實物，僅憑碎片拓本，確認龜背甲有一定難度，所以本編中的龜背甲未能指明。

在重做本編的過程中，使我深得教益，《四編》從内容看確如《序》中所説，是從數百片甲骨中「擇其精尤」者編輯而成，有不少重要的、當時尚未著録過的甲骨資料，而且所收甲骨基本都是父親和伯父手拓，傳拓曾爲家族的一項基本功，如《菁華》大版最早因怕損壞，不敢拓墨，曾以照片公之於世，後來是我的父親做了第一份拓片；本編有「君羽手拓」印文的第〇〇四片，編入《合集》一一八七，選定號爲歷拓一一二〇九，對比兩張拓片，差距清晰可見。總之，《四編》拓片大都製作很精，所以無論内容還是形式，均可與《前》、《後》、《續》等編媲美，無愧於《四編》之稱。

但是，一九四八年的《序》由於寫作得早，對甲骨著録數字的統計似不够準確，文末提到《殷虚書契》的前、後、續、四編著録甲骨「凡得五千六百二十餘片，傳世甲骨之著録，已得其半矣」，當時學界確有類似説法，應與當時出版資訊滯後有關。據劉一曼等編著的《甲骨文書籍提要》（一九八八年），自一九〇三至一九四八年間，有三十五部主要著録甲骨的書，著録了傳世甲骨兩萬五千三百餘片。雖然這四十六年間，中後期面世的諸書不乏重複著録的甲骨文資料，但是這一階段除了國内所藏甲骨的早期著録外，還有《殷虚卜辭》、《龜甲獸骨文字》、《殷契遺珠》、《安陽遺寶》等八部書，集中收録了流散國外的七千七百餘片甲骨，重見較少。其餘雖然有的重見較多，但傳世甲骨的著録應遠超過萬片，所以現在看，五千餘片得傳世甲骨著録「之半」的統計應不够確切。

二〇一四年九月三十日